KB248291

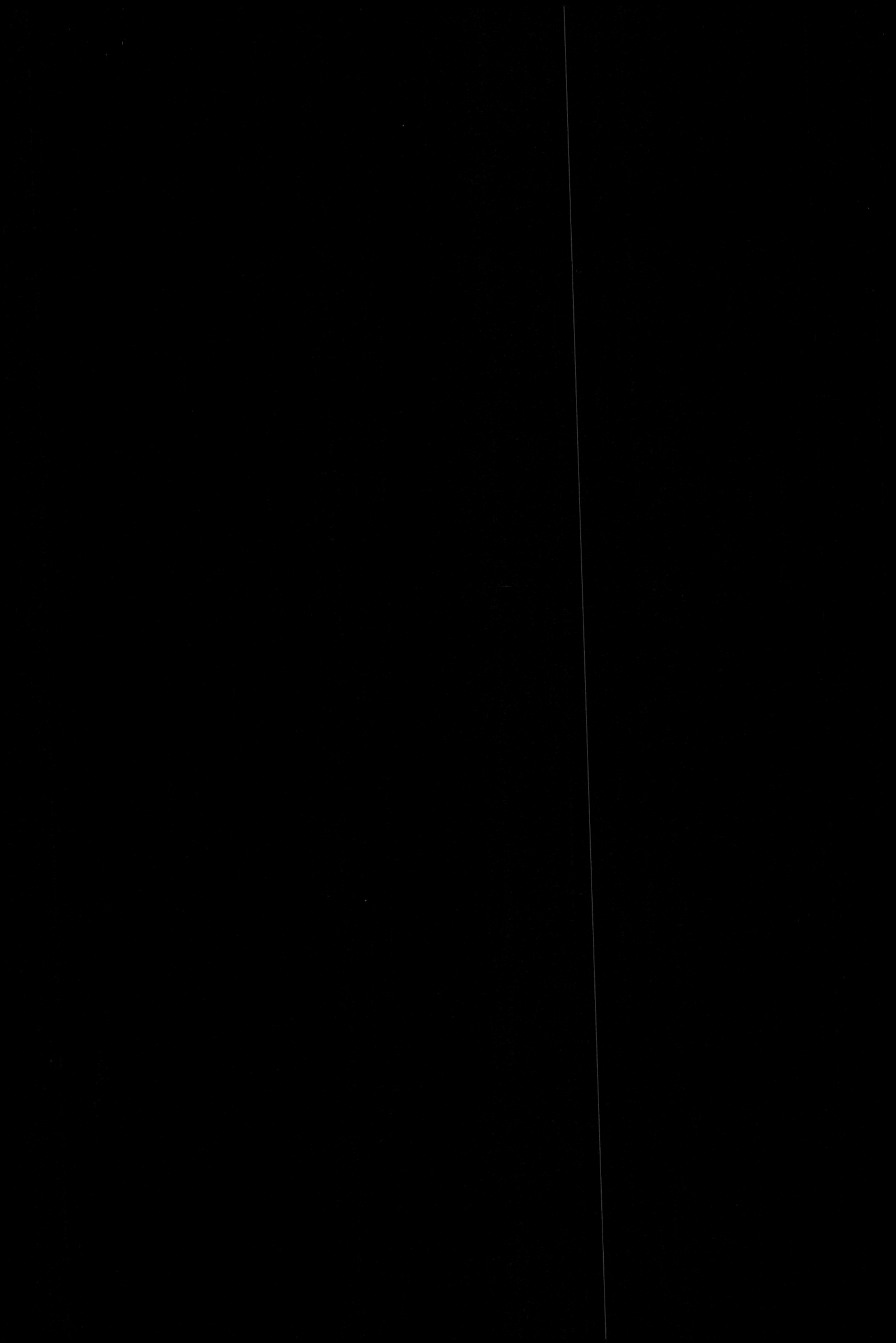

인천말 연구

글쓴이

한성우 韓成愚, Han, Sungwoo
서울대학교 국어국문학과에 입학하였다. 이 학교에서 학사, 석사를 거쳐 박사학위를 받았다. 이후 가톨릭대학교 교양교육원, 서울대학교 기초교육원에 재직하다 2007년에 인하대학교 한국어문학전공 교수로 부임하여 현재까지 연구와 강의를 하고 있다. 전공 분야는 한국어음운론과 방언학이지만 일찍부터 글쓰기 분야에도 관심을 가지고 있다.
『평안북도 의주방언의 음운론』(2006), 『인천 토박이말 연구』(2009), 『강화 토박이말 연구』(2011), 『인천 연안도서 토박이말 연구』(2014), 『방언, 이 땅의 모든 말』(2015), 『방언정담』(2013), 『경계를 넘는 글쓰기』(2006), 『보도가치를 높이는 TV뉴스 문장쓰기』(2006, 공저), 『방송발음』(2008, 공저), 『문제해결력을 키우는 이공계 글쓰기』(2013) 등의 저서가 있다.

동아시아한국학연구총서 26

인천말 연구

초판 인쇄 2017년 8월 20일 **초판 발행** 2017년 8월 30일
지은이 한성우 **펴낸이** 박성모 **펴낸곳** 소명출판 **출판등록** 제13-522호
주소 서울시 서초구 서초중앙로6길 15, 1층
전화 02-585-7840 **팩스** 02-585-7848 **전자우편** somyungbooks@daum.net **홈페이지** www.somyong.co.kr

값 19,000원　ⓒ 한성우
ISBN 979-11-5905-207-1 93710
ISBN 978-89-5626-835-4 (세트)

이 저서는 2007년도 정부재원(교육부 학술연구조성사업비)으로 한국연구재단의 지원을 받아 연구되었음 (KRF-2007-361-AM0013).

동아시아한국학연구총서 26

인천말 연구

Incheon Dialect

한성우

소명출판

인하대학교 한국학연구소는 2007년부터 '동아시아 상생과 소통의 한국학'을 의제로 삼아 인문한국(HK) 사업을 수행하고 있다. 상생과 소통을 꾀하는 동아시아한국학이란, 우선 동아시아 각 지역과 국가의 연구자들이 자국의 고유한 환경 속에서 축적해 온 '한국학(들)'을 각기 독자적인 한국학으로 재인식하게 하고, 다음으로 그렇게 재인식된 복수의 한국학(들)이 서로 생산적으로 소통할 수 있는 방법을 구성해내는 한국학이다. 우리는 바로 이를 '동아시아한국학'이라는 고유명사로 명명하고 있다. 따라서 동아시아한국학은 하나의 중심으로 수렴된 한국학을 지양하고, 상이한 시선들이 교직해 화성(和聲)을 창출하는 복수의 한국학을 지향한다.

이런 목표의식하에 한국학연구소는 한국학이 지닌 서구주의와 민족주의적 편향성을 극복하기 위한 방법으로 근대전환기 각국에서 이뤄진 한국학(들)의 계보학적 재구성을 시도하고 있다. 주지하듯이 한국에서 자국학으로 발전해온 한국학은 물론이고, 구미에서 지역학으로 구조화된 한국학, 중국·러시아 등지에서 민족학의 일환으로 형성된 조선학과 고려학, 일본에서 동양학의 하위 범주로 형성된 한국학 등 이미 한국학은 단성적(單聲的)인 방식이 아니라 다성적(多聲的)인 방식으로 존재하고 있다. 우리는 그 계보를 탐색하고 이들을 서로 교통시키고자 한다. 다시 말해 본 연구소는 동아시아적 사유와 담론의 허브로서 동아시아한국학의 방법론을 정립하기 위해 학문적 모색을 거듭하고 있다.

더욱이 다시금 동아시아 각국의 특수한 사정들을 헤아리면서도 국경을 넘어서는 보편적 가치를 모색할 필요성이 절실해지는 이즈음, 상생과 소통을 위한 사유와 그 실천의 모색에 있어 그간의 학문적 성과를 가름하고 공유하는 것은 여러 모로 의미가 있으리라 여겨진다. 이에 우리는 복수의 한국학에 대한 계보학적 탐색, 상생과 소통을 위한 동아시아한국학의 방법론 정립, 연구 성과의 대중적 공유라는 세 가지 지향점을 중심으로 지속적으로 축적되고 있는 연구 성과를 세 방향으로 갈무리하고자 한다.

본 연구소에서는 상생과 소통을 위한 동아시아한국학 연구에 있어 연구자들에게 자료와 토대를 정리해 연구의 기초를 제공하고, 또한 현재 동아시아한국학 연구의 범위와 향방을 보여줄 뿐만 아니라 그 연구 성과들을 시민들과 공유하는 것까지 고려하는 방향으로 총서를 발행하고 있다. 모쪼록 이 총서가 동아시아에서 갈등의 피로를 해소하고 새로운 상생의 방법을 모색하는 데 일조할 수 있기를 기대한다.

인하대학교 한국학연구소

방언 연구자에게는 평생을 따라다니는 두 가지의 책무가 있다. 하나는 자신이 태어난 지역의 말에 대한 연구이고, 다른 하나는 자신이 근무하는 지역의 말에 대한 연구이다. 첫 번째 책무는 본격적인 연구의 시작이라 할 수 있는 석사논문으로 대신했다. 그리고 태어난 지역은 아니지만 연구가 부족했던 평안도 방언에 대한 연구로 박사논문을 써서 그 소임을 다하고자 노력했다. 두 번째 책무는 2007년에 인하대학교 한국어문학과에 부임하게 되면서 자연스럽게 받게 되었다.

지역적 특성상 인천의 말은 주목을 받기 어렵다. 서울과 가깝고 언어적으로도 서울말 및 표준어와 별반 다른 것이 없다는 통념 때문에 인천말을 방언으로 보려는 시도조차 없었다. 그러나 한국어는 하위 방언의 집합체이고, 어느 지역에서 쓰는 말이든 그것은 한국어의 한 하위방언이다. 인천말 또한 그것이 사용되는 지역과 상관없이, 그리고 서울말 또는 표준말과의 같고 다름에 상관없이 독립적인 방언으로서의 지위를 가진다. 방언으로서 인천말을 다루어야 하는 이유가 여기에 있고, 방언 연구자로서 인천말에 관심을 가져야 하는 이유도 여기에서 찾을 수 있었다.

인천말에 대한 조사와 연구는 2009년 이후 인천학연구원의 세 차례

연구비 지원 하에 이루어졌다. 2009년의 인천 토박이말 조사와 연구, 2011년의 강화 토박이말 조사와 연구, 2014년의 인천 연안도서 토박이 말 조사와 연구가 이루어졌다. 한 연구자에게 한 차례의 연구비를 지 원하는 것이 관례인데 두 번이나 추가로 지원을 해 준 인천학연구원에 늘 감사한 마음을 가지고 있다.

세 번의 연구과제는 자료집을 덧붙인 연구서로 각각 간행되었는데 이를 하나로 엮어야겠다는 생각을 가지게 되었다. 인천은 특이하게도 대도시, 역사가 오랜 큰 섬, 그리고 연해에 흩어져 있는 많은 섬으로 이 루어져 있는데, 각 지역 말들의 같고 다름을 비교해 보는 것도 흥미로 울 것이라는 판단에서였다. 이러한 소망은 인하대학교 한국학연구소 의 저술지원을 받아 마침내 이루게 되었다. 여러 권으로 흩어져 있는 연구결과를 하나로 엮을 수 있게 해 준 한국학연구소 관계자 여러분께 감사의 말씀을 드린다.

그간의 조사와 연구를 하나로 엮으면서 많은 고민을 했다. 기왕에 나온 연구결과에서 핵심만 추려 다시 쓸 것인가, 세 지역의 자료를 종 합해 다시 정리할 것인가 등등이 고민거리였는데 이 책에서는 기존의 연구내용을 종합하고 자료집은 붙이지 않는 것으로 정했다. 인천말에 대한 연구를 완성하기 위해서는 서해5도를 포함한 원해도서의 말에 대한 조사와 연구가 이루어져야 하는데 아직 이루어지지 못했기 때문 이다. 따라서 이 책은 이미 이루어진 세 지역의 연구를 하나로 묶어내 는 방식으로 만들어졌다.

다행스럽게도 가장 품이 많이 들어갈 인천 원해도서의 연구지원을 한국연구재단으로부터 2년간 받을 수 있게 되었다. 이 기간 동안의 조

사와 연구가 끝나면 비로소 모든 것이 갖추어진 인천말 연구서가 완성
될 수 있을 것으로 기대된다.

이 책이 만들어지기까지 많은 분들의 도움이 있었다. 조사와 연구과
정에 함께 해준 동료, 후배, 그리고 제자들에게 감사를 드린다. 연구결
과를 엮을 수 있도록 연구비를 지원해 주신 한국학연구소의 이영호,
김만수, 이봉규 세 소장님께도 감사의 말씀을 올린다. 행정적인 지원
을 해 준 한국학연구소의 관계자와 까다로운 내용의 책을 말끔하게 편
집해 준 소명출판 관계자에게도 고마움을 표한다.

2017년 9월
한성우

간행사 003
서문 005

제1장 서론   013

제2장 인천의 지역적 특성

1. 인천의 지역 구분 ————————————————————— 020
2. 원인천 지역 ——————————————————————— 028
3. 강화 지역 ———————————————————————— 034
4. 인천 연안도서 지역 ————————————————————— 043
5. 인천 원해도서 지역 ————————————————————— 050

제3장 인천말의 음운적 특징

1. 음운체계 ————————————————————————— 056
  1) 자음체계 056   2) 모음체계 059
  3) 활음과 이중모음체계 072

2. 음운현상 ————————————————————————— 075
  1) 교체 076   2) 첨가 091
  3) 탈락 093   4) 축약 099

제4장   인천말의 어휘적 특징

1. 농경 관련 어휘 ——————————————————— 102
  1) 경작 102
  3) 방아 찧기 111
  5) 채소 115
  2) 타작 107
  4) 곡물 113

2. 음식 관련 어휘 ——————————————————— 118
  1) 주식과 부식 118
  3) 부엌과 그릇 125
  2) 반찬과 별식 121

3. 가옥 ——————————————————————————— 129
  1) 방과 가구 129
  3) 마당 135
  2) 건물 132
  4) 마을과 가게 138

4. 의복 ——————————————————————————— 143
  1) 복식과 장식 144
  2) 바느질과 세탁 147

5. 민속 ——————————————————————————— 150
  1) 세시풍속 151
  3) 생활용품 158
  2) 농경용품 154

6. 인체 ——————————————————————————— 160
  1) 얼굴과 머리 161
  3) 하체 166
  2) 상체 164
  4) 질병과 생리 168

7. 육아 ——————————————————————————— 171
  1) 출생과 성장 171
  2) 놀이 173

8. 친족 ——————————————————————————— 176
  1) 가족 176
  3) 친척 181
  2) 결혼 179

9. 동물 ——————————————————————————— 183
  1) 물에 사는 동물 184
  3) 가축 190
  2) 곤충과 벌레 187
  4) 들짐승과 날짐승 193

10. 식물 ——————————————————————————————— 195
   1) 꽃과 풀 196   2) 나무 198
   3) 과일과 열매 201
11. 자연 ——————————————————————————————— 203
   1) 산과 들 204   2) 강과 바다 206
   3) 시후 207   4) 날씨와 방향 209

제5장 인천말의 문법적 특징

1. 대명사 ——————————————————————————————— 214
   1) 인칭대명사 214   2) 의문대명사 217
   3) 그밖의 의문사 218   4) 지시대명사, 지시부사 219
2. 조사 ——————————————————————————————— 221
   1) 격조사 221   2) 보조사 223
3. 종결어미 ——————————————————————————————— 225
4. 연결어미 ——————————————————————————————— 228
5. 시제 ——————————————————————————————— 230
6. 피동과 사동 ——————————————————————————————— 232
   1) 사동 232   2) 피동 234
7. 부사 ——————————————————————————————— 236

제6장 결론

1. 원인천말 ——————————————————————————————— 239
2. 강화말 ——————————————————————————————— 242
3. 인천 연안도서의 말 ——————————————————————————————— 246

참고문헌 260

표 차례

〈표 1〉 인천의 성립 및 변화 과정 ——————————— 025
〈표 2〉 인천말의 자음체계 ——————————— 057
〈표 3-1〉 원인천말의 모음체계 ——————————— 059
〈표 3-2〉 강화말의 모음체계 ——————————— 059
〈표 3-3〉 인천 연안도서말의 모음체계 ——————————— 059
〈표 4〉 인천말의 활음체계 ——————————— 074
〈표 5-1〉 인천말의 y계 상향이중모음체계 ——————————— 074
〈표 5-2〉 인천말의 y계 하향이중모음체계 ——————————— 075
〈표 5-3〉 인천말의 w계 상향이중모음체계 ——————————— 075

그림 차례

〈그림 1〉 인천의 위치 ——————————— 021
〈그림 2〉 인천의 지형 ——————————— 022
〈그림 3〉 인천의 지역 구분 ——————————— 023
〈그림 4〉 원인천의 조사 지점 ——————————— 029
〈그림 5〉 강화의 지도 ——————————— 036
〈그림 6〉 강화의 조사 지점 ——————————— 037
〈그림 7〉 인천 연안도서의 조사 지점 ——————————— 044
〈그림 8〉 인천 원해도서의 지도 ——————————— 051

제1장

서론

인천은 한반도 중부 서쪽의 거대도시이자 광역자치단체이다. 이는 인천의 자연 지리적, 인문 지리적 특성에 대한 것이지만 인천의 언어적 특성에 대해서도 중요한 단서를 제공한다. '한반도 중부 서쪽'은 지역 방언적 특성에 대한 가장 기초적인 단서이고, '거대도시이자 광역자치단체'는 사회 방언적 특성에 대한 기초적인 단어이다. 인천의 말, 그리고 인천 사람의 말에 대한 탐구는 이 두 가지 중요한 단서를 동시에 고려해 이루어져야 한다. 대개 특정 지역의 말에 대한 탐구는 지역 방언적 특성에 초점이 맞추어 이루어지지만 거대도시이자 광역자치단체인 인천 지역의 말에 대한 탐구는 사회 방언적 특성도 고려되어야 한다. 따라서 이 책은 거대도시이자 광역자치단체인 인천의 말에 대한 사회 방언적 특성을 고려한, 한반도 중부 서쪽에 위치한 인천의 말에 대한 지역 방언적 특성을 종합하는 것을 목적으로 한다.

특정 언어에 대한 연구는 그 방언을 이루는 하위 방언을 종합할 때 비로소 가능하기 때문에 한 언어의 전모를 밝히려면 그 언어의 방언 전체에 대한 체계적이고도 종합적인 연구가 필요하다. 그런데 전통적인 방언학 및 방언에 바탕을 둔 언어 연구는 농어촌을 중심으로 하기 때문에 도시를 그 대상에서 제외한다. 또한 전통적인 연구에서는 표준어와 상대적으로 차이가 많이 나는 방언을 주된 대상으로 삼는다. 이러한 연구는 당연시되기는 하지만 방언을 특정 언어의 전모를 밝히는 데에는 문제가 있다. 따라서 상대적으로 동질성이 덜한 도시의 방언도 국어의 일부로 조사와 연구가 이루어져야 하고, 표준어와의 차이 여부와 관계없이 모든 방언에 대한 조사와 연구가 이루어져야 한다. 도시의 방언에서 드러나는 다양한 특성도 국어의 특성으로 받아들여져야 하고, 표준어와 유사한 언어를 사용하는 지역도 그 자체로서의 지위를 인정받을 수 있어야 한다.

그 동안의 언어 연구에서 인천은 철저히 외면되었다고 해도 과언이 아니다. 인천은 수도 서울과 지리적으로 매우 가까운 대도시라는 이유로, 그리고 표준어와 상당히 유사한 언어를 사용할 것이라는 가정 하에 인천 방언에 대한 전면적인 조사와 연구가 거의 이루어지지 않았다. 거대 도시 인천에는 이질적인 화자가 모여 살고 있고, 항구를 끼고 있어 다른 지역과의 교류가 빈번하다는 것 등을 고려하면 전통적인 방언 연구에서 이러한 소외는 당연한 것이기도 하다. 더욱이 직관적으로 볼 때 인천말은 표준어와 거의 유사한 것으로 보이기 때문에 이에 대한 연구 결과는 표준어에 대한 연구 결과와 크게 다르지 않을 것으로 보이기도 한다.

　그러나 언어 연구에서 모든 지역에 대한 연구가 그러하듯 인천말은 표준어와의 유사성 여부와 관계없이 독자적인 지위를 인정받으며 철저하게 조사 및 연구가 이루어져야 한다. 표준어는 정치적·문화적 이유로 설정한 가상의 언어일 뿐 국어 전체를 대표하는 언어일 수가 없다. 표준어의 근간이 되었던 서울말이 비록 표준어와 상당 부분 일치하지만 서울말도 국어 방언의 하나로 간주하여 조사와 연구가 이루어져야 하는 것이다. 그리고 실제로 서울 토박이말을 조사했을 때 표준어와는 상당히 다른 면모가 밝혀졌다. 마찬가지로 인천말도 표준어 및 서울말과의 유사성과는 상관없이 독자적인 지위를 인정받으며 조사와 연구가 이루어진다면 인천말의 전모가 속속들이 드러나게 되고 그것이 국어 연구에 많은 도움이 될 수 있을 것이다.

　인천은 표면적으로는 하나이지만 그 내면을 들여다보면 매우 다층적이다. 이는 거대도시 인천의 성장과정과 밀접한 관련이 있다. 서해안의 조그마한 항구에 불과했던 인천은 개항 후 급격한 성장을 하게 된다. 여기에 행정구역 개편의 결과 인천 주변 지역과 강화도, 연안도서, 그리고 서해5도를 포함한 원해도서 지역이 인천에 편입되었다. 행정구역상으로 인천은 하나이지만 역사적, 지리적 조건을 따져볼 때 인천은 하나가 아닌 것이다. 또한 거대도시로 성장하면서 수많은 외부 인구가 유입되어 인천의 정체성이 흐려지게 되었다. 그러나 이러한 과정을 겪었더라도 한반도 중부의 서쪽이라는 인천의 지리적 특성은 변하지 않는다. 그리고 다층적이고 이질적이기는 하지만 '인천 사람들'은 '인천의 말'을 하고 있다. 결국 인천의 역사 및 행정구역상의 구획과는 별도로 지역과 그 지역에서 쓰는 말은 실체로서 존재하고 있고 이에 대한 연구가 가능하고, 또 필요한 것이다.

따라서 본 연구는 인천말을 전면적이고 체계적으로 조사하고 연구하여 인천말의 실체를 밝히고 국어 연구에 기여하는 것을 목적으로 한다. 인천말에 대한 조사와 연구 결과는 표준어 및 서울말과의 유사성과는 별도로 그 자체로서 가치를 가질 수 있다. 그리고 인천말이 표준어와 유사하다면 그 유사성을 밝히는 것만으로도 가치를 가질 수 있다. 인천말의 독립적인 지위를 인정하고 이에 대한 전면적인 조사와 연구가 이루어진다면 인천말의 특성을 체계적으로 규명할 뿐만 아니라 이를 바탕으로 국어 전체에 대한 치밀한 연구도 가능해질 것이다.

한국어를 이루는 각 지역어에 대한 연구과 비교해 볼 때 인천말에 대한 연구는 극히 부족한 편이다. 이는 한국어 연구, 특히 방언 연구의 경향과 관련된 것이기도 하다. 방언 연구 전반을 살펴보면 주로 역사적인 문제에 초점을 맞추어 전통적인 연구방법에 따라 연구를 수행해 왔다. 이러한 연구 경향은 국어의 역사를 밝히는 데 많은 도움이 되었으나 개별 방언에 대한 체계적인 조사와 연구에는 방해가 된다. 비록 개별 방언을 목적으로 하는 연구에서는 개별 방언의 독립적인 지위를 인정하며 체계적인 연구를 했지만 대부분 표준어와 멀리 떨어진 지역을 대상으로 한 연구였다는 문제점이 있다. 도시의 말을 연구 대상으로 삼는 도시방언학 분야가 있기는 하지만 국내에서는 이러한 연구를 거의 찾아보기 어렵고 인천을 대상으로 한 도시방언학적 연구는 없었다.

서울말에 대한 연구는 꽤 있다는 점을 감안하면 인천말에 대한 소외는 문제가 있다. 서울말에 대한 기존의 연구에서도 알 수 있듯이 대도시의 방언이라도 그 정체성이 분명히 있으며 표준어 사용권이라고 간주되는 지역이라도 표준어와는 상당히 다른 언어가 쓰임을 알 수 있다. 서울말을 대상으로 한 이러한 결과를 감안하면 방언 연구에서 인천말을 소외시킨 것은 극복이 되어야 한다. 국어 전체에 대한 체계적이고도 종합적인 연구를 위해서도 기존의 연구는 문제가 있다. 비록 대도시가 이질적인 화자가 많이 집결되어 있기는 하지만 지역마다 넓은 영역을 확보하고 있다.

이 책은 그동안의 연구에서 소외되어 온 인천말에 대한 종합적인 연구이다. 2009년 이후 인천의 여러 지역에 대한 세 차례의 조사와 연구가 이루어졌는데 이 세 차례의 조사와 연구를 종합해 인천의 말, 인천 사람의 말에 대해 밝히는 것을 목적으로 한다. 이전의 조사와 연구는 각각 세 권의 책으로 간행되었는데 각각의 책은 개별 지역만을 대상으로 했기 때문에 인천말 전체를 아우를 수 없었다. 인천이 여러 층위로 이루어져 있다면 말 또한 여러 층위로 이루어질 수밖에 없는데 이에 대한 종합이 필요한 것이다. 따라서 세 지역의 공통점과 차이점을 밝힘으로써 인천말 전체의 모습을 살펴보고자 한다.

이 책의 본론은 세 부분으로 구성되어 있다. 2장에서는 연구의 대상이 되는 인천의 지역적 특성에 대해 살펴본다. 인천의 역사적 변화과정과 결과에 따른 지역 범위의 변화와 인구 구성의 변화를 살펴볼 때 인천은 원인천, 강화, 연안도서, 원해도서 이렇게 넷으로 하위구분이 될 수 있는데 각 지역에 대해 자세히 서술한다. 3장에서는 인천 각 지역의 음운적 특성을 종합적으로 살펴보고. 4장에서는 인천 각 지역의 어휘적 특성을 살펴본다. 특히 어휘적으로는 지역에 따라 차이가 크므

로 여러 지역의 어휘를 상세하게 비교해 본다. 5장에서는 인천 각 지역
의 문법적 특징을 살펴본다.

제2장

인천의 지역적 특성

　인천말에 대한 서술은 인천말에 대한 정의에서 시작되어야 한다. 상식에 기대면 인천말은 인천 땅에 사는 인천 사람들의 말로 정의가 된다. 인천 땅은 행정구역상 강역이 정해져 있으니 그 강역을 따르면 된다. 인천 사람을 인천에 거주하는 사람들로 한정을 하면 이 또한 주민등록에 근거하면 된다. 그러나 인천은 매우 중층적인 도시임을 감안해야 한다. 그리고 특정 지역의 말에 대해 연구하기 위해서는 지역 방언학적 방법과 사회 방언학적 방법 두 가지가 있다는 것도 감안해야 한다.

　인천이 중층적인 도시라는 것은 인천의 성장과정과 관련이 있다. 개항 이후 도시의 성장과 행정구역의 변경 과정에서 인천은 여러 차례 강역이 넓어졌다. 따라서 현재는 하나의 행정구역이지만 그 안에는 특색이 다른 지역들이 묶여 있음을 감안해야 한다. 광역 자치단체가 되는 과정에서 지리적으로 거리가 꽤 먼 지역이 인천에 포함이 되었다.

또한 내륙으로도 강역이 넓어졌지만 연안의 섬과 먼 지역의 섬까지 포함되었다. 이러한 거리상의 차이, 그리고 육지와 도서지역의 차이까지 모두 고려되어야 인천말에 대한 종합적인 서술이 가능하다.

도시의 언어에 대한 연구는 사회 방언학적 연구가 주류를 이루지만 인천말의 실체를 밝히기 위해서는 전통적인 지리 방언학적 방법의 활용이 필요하다. 전통적인 지리 방언학적인 연구는 해당 지역의 토박이들에 대한 조사로부터 시작이 된다. 따라서 인천의 지역적 특성을 감안해 대상 지역을 나누고 각 지역의 토박이를 찾는 작업이 필요하다.

인천말에 대한 본격적인 서술에 앞서 이 장에서는 인천의 역사를 살펴본 후 특성에 따라 인천말 연구에 필요한 지역을 나눈다. 구분된 각 지역의 여러 특성들을 구체적으로 살펴 본 후 개별 지역의 언어적 특성을 가장 드러내 줄 제보자를 소개한다. 또한 조사의 방법, 과정 및 자료의 분석 과정에 대해서도 밝힌다.

1. 인천의 지역 구분

인천은 경도와 위도는 동경 126°37′, 북위 37°28′로서 한반도의 한가운데이며 황해에 접하여 있고 한강의 하류에 위치해 있다. 대한민국의 수도인 서울과 28km 떨어져 있다. 인천은 1981년 7월 1일 직할시로 승격 당시 면적은 201.21km^{2}였으며, 1989년 1월 1일 경기도 김포군 계양면(30.9km^2)과 옹진

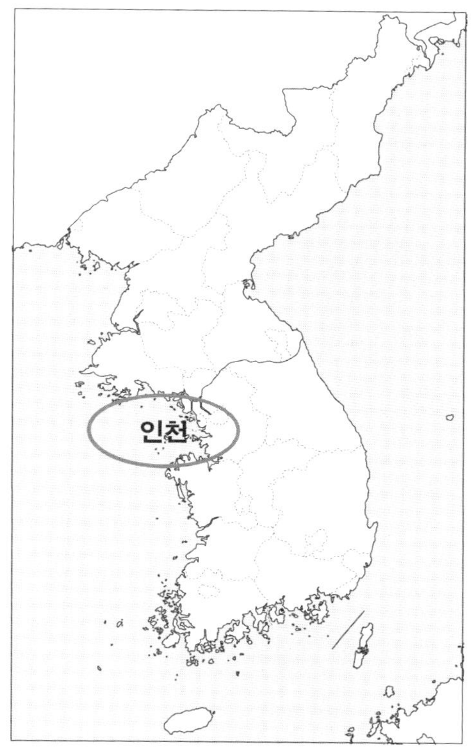

〈그림 1〉 인천의 위치

군 영종·용유면(72.0km²) 편입으로 면적이 310.83km²가 되었으며, 1995년 1월 1일 광역시로 명칭 변경과 같은 해 3월 1일 강화군(401.3km²), 옹진군(163.6km²), 김포군 검단면(42.2km²)의 통합으로 면적이 955km²가 되었으며, 2000년 이후 공유수면매립 등으로 2005년에는 면적이 994.12km²로 전 국토 면적의 1%로 확장되었으며 2016년 기준 1,047.41km²에 이르고 있다.

인천의 산지는 마니산(469m)과 계양산(395m), 삼각산(343m) 등 10여 개의 산을 제외하고는 해발 300m이내의 구릉성 산지이며, 따라서 큰 하천

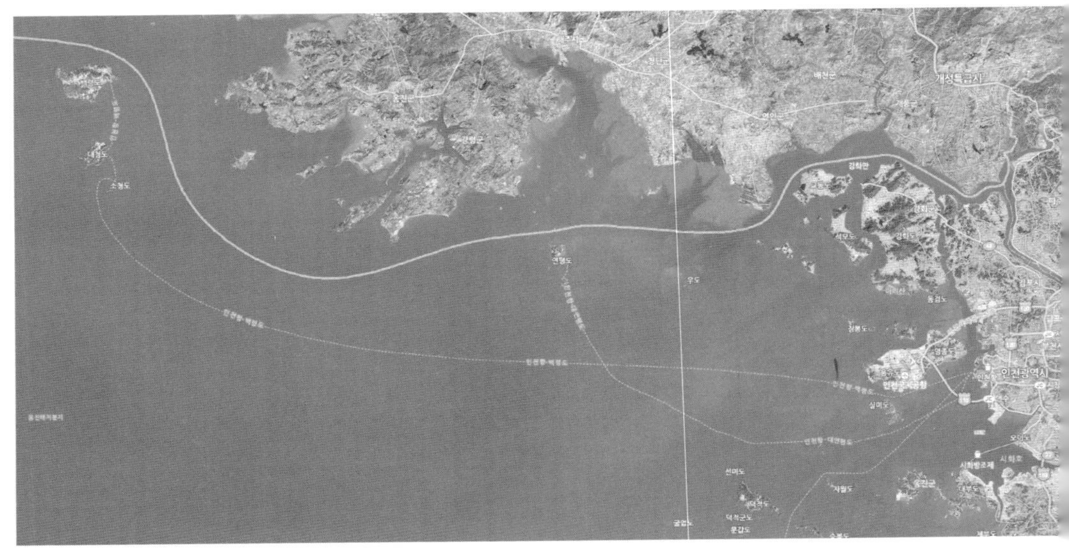

〈그림 2〉 인천의 지형

의 발달도 없다. 한강으로 유입하는 하천은 굴포천, 청천천, 계산천 등이 있고, 황해로 유입하는 하천으로는 북쪽의 시천천, 공촌천과 남쪽의 승기천, 만수천, 장수천, 운연천 등이 있으며, 굴포천(11.5km)을 제외하면 승기천(6.2km), 검단천(6.74km) 등 대부분 하천 연장이 10km미만이다. 인천의 해안은 리아스식 해안(rias coast)으로 해안선이 길고 복잡하며 섬이 많다. 인천에는 모두 168개의 섬이 있으며, 이중 128개가 사람이 살지 않는 무인도이다.

2015년 12월 31일 기준 인천광역시의 행정구역은 8구 2군 1읍 19면 129동으로 2016년 1월말 기준 주민등록 인구는 2,925,815명에 도달했으며, 세대수는 1,154,004세대, 평균 세대원 수는 2,535명으로 나타나 1999년부터 세대원수가 지속적으로 감소하는 추세를 보이고 있다.

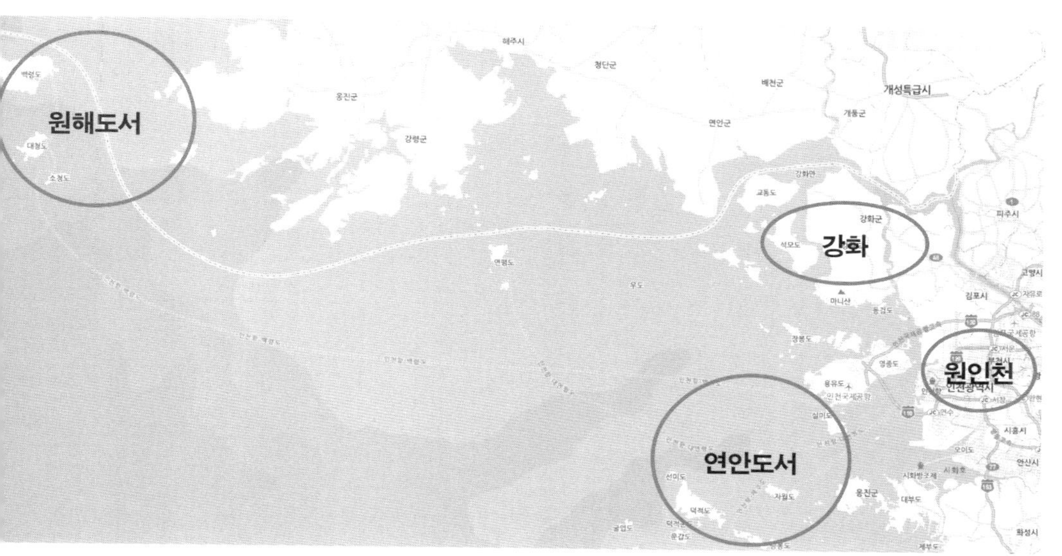

〈그림 3〉 인천의 지역 구분

인천의 지역 구분에 앞서 용어상의 혼란을 없애기 위해 '인천'에 대한 명확한 규정이 필요하다. '인천'은 광의로 쓰일 수도 있고 협의로 쓰일 수도 있다. 광의의 인천은 현재의 행정상 전 지역을 포괄하고, 협의의 인천은 본래의 인천 지역만 지시한다. 그러나 광의의 인천은 행정 구역으로 구분되니 그 실체가 분명하지만 협의의 인천은 계속 성장을 해 왔기 때문에 어느 시점의 어느 영역까지를 지시하는가에 대한 결정이 필요하다. 결국 인천의 지역 구분은 인천의 역사 전체를 고려해서 이루어져야 한다. 다만 잠정적으로 광의의 인천은 '인천'으로 부르고, 협의의 인천은 '원인천'으로 부른다.

원인천 이외의 지역은 강화, 연안도서, 원해도서의 세 지역으로 다시 구분한다. 강화는 지리적으로나 역사적으로나 하나의 독립된 단위로 보아야 할 이유가 충분하다. 따라서 강화와 인근의 섬을 묶어 한 지역으로 설정한다. 행정구역상으로는 옹진에 속해 있는 인천 연안의 섬은 육지에서의 거리나 섬 사이 거리로 볼 때 하나의 단위로 묶일 수 있다. 따라서 영종도, 영흥도, 덕적도 등 연안도서의 섬들도 하나의 단위로 묶는다. 마지막으로 지리적으로는 황해도에 가까운 서해5도의 섬, 즉 원해도서의 섬도 하나의 단위로 묶는다. 이 지역은 행정구역의 편의상 옹진, 나아가 인천에 포함되어 있지만 여러 가지 면에서 이질적인 지역일 수밖에 없다.

인천은 개항 이후 행정구역 개편으로 지속적으로 성장해 왔다. 인천이 현재의 모습으로 성장한 과정을 크게 나누어 보면 〈표 1〉과 같다.

인천의 성립 및 변화과정은 〈표 1〉과 같이 크게 네 부분으로 나눌 수 있다. Ⅰ은 문학산 일대의 도호부를 중심으로 한 전통적인 인천 시대이다. 비록 행정구역의 개편이 몇 차례 있기는 했으나 오랜 기간 동안 전통적인 사회를 이루었음을 짐작할 수 있다. Ⅱ는 1883년 개항과 더불어 시작되어 새로운 인천이 성립되는 시기이다. 본래 인천군 다소면의 해안지대인 제물포에 개항장이 마련됨에 따라 이 지역이 인천의 중심지로 자리 잡게 되고 반대로 이전의 중심지인 인천읍내 지역이 몰락하게 되었다(이희환 2008:21). Ⅰ은 인천이 도시적인 특성을 전혀 보이지 않는 시기였지만 Ⅱ는 인천이 도시로 발전하는 발판이 마련되고 점차 성장해 나가는 시기였다.

'원인천'은 Ⅰ과 Ⅱ시기로 한정을 한다. 인천을 전통적인 지역으로 한정한다면 Ⅰ시기의 중심지만 포함이 된다. 그러나 근대 이후에 형성된, 그리고 보통사람들의 머릿속에 각인된 지역을 기준으로 한다면 Ⅱ

〈표 1〉 인천의 성립 및 변화 과정

I	1392.	조선 태조 1년 인주군으로 환원
	1413.	조선 태종 13년 인주에서 인천군으로 변경
	1406.	조선 세조 6년 인천도호부로 승격
	1748.	영조 24년 인천현으로 강등
	1757.	영조 23년 인천부로 환원
II	1883.1.1	개항
	1910.	인천부 설치
	1914.3.1	인천부의 일부와 부평군을 병합하여 부천군 설치
	1914.9.1	월미도를 인천부에 편입
III	1949.8. 15	인천시 개편
	1962.5.21	57개 행정동 설치
	1962.9.1	2개 행정동 설치(59개동)
	1963.1.1	부천군 작약도를 인천시에 편입
	1968.1.1	4구 2출장소 7개 행정동 설치(66개동)
	1970.7.1	9개 행정동 설치(75개동)
	1979.1.1	1개 행정동 설치(76개동)
	1979.5.1	3개 행정동 설치(79개동)
	1981.7.1	인천직할시 승격
	1982.9.1	6개 행정동 설치(85개동)
	1983.10.1	2개 행정동 설치(87개동)
	1985.11.5	2개 행정동 합병, 7개 행정동 설치(93개동)
	1987.6.15	1개 행정동 설치(94개동)
	1988.1.1	2개구 설치(6개구)
	1989.1.1	영종, 용유, 계양동 편입(6개구, 3출장소, 97개동)
	1989.5.1	1개 행정동 설치(98개동)
	1990.1.1	5개 행정동 설치(103개동)
	1990.5.1	3개 행정동 설치(106개동)
	1991.8.5	5개 행정동 설치(111개동)
	1992.9.1	3개 행정동 설치(114개동)
	1992.9.5	1개 행정동 설치(115개동)
	1993.12.1	3개 행정동 설치(118개동)
	1994.7.1	5개 행정동 설치(123개동)
IV	1995.1.1	인천직할시에서 인천광역시로 명칭변경
	1995.3.1	·강화군, 옹진군, 김포군 검단면 인천광역시와 통합 ·2개구 분구 ·2개 행정동 설치(8구 2군 1읍 19면 126개동)
	1996.1.1	1개 행정동 설치(127개동)
	1996.3.1	1개 행정동 설치(128개동) (8구 2군 1읍 19면 128동)
	1998.11.1	과소동 통합에 따른 12개동 축소(116개동) (8구 2군 1읍 19면 116동)
	2002.1.1	서구 검단1동 분동(검단1동, 검단2동)
	2003.3.1	연수구 옥련2동, 계양구 계산4동 분동 (8구 2군 1읍 19면 119동)

시기의 중심지가 인천이 된다. Ⅰ시기의 지역은 오랫동안 인천의 중심지였다는 점에서 의미가 있다. 비록 개항 이후 그 역할을 새 도심에 넘겨주기는 했지만 인천 토박이말의 명맥을 이어오는 동시에 새로운 인천 토박이말을 형성하는 바탕이 되었다는 점에서 그 가치를 찾을 수 있다.

Ⅱ시기의 중심지는 오늘날의 인천을 대표하는 지역이라는 점에서 원인천에 편입시킬 수 있다. 도시의 팽창과 함께 많은 외지인이 유입되기는 했지만 새로운 원인천말의 형성에 이 지역의 언어가 바탕이 되었다. 반면에 외지인과의 접촉 과정에서 이 지역의 토박이들의 말도 변화를 입었을 것이다. 이러한 과정에서 새로이 형성된 이 지역의 말은 오늘날의 원인천말을 대표하는 토박이말로서 충분한 가치를 지닐 것이다.

Ⅲ은 인천이 대도시로 발전해 가는 시대이다. 행정구역의 변동이 잦은 가운데 Ⅱ시기에 형성된 도심의 인구가 꾸준히 늘었고, 주변의 일부 지역이 인천에 편입되어 인구가 더 늘게 된 시기이다. 이 시기에 인구와 영역의 변화가 있기는 했지만 본질적으로는 Ⅱ시기에 형성된 인천이 팽창해 가는 시기라 할 수 있다. 한국전쟁을 계기로 외지인의 유입이 많았고, 도시의 특성상 여러 지역의 사람들이 유입되기는 했지만 근대 이후 형성된 인천 영역 내에서 팽창이 이루어지는 시기였다.[1]

---

[1] 영종도와 용유도의 편입은 인천말의 형성 면에서 보면 상당히 이질적인 변화이다. 도심 지역으로 인구가 유입되는 것과 도시 인접 지역이 행정구역 개편으로 편입되는 것은 언어 면에서는 큰 차이를 일으키기 때문이다. 도심 지역으로 편입된 사람들은 자신의 방언에 바탕을 두고 도시의 언어로 개신이 일어나지만 행정구역상으로 편입된 인접지역의 사람들은 자신들의 고유한 방언을 유지할 가능성이 크다. 그러나 이

Ⅳ는 행정구역의 개편에 따라 영역이 급격히 확장된 시기이다. 인천 직할시가 인천광역시로 바뀌면서 강화군, 옹진군 전부와 김포군 검단 면을 흡수하게 된 것이다. 이러한 변화는 행정구역상의 변화일 뿐만 아니라 인천말의 성격이 바뀌는 계기이기도 하다. Ⅲ시기에 비록 영종 도와 용유도가 편입되기는 했지만 인천과 상대적으로 가까운 지역이 고 면적도 그리 넓지 않았다. 그러나 이 시기에 편입된 강화군과 옹진 군은 거리도 멀고 면적도 넓을 뿐만 아니라 언어적으로도 인천 지역과 이질성이 클 가능성이 높다. 강화군과 옹진군은 이전에 독립된 군이었 기 때문에 그 전통적인 방언권을 형성하고 있을 가능성이 높다. 이러 한 두 지역이 인천에 편입된 것은 이전에 도시 자체가 팽창되는 것과 는 언어적인 면에서 양상이 다를 수밖에 없다. 따라서 이 시기에 편입 된 두 지역은 언어 면에서도 이전의 인천 지역과 달리 취급해야 한다.

Ⅲ, Ⅳ의 기간 동안 인천에 포함된 지역 중 특징적인 것은 강화와 옹 진이다. 내륙의 다른 지역도 인천에 포함이 되거나 인천에서 분리가 되기도 했지만 본래 인접한 지역이어서 언어적으로는 큰 차이가 나타 나지 않을 가능성이 크다. 그러나 강화와 옹진은 섬일 뿐만 아니라 역 사적, 지리적으로 인천과 다르다. 더욱이 옹진은 원인천에서 매우 멀 리 떨어진 서해5도까지 포함한다는 점에서 언어 면에서 이질적일 가 능성이 크다.

시기는 Ⅲ에 비하면 그리 크지 않은 변화를 일으킨 시기이다.

2. 원인천 지역

원인천 지역은 인천의 근간이라는 점에서 매우 중요한 지역이다. 오늘날의 인천의 성장은 이 지역을 기점으로 해서 이루어졌고 오늘날에도 인천의 핵심적인 지역이기도 하다. 인천은 백제의 지명으로는 미추홀(彌鄒忽)이었고 고구려의 지명으로는 매소홀(買召忽)이었다. 통일신라시대에는 소성현(邵城縣)으로 불리다가 고려시대에 들어 인주(仁州)라는 지명을 얻었다. 조선시대에는 인주, 인천군(仁川郡), 인천도호부(仁川都護府), 인천현(仁川縣) 등의 지명으로 여러 차례 변화를 겪었다. 1895년에는 인천부(仁川府)로 불리다가 1949년에 인천시(仁川市)로, 1981년에 인천직할시(仁川直轄市)로 개명을 거듭한 끝에 1995년 인천광역시(仁川廣域市)가 되었다.

원인천 지역의 말은 이 지역의 성장과 변화 과정을 고려해 조사와 연구가 이루어져야 한다. 따라서 원인천 지역은 다시 세 지역으로 나누어 조사를 진행하였다. 문학동 지역은 인천의 전통적인 중심지이자 농업을 기반으로 한 지역이다. 이런 점에서 I 지역은 인천의 전통적인 토박이말을 보여주는 동시에 농촌 지역의 특성을 잘 보여줄 것으로 판단된다. 근대 이후 인천의 중심이 된 월미도 지역은 본래 어촌 지역이었다. 그리고 개항장이 형성된 이후에는 도심 지역으로 성장했다. 따라서 이 지역에서는 두 지점을 선정하였다. 하나는 어촌지역의 특성을 반영하고 있을 것으로 예상되는 월미도 지역이다. 월미도는 1914년에 인천부에 편입된 이후 현재는 행정구역상 인천시 중구에 속해 있다. 다른 한

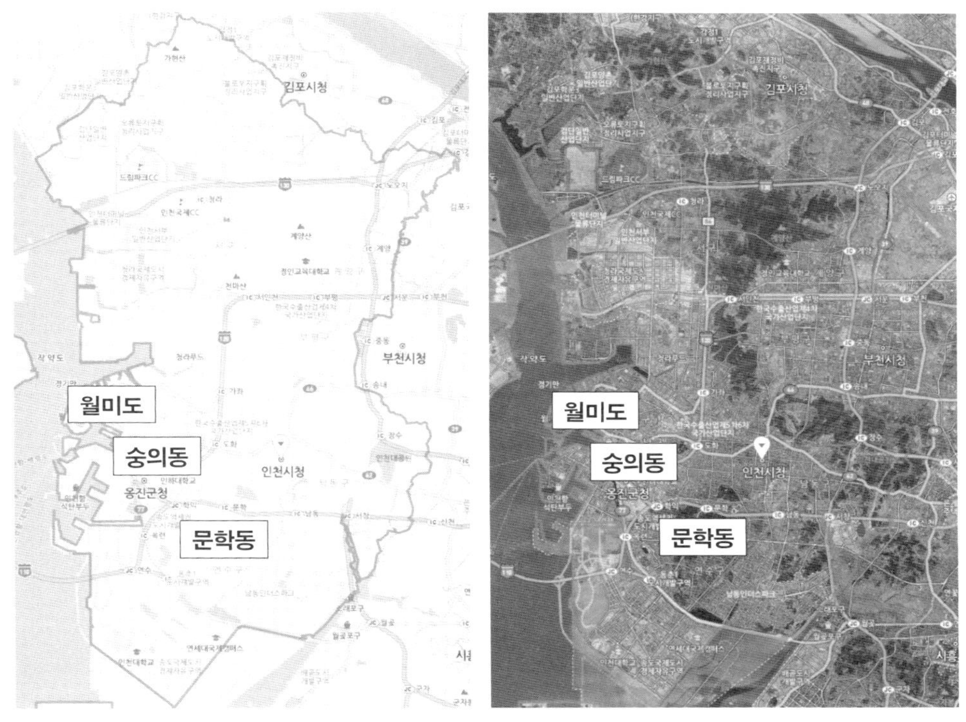

〈그림 4〉 원인천의 조사지점

곳은 숭의동으로서 개항 이후 형성된 도심과 인접한 지역이다.
세 지역의 역사는 다음과 같다.

■ 문학동

1914.4.1   인천의 엣 읍으로 부천군 문학면 관교리로 통·폐합

1936.10.1   인천부 확장으로 인천으로 편입

1968.1.1   구제 실시로 남구에 편입

1996.3.1   문학동과 관교동 분동

■ **월미도**

1914.9.1	월미도, 인천부로 편입
1950.9.15	유엔군, 인천상륙작전 감행
1973.3.12	월미도, 중구에 편입

■ **숭의동**

1919	구한말 인천부 다주면 장의리
1936.10.1	인천부 대화정으로 개편
1947.2.1	인천부 숭의동으로 개편
1968.1.1	구제실시로 인천시 남구 숭의동으로 개편

문학동은 인천부 관아가 있던 지역이자 전통적으로 농업을 주로 하는 지역이다. 이곳에는 여러 대에 걸쳐 농업을 하며 같은 지역에서 산 토박이들이 많다. 그러나 최근에 월드컵 경기장이 건설되고 개발이 진행되면서 다른 지역으로 이주한 토박이들도 많다. 그럼에도 불구하고 다른 지역에 비해 대대로 같은 터에 정착해 온 토박이가 많은 편이다.

월미도는 섬이었지만 이른 시기에 인천부에 편입되었고 매립으로 인해 육지와 연결된 지역이다. 한국 전쟁 전에는 대대로 이곳에 거주해 온 토박이가 많았다. 그러나 인천상륙작전 이후 많은 토박이들이 이곳을 떠났고, 한국전쟁 이후에도 이곳은 군대의 부지로 묶여 있어 토박이들이 돌아가지 못했다. 현재 월미도에 거주하는 사람들은 토박이들이 아닌, 외지에서 들어와 상업에 종사하는 사람들이 대분이다.

숭의동은 도심 지역과 인접한 지역이어서 도심의 특성을 반영할 것으로 보이는 지역이다. 도심의 특성을 더 잘 보여줄 것으로 판단되는 지역은 동구나 중구인데 숭의동은 1968년 이후 남구에 편입되어 있다. 따라서 숭의동은 도심의 언어적 특성을 반영하는 최적지가 아닐 수도 있다. 그러나 동구나 중구에서는 토박이가 극히 드물었다. 동구나 중구 지역은 상업지역, 관공서지역 및 각종 도시 서비스 지역이어서 여러 대에 걸쳐 이 지역에 거주해 온 토박이를 찾기 어렵다.[2] 따라서 도심에 가장 인접한 숭의동을 조사 지점으로 택하였다.

제보자는 위의 세 지역에서 선정하였다. 그런데 본 연구의 제보자들은 모두 위의 지역에 현재는 거주하지 않는다. 비록 대대로 도시의 특정 지역에 살아온 토박이라 할지라도 도시의 변화 및 정책상의 이유로 거주지를 떠나야 할 경우가 많이 있기 때문이다. 인천 지역도 마찬가지여서 급격한 도시의 변화과정에서 대대로 살아왔던 지역을 떠날 수밖에 없는 상황이었다.[3] 비록 여러 이유로 대대로 살아오던 출생지를 떠났지만 모두 인천의 영역 내에 거주하는 제보자를 선정하였다. 각

2　이러한 사정은 대도시의 도심 지역을 조사하고자 할 때마다 직면하는 문제이다. 1997년 서울 토박이말에 대한 연구자의 조사 당시 주된 대상이 된 지역은 종로구와 중구였다. 그런데 현재 상업지역, 관공서지역에는 거주자 자체가 없거나 토박이들이 거의 남아 있지 않다. 다행히 경복궁 인근에 토박이들이 많이 살고 있어 조사가 가능했다. 이 지역은 오랜 세월에 걸쳐 사대부들의 집단 거주지가 형성되어 오늘날까지도 주택가로 남아 있다. 그러나 상가와 관공서가 밀집된 종로 일대에는 거주자가 거의 없어 토박이들을 찾는 것이 불가능했다. 인천의 경우 근대 이전에는 동구나 중구 일대에 집단적인 거주지가 형성되지 않았기 때문에 이 지역에서 토박이를 찾는 것은 서울에서보다 더 어려운 것으로 보인다.
3　월미도는 이런 면에서 가장 불리한 지역이다. (1b)에서 밝혔듯이 이 지역은 한국전쟁 이후에 민간인이 거주할 수 없는 지역이었다. 이후에 월미도에 거주하기 시작한 민간인은 토박이가 아닌 외지인들이다.

지역의 제보자는 다음과 같다.

■ 문학동

　　─ 이름 : 이선진, 연령 : 94세(1915년생)

　　　출생지 : 경기도 부천군 문학면(현, 인천시 남구 문학동)

　　　현 거주지 : 인천시 남동구 구월동

■ 월미도

　　─ 이름 : 이범기, 연령 : 77세(1932년생)

　　　출생지 : 인천시 만석동(월미도, 현 인천시 중구 북성동)

　　　현 거주지 : 인천시 남구 주안동

■ 숭의동

　　─ 이름 : 김상봉, 연령 : 78세(1931년생)

　　　출생지 : 인천시 남구 숭의동(여우실)

　　　현 거주지 : 인천시 부평구

　　문학동의 제보자는 1915년 부천군 문학면(현재는 인천시 남구 문학동)에서 태어나 최근에 남동구 구월동으로 이사하기까지 한 번도 문학동을 떠나지 않은 문학동 토박이이다. 한국전쟁 때 부여로 피난을 떠나기도 했으나 며칠 만에 돌아왔을 정도로 문학의 토박이 중에 토박이이다. 부천공립보통학교(지금의 문학초등학교)를 졸업한 이후 5년 정도 양조장에서 일한 기간을 빼고는 내내 농사를 지어왔다. 고장에 대한 애착도 강해 농사일을 하는 틈틈이 17년 동안 문학동의 동장직을 맡았었다.

월미도의 제보자는 1932년 월미도(인천시 만석동, 현재는 인천시 중구 북성동)에서 태어나 성장하였다. 선대는 화물선 선원으로 일하다가 후에는 수산시험장에서 근무하였다. 고등학교를 중퇴한 뒤 1950년 12월에 입대하여 1954년 7월에 제대하기까지 한국전쟁을 전장에서 고스란히 체험하였다. 제대 후 미군부대의 정비공으로 일했고, 1967년부터 4년 동안 월남에 파견되어 군 장비 수리 업무를 맡았다. 귀국한 뒤에는 직장생활을 하다가 사우디아라비아와 리비아에 잠시 다녀오기도 하였다. 한국전쟁 후에 월미도에는 민간인이 거주할 수 없어 중구 북성동으로 이주한 뒤 송월동을 거쳐 현재는 남구 주안동에 거주하고 있다.

숭의동의 제보자는 1931년 숭의동 여우실에서 태어나 이곳에서 성장하였다. 1450년 경 여우실에 터를 잡은 경주 김씨 종가의 막내로 태어났다. 인천중학교를 마치고 동국대학교에서 문학과 정치학을 공부하였다. 졸업 후에는 언론계에 투신하여 인천 지역의 언론인으로 활동하였다. 인천의 여러 신문에 칼럼과 평론을 쓰기도 하고 논설위원으로도 활동을 하였다. 현재는 인천의 향토사 연구에 힘을 쏟고 있다. 58년에 결혼한 후에는 금곡동, 송현동, 항동 등지에서 살다가 2004년에 현재 살고 있는 부평으로 이주하였다. 출생지 여우실은 논밭과 배 과수원이 있는 전형적인 농촌이었다.

  강화는 행정구역상으로는 인천광역시에 속해 있고, 지리적으로는
경기도의 일부이다. 그런데 강화도가 경기도의 일부이기는 하지만 지
리적인 면에서는 상당히 외곽에 치우쳐 있다. 즉 강화는 경기도 서북
부에 위치한 섬들로서 서쪽으로는 바다와 접해 있으며 동쪽으로는 김
포시와 가깝고 북쪽으로는 황해도에 인접해 있다. 특히 교동도는 강화
군의 북쪽에 위치한 섬으로서 북쪽으로는 황해도 연백군(현 황해남도 연
안군, 배천군)과 맞닿아 있다.

  강화가 섬으로 이루어져 있고 경기도의 서북부에 위치해 있다는 점
에서 독특한 방언적 특징이 나타날 가능성이 매우 높다. 특히 교동은
경기도 최북단에 위치하여 황해도와 인접해 있으므로 황해도 방언의
영향을 입을 가능성이 매우 크다. 강화도는 거리상으로는 김포시와 가
까워 오래전부터 김포시와 교류가 많았다. 또한 최근의 행정구역 개편
으로 강화군이 인천광역시에 속하게 됨에 따라 강화군과 인천광역시
와의 왕래가 빈번해졌다. 그러나 강화군 최북단의 교동은 황해도 연백
과의 거리가 매우 가까워 전통적으로 강화도 본도나 경기도 지역과의
교류보다는 황해도 연백과의 교류가 매우 활발하였다.

  그리고 물리적인 거리뿐만 아니라 뱃길을 통한 접근성 면에서 인접
지역과의 관련성을 살펴볼 필요가 있다. 강화는 뱃길을 통해서 서해의
다른 지역과 자유롭게 오갈 수 있다. 따라서 서해의 다른 지역과 교류하
는 과정에서 언어 면에서도 많은 영향관계가 나타날 수 있다. 특히 강화

서북쪽의 교동은 육지와 교류를 하고자 한다면 조류 때문에 접근에 제약이 있는 김포보다는 황해도 연백이 훨씬 더 수월하다. 이렇듯 거리상으로 가까울 뿐만 아니라 접근성도 좋아서 교동은 분단 이전까지 황해도와 밀접한 관련을 맺어 왔다. 강화의 면적은 400여 km^{2}로서 인천광역시 면적의 41% 정도를 차지하고 있다. 인구는 2011년 현재 29,000여 가구에 67,000여 명이다. 행정구역상으로는 1읍 15면이다. 강화가 관광지로 개발되면서 많은 외지인이 유입되고 있으나 전통적인 마을의 상당수는 집성촌으로서 대대로 살아온 토박이들이 살고 있다.

강화는 한강의 관문이라는 특성상 중요한 전략적 요충지이다. 따라서 삼국시대부터 삼국의 접전지였다. 본래 백제에 속해 있었으나 백제가 고구려에 패하고 난 후에 강화는 고구려에 귀속되었다. 고구려 때는 혈구군(穴口郡)이었으며 수지현(首知縣)·동음내현(冬音奈縣)·고목근현(高木根縣)이 있었다. 이후 신라의 경덕왕이 해구(海口)라 고쳤으며, 수지현은 수진(首鎭), 동음내현은 강음현(江陰縣), 고목근현은 교동(喬桐)으로 바뀌었다. 그 후 문성왕이 혈구진(穴口鎭)을 설치하였다.『신증동국여지승람』에 의하면 고려 초에는 열구현(洌口縣)이라고 부르다가 몽골 침입으로 고종 때에 수도를 옮기면서 강도(江都)라 하였다고 한다. 그러다가 말기인 우왕 때부터 강화라고 칭하였다.

조선 시대에는 수도가 한양으로 정해짐에 따라 한양으로 들어가는 초입에 위치한 강화도는 국방 면에서 중요한 역할을 한다. 태종 때 강화는 도호부로 승격되었고, 조운의 활성화와 함께 한강의 입구로서 진이 설치되고 김포, 양화, 통진, 교동 등지의 진을 통괄하게 되었다. 강화부사는 경기 병마절도사가 겸임했다. 임진왜란 당시에는 강화는 큰

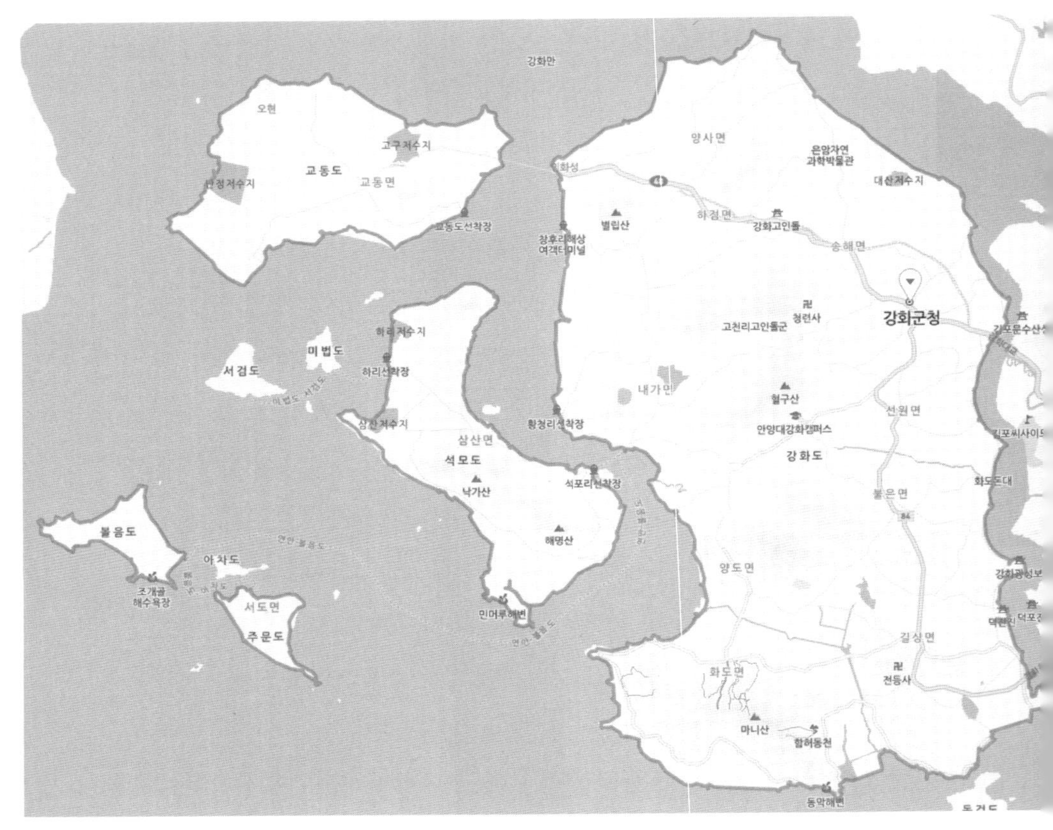

〈그림 5〉 강화의 지도

피해를 입지 않았고 정묘호란 때에는 인조가 강화도로 피신하였다. 이후 남양에 있던 경기수영이 강화로 옮겨졌다. 효종 때에는 북벌 정책을 계획하면서 해안에 월곶진, 제물진, 광성보 등의 진과 보를 설치하였고 성곽을 수리했다. 정조 때에는 외규장각이 강화에 설치되었다.

조선말에 이르러서는 병인박해를 구실로 1866년 프랑스 함대가 강화로 쳐들어 온 병인양요가 일어났다. 이로 인해 강화의 외규장각이

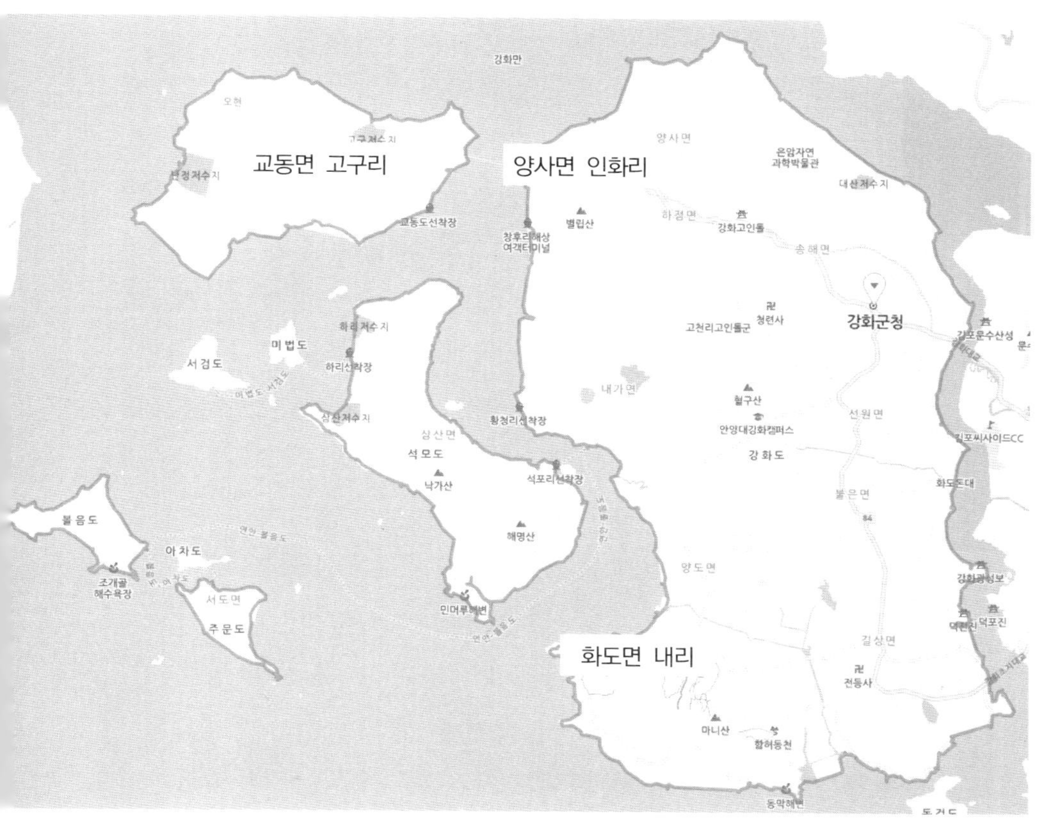

〈그림 6〉 강화의 조사 지점

약탈되는 등의 피해를 입었다. 1871년에는 미국 함대가 강화를 공격한 신미양요가 일어났고, 큰 피해를 입었지만 미국 함대를 몰아냈다. 1875년에는 일본 함대가 강화를 공격하여 운요호 사건을 일으켰으며, 그 다음해에 강화도조약이 체결되었다. 1895년에는 강화군으로 개칭 되었다가 1986년 다시 강화부로 개칭되었다가 1906년에 다시 강화군 으로 환원되었다. 1914년에는 교동군에 속해 있던 삼산면이 강화군에 편입되었다. 1919년에는 교동군 전체가 강화군으로 편입되었다. 1973년에는 강화면이 강화읍으로 승격되었고 1995년에는 강화 전체가 인천광역시로 통합되었다.

강화의 역사를 살펴볼 때 고려 이후 수도에 인접해 있을 뿐만 아니라 일정 기간 동안 수도의 기능을 대신했다는 것은 강화의 말에 영향을 미칠 가능성이 있다. 강화가 거리상으로 수도와 멀지 않기 때문에 언어적으로 중앙어와의 유사성이 나타날 수 있다. 더욱이 일부 수도의 기능을 담당했다는 것은 중앙어의 영향이 직접적으로 미쳤을 가능성이 있다. 또한 강화 지역이 중요한 유배지였다는 점도 간접적으로나마 이 지역의 말에 영향을 미칠 가능성이 있다.

강화의 제보자는 앞에서 강화 전체의 지리적 특성을 고려해서 선정하였다. 강화는 강화 본도와 주변의 섬으로 구성되어 있다. 강화 본도는 1읍 13면으로 매우 넓은 지역을 차지하고 있다. 주변의 섬 중에서는 교동도가 교동면으로 독립적인 면을 이루고 있고, 석모도를 중심으로 한 주변의 섬이 삼산면을 이루고 있다. 따라서 강화 전체의 면적을 볼 때 강화에서 세 지역을 선정한다면 강화 본도에서 두 지점을 선정하고 본도 주변의 섬에서 한 지점을 선정하는 것이 합리적이다. 또한 강화의 산업 기반과 인접지역과의 교통도 고려할 필요가 있다. 강화는 섬이기 때문에 어업이 발달할 여건을 갖추고 있으나 농업에 비해 상대적으로 어업이 발달해 있지 않다. 지형적으로는 큰 조수 간만의 차 때문에 어항이 발달하기가 어렵다. 더욱이 북한과 맞닿아 있기 때문에 바다로의 입출항이 자유롭지 않은 곳이 많다. 따라서 강화 전체의 주요 산업인 농업을 주로 하는 지역과 어업이 발달해 있는 지역을 선정하는 것이 합리적이다. 이러한 점을 고려하여 강화 전체에서 세 지점을 선택하였다.

조사지로 선정된 각 지역의 구체적인 정보는 다음과 같다.

■ 교동

[연혁]

－ 고구려 : 고목근현(高木根縣)

－ 신라시대 : 경덕왕 때 교동현

－ 고종 32년(1895) : 읍을 폐하고 강화와 합군하였다가 다음해 7월에 다시 읍으로 환원하고 군수를 둠. 교동 동서남북면 4개 면과 송가면을 합쳐 5개면이었음.

－ 한일합방 후(1911) : 송가면은 송남면으로 개칭함. 4개면으로 구획됨.

－ 1914 : 송남면은 삼산면에 부속되었고 교동은 화개면과 수정면, 2개 면이 됨.

－ 1934 : 화개, 수정면을 합면하여 지금의 교동면이 됨.

[지역특성]

－ 인천광역시 서해안에 위치해 동남은 양사면, 삼산면, 서도면과 마주하고, 서북으로는 불과 5km 거리의 바다를 사이에 두고 북한과 군사분계선을 이루고 있어 황해도 연백군이 눈앞에 보임.

－ 섬이지만 비교적 평야가 많으며 해안선은 평탄한 편이고 해저는 수심이 얕고 간만의 차가 심함.

■ 화도

[연혁]

- 1706 : 조선 숙종 때 강화유수 민진원의 간척사업으로 강화도에 속하
  게 됨.

- 1937 : 하도면(下道面)을 화도면(華道面)으로 개칭함.

[지역특성]

- 마니산이 면 중심부에 위치하고 있어 마니산을 중심으로 마을이 남
  북방향으로 형성됨.

- 주로 산으로 이루어져 농경지는 넓지 않음.

- 어선이 드나들 수 있는 포구가 있어 어업에 종사하는 가구도 많음.

■ 양사

[연혁]

- 1914 : 조선 순종 8년 서사 · 북사 양개면을 병합, 양사면으로 개칭.

[지역특성]

- 안보의 요충지로 강화 최북단에 위치, 북한의 개풍군과 인접.

- 벼농사를 주로 함.

　교동은 강화 본도와 떨어져 있는 섬으로서 강화 본도와는 다른 특성
이 나타날 가능성이 높다. 위치상으로는 강화 본도의 서북쪽에 있고
전통적으로 황해도 연백과 밀접한 관련이 있다. 또한 역사적으로도 독
립적인 현을 이룬 적이 있다. 이러한 이유로 주민들 또한 독립적인 의
식을 가지고 있다. 주민 대부분은 농업에 종사하고 있으므로 농업지역

으로 분류할 수 있다. 화도는 강화의 최남단에 위치해 있으며 마니산이 중앙에 있다. 경작지가 넓지 않고 큰 간만의 차이에도 배가 드나들 수 있는 포구가 있어 어업에 종사하는 사람들이 꽤 있다. 특히 조사지점은 포구에 인접해 있어서 주민의 대다수가 어업에 종사하거나 종사한 경험이 있다. 양사는 강화의 최북단에 위치해 있으며 북한과 인접해 있어 면 전체가 민통선지역이다. 이 지역은 배를 띄울 수 있는 어항이 있기는 하지만 민통선 지역이어서 오늘날은 배를 띄울 수 없다. 따라서 이 지역에 거주하는 주민 대부분은 농업에 종사하고 있다.

선정된 세 지점은 예비조사 결과 강화말의 전형적인 특성을 보여줄 것이라 판단된 지점이다. 강화 전체로 보았을 때 조사지점은 강화도의 서쪽에 치우친 감이 있는데 이는 강화말의 특성을 보다 명확하게 보이기 위한 것이다. 육지에 인접한 지역은 다른 외지인이 많이 들어와 있어 강화의 전통이 많이 희석되었기 때문에 적합한 제보자를 찾기가 어렵다. 이에 비해 교동은 본도와 떨어져 있는 섬이어서 고유한 언어적 특성을 잘 보존하고 있다. 양사 또한 민통선 지역이어서 외지인의 출입이 상대적으로 적어 전통적인 특성을 잘 보존하고 있다. 화도는 교동 및 양사를 화도와 비교하되 어업을 기반으로 하는 지역을 조사하기 위해 선정하였다.

제보자는 위의 세 지역에서 각각 두 명씩 선정하였다. 방언 연구를 위한 제보자는 대대로 그 지역에서 거주한 70세 이상이 적합하다. 강화의 전통적인 마을은 집성촌인 경우가 많아서 조건에 맞는 제보자는 많은 편이다. 그러나 인천 및 서울이 가까워 직장생활 등의 이유로 고향을 떠났다 돌아온 경우도 많다. 따라서 여러 가지 조건을 고려해 각 지역을 대표할 수 있는 제보자를 선정하였다. 각 지역의 제보자는 다음과 같다.

- **■ 교동**
  - 이름 : 전종대(남), 연령 : 81세(1928년생)

    출생지 : 강화군 교동면 고구리

    현 거주지 : 강화군 교동면 고구리
  - 이름 : 인갑순(여), 연령 : 73세(1940년생)

    출생지 : 강화군 교동면 삼선리

    현 거주지 : 강화군 교동면 인사리

- **■ 화도**
  - 이름 : 류진학(남), 연령 : 78세(1931년생)

    출생지 : 강화군 화도면 내리

    현 거주지 : 강화군 화도면 내리
  - 이름 : 류호근(남), 연령 : 79세(1930년생)

    출생지 : 강화군 화도면 내리

    현 거주지 : 강화군 화도면 내리

- **■ 양사**
  - 이름 : 이영찬(남), 연령 : 68세(1941년생)

    출생지 : 강화군 양사면 인화리

    현 거주지 : 강화군 양사면 인화리

— 이름 : 황윤욱(남), 연령 : 79세(1930년생)

출생지 : 강화군 양사면 인화리

현 거주지 : 강화군 양사면 인화리

4. 인천 연안도서 지역

서해와 맞닿아 있는 인천광역시에는 많은 섬이 포함되어 있다. 이 중에서 강화도는 독립된 하나의 방언권으로 설정해도 될 만큼 섬의 크기도 크고 인구도 많다. 그리고 백령도와 연평도를 포함한 서해5도도 인천광역시에 소속이 되어 있으나 행정구역상으로만 인천에 편입되어 있을 뿐 지리적으로나 언어적으로나 인천과 꽤 멀다. 따라서 강화와 서해5도를 제외한 여러 섬에서 조사 지역을 선정해야 인천 연안도서의 언어적 특성이 잘 드러날 수 있다. 이런 이유로 이 연구에서는 영종도, 덕적도, 영흥도 세 곳을 조사지역으로 선정하였다. 이 세 섬은 인천을 가까운 바다에서 둘러싸고 있을 뿐만 아니라 섬의 크기와 거주 인구를 보더라도 조사 대상지역으로 삼기에 적절하다.

조사지로 선정된 각 지역의 구체적인 정보는 다음과 같다.

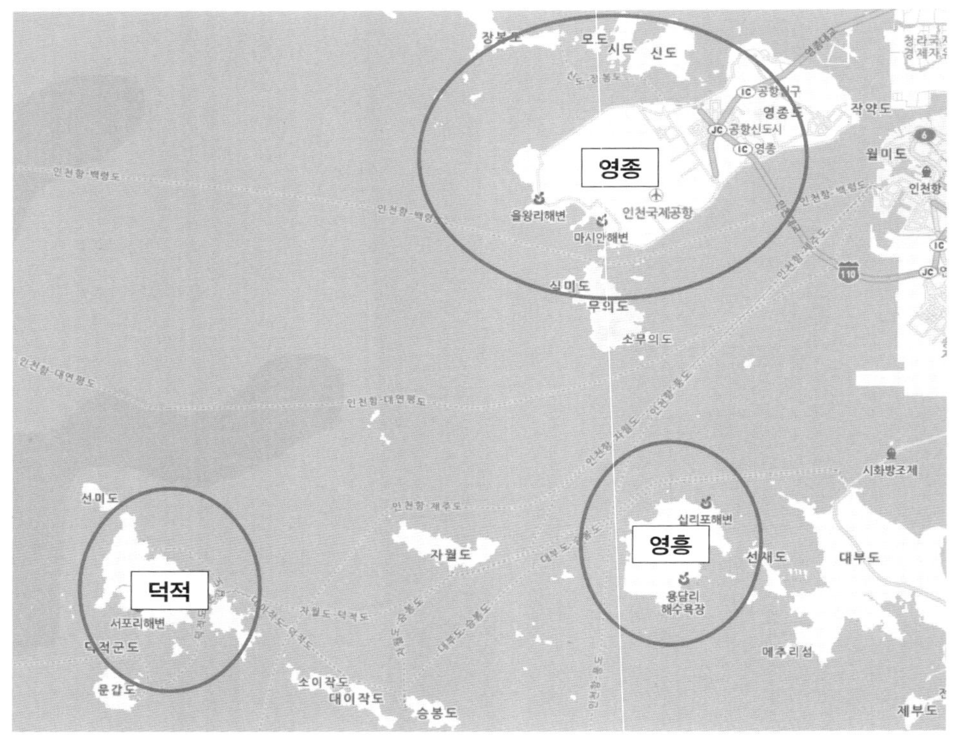

〈그림 7〉 인천 연안도서의 조사 지점

■ 영종도

[연혁]

— 본래 이름은 자연도(紫燕島).

— 조선시대 : 남양부 소속 영종진, 1875년 인천부로 이속.

— 1914 : 부천군으로 편입.

— 1973 : 옹진군으로 편입.

— 1989 : 인천광역시 중구로 편입, 영종동으로 개칭.

[지역특성]

– 섬 중앙에 백운산(白雲山, 255.5m)이 있음.

– 2001년 3월 29일 인천국제공항이 개항, 영종도와 수도권을 연결하는
공항전용 고속도로 개통.

■ 덕적도

[연혁]

– 삼국시대 : 백제에 속하였다가 고구려와 신라가 한강 유역을 번갈아
점령함에 따라 소속이 바뀜.

– 조선시대 : 1486년(조선 성종 17) 인천도호부(仁川都護府)에 이속.

– 1914 : 부천군에 편입되어 면사무소 개설.

– 1973 : 옹진군에 편입.

– 1995 : 행정구역 개편에 따라 경기도에서 인천광역시로 통합.

[지역특성]

– 산세가 가파르고 임야가 대부분을 차지하여 농경지는 전체 면적의 1
0% 미만.

– 개펄이 발달되어 바지락·굴·김 등을 양식.

– 한때는 연평도 조기어장의 전진기지로 이용됨.

– 1995년부터 인천항에서 덕적도까지 50분대에 주파하는 고속여객선
취항.

■ 영흥도

[연혁]

— 본래 이름은 연흥도(延興島), 고려 말영흥도(靈興島)라 개칭.

— 삼국시대 : 백제에 속함.

— 고려시대 : 1018년(고려 현종 9) 수주(수원)에 속군되었으며, 뒤에 인
주(인천)에 속함.

— 조선시대 : 남양부에 속함.

— 1914 : 경기도 부천군에 소속.

— 1973 : 옹진군에 편입.

— 1995 : 인천광역시로 통합.

[지역특성]

— 해안은 대체로 굴곡을 이루고 있어 어장이 발달.

— 간조 때에는 넓은 개펄에서 해산물이 풍부하게 채취됨.

— 2001년에 선재도와 영흥도가 영흥대교로 연결되어 접근이 쉬워짐.

— 서쪽 해안에는 영흥화력발전소 건설.

영종도는 행정구역상으로 인천광역시 중구에 속한 섬이다. 이 섬의
옛 이름은 '자연도(紫燕島)'로서 제비가 많은 섬이라 하여 이러한 이름이
붙여졌다. 조선시대에는 남양부 소속의 영종진이었다가 1875년 인천
부로 이속되었다. 그 후 1914년에 부천군으로 편입되었다. 1973년에
는 옹진군으로 편입되었다가 1989년 인천광역시 중구로 편입되어 현
재에 이르고 있다. 인천국제공항 건설로 인해 매립이 진행되어 면적은
60km² 이상으로 늘었으며 인구도 급격히 증가하였다. 서쪽과 서남쪽

으로 신도, 시도, 삼목도, 용유도, 무의도와 마주하며, 삼목도 및 용유도와는 연륙도로로 이어져 있다.

2001년 3월 29일 인천국제공항이 개항되어 영종도와 수도권을 연결하는 공항전용 고속도로가 뚫렸다. 또한 2009년에 인천대교가 개통되어 인천시와도 직접 연결되었다. 공항 개항과 전용고속도로, 인천대교의 개통 등으로 영종도는 섬으로서의 특성이 많이 사라지고 있다. 공항 개항 이후 인구가 급격히 증가하고 생활 편의를 위한 각종 시설들이 들어서고 있으며 학교도 많이 늘었다. 2013년 현재 16,510세대 36,772명이 거주하고 있다. 공항 개항 이후 영종도는 급격한 변화를 겪었기 때문에 언어적으로도 변화가 나타날 가능성이 높다. 공항 개항 이전에는 농업과 어업을 주로 하는 지역이었고, 전통적인 마을도 잘 유지가 되었으나, 개항 이후에는 외부인이 많이 유입되었고, 서비스업도 급격히 늘어났다. 이러한 이유로 이 지역의 토박이를 찾기가 점점 어려워지고, 언어적으로 고유한 특성이 점차 사라지고 있다.

덕적도는 행정구역상으로 인천광역시 옹진군에 속한 섬이다. 덕적군도에서 가장 큰 섬으로 인천에서 남서쪽으로 77km 해상에 위치하고 있다. 덕적도라는 이름은 '큰 물섬'이라는 우리말에서 유래한 것으로, 물이 깊은 바다에 있는 섬이라는 뜻이다. 1486년 인천도호부에 이속되었으며, 1914년 부천군에 편입되어 면사무소를 개설하였다. 1973년 7월 1일 옹진군에 편입되었다가 1995년 행정구역 개편에 따라 경기도에서 인천광역시로 통합되었다. 2013년 현재 1,075세대 1,947명이 거주하고 있으며, 교육기관으로는 초, 중, 고등학교가 각각 하나씩 있다. 섬 전체가 매우 가파른 산으로 되어 있어 농경지는 전체 면적의 10%

미만에 불과하지만 개펄이 발달되어 바지락·굴·김 등을 양식한다. 한때는 수산자원이 풍부하여 연평도 조기어장의 전진기지로 이용되었으나 현재는 해산물 외에 산더덕·흑염소·포도·칡엿·표고 등의 지역 특산물을 많이 생산하고 있다.

덕적도는 서해 뱃길의 요충지였으며 파시(波市)로도 유명했다. 이 때문에 충청도와 전라도 등의 외지인들도 이 섬에 정착해 사는 경우도 많았다. 한국전쟁 중에는 황해도 사람들이 대거 이곳으로 내려와 정착을 하여 조기잡이 어업에 종사하였다. 60대까지 절정기를 이루던 조기잡이가 어려워지자 많은 이들이 덕적도를 떠났지만 지금도 황해도 출신의 주민이 꽤 남아 있다. 50분이면 쾌속선으로 육지와 연결될 수 있지만 아직도 섬 고유의 특성을 잘 유지하고 있다. 덕적도는 육지에서 꽤 멀리 떨어져 있을 뿐만 아니라 어업을 주로 하는 섬이기 때문에 섬 지역의 고유한 언어적 특성이 나타날 가능성이 크다. 더욱이 서해 어업의 전진기지이자 한국전쟁 이후 황해도 지역의 어민이 대거 정착한 지역이기 때문에 황해도 말의 영향도 많이 나타날 수 있다. 토박이들 중에도 본래 경기도 출신과 충청도 출신들이 많아 경기 방언 및 충청 방언의 영향이 어떻게 나타나고 있는가도 주목해 볼 필요가 있다.

영흥도는 행정구역상으로는 인천광역시 옹진군에 속해 있다. 인천에서 남서쪽으로 29.6km 떨어진 곳에 위치한 영흥도는 영흥도의 주도(主島)로서 동쪽에 선재도와 대부도, 북쪽에 무의도, 서쪽에 자월도가 있다. 2000년에 선재대교가 개통되어 선재도가 대부도와 연결되었고, 2001년 선재도와 영흥도를 잇는 영흥대교가 개통되어 영흥도는 육지와 바로 연결되었다. 신석기시대의 조개무지와 빗살무늬토기 등 원시 농업의 흔적이 보이는 것으로 보아 일찍부터 사람이 거주했음을 알 수 있다. 1018년 수주에 속군되었으며, 뒤에 인주에 속하였다. 조선시대에는 남양부에 속하였고, 1914년 3월 1일 경기도 부천군에 소속되었다. 1973년 지금의 옹진군에 편입되었다가 1995년 인천광역시로 통합, 편입되었다. 2013년 현재 2,765세대 5,570명의 주민이 거주하고 있다. 서쪽 해안에는 영흥화력발전소가 들어서 있다. 영흥도는 비교적 육지와 가깝고 주민 대부분이 농업에 종사하고 있기 때문에 섬 지역의 언어적 특성이 비교적 덜 나타날 가능성이 있다. 인천이 아닌 경기도 지역과 인접해 있고, 충청도와도 가깝기 때문에 인접한 지역의 언어가 어떤 영향을 미쳤을지 주목해 볼 만하다.

이 지역의 제보자는 조사지로 선정된 세 지역의 특성을 고려해 선정하였다. 공항 개항, 연육교 건설, 외지인의 유입 등 세 지역은 모두 급격한 변화를 이미 겪었거나 겪고 있다. 이러한 이유로 각 지역의 전통적인 방언이 잘 유지되기 어려운 상황이다. 따라서 이러한 변화의 영향을 가장 적게 입은 제보자를 선정하였다. 덕적도에는 한국전쟁 이후 황해도 출신의 주민이 대거 이주해 살고 있으므로 덕적도 토박이는 아니지만 황해도 출신의 제보자도 선정하여 조사했다.

■ 영종도

   – 이름 : 김삼일(남), 연령 : 65세(1948년생)

    출생지 : 인천시 중구 중산동

    현 거주지 : 인천시 중구 중산동

■ 덕적도

 － 이름 : 김정자, 연령 : 71세 (1942년생)

 출생지 : 덕적면 북일리

 현 거주지 : 덕적면 북일리 507-7

 － 이름 : 소금순, 연령 : 75세 (1938년생)

 출생지 : 황해도 해주 거첨

 현 거주지 : 덕적면 덕적북로 430

■ 영흥도

 － 이름 : 임윤태, 연령 : 83세 (1931년생)

 출생지 : 영흥면 내리

 현 거주지 : 영흥면 내리

5. 인천 원해도서 지역

인천광역시에 소속되어 있는 옹진군에는 백령도·대청도·소청도·연평도·우도 등 북한과 인접한 5개의 크고 작은 섬이 소속되어 있다. 이 지역은 위치상으로는 황해도와 인접해 있기 때문에 통상적인 행정구역이라면 옹진군, 나아가 인천광역시에 속할 수 없다. 그러나 한국전쟁 이후 남한의 영토로 편입되면서 행정구역의 편의상 인천에

〈그림 8〉 인천 원해도서의 지도

소속된 것이다. 지리적으로나 역사적으로나 이 지역은 전통적인 인천 지역과는 이질적이다. 특히 언어적으로도 인천의 말과는 많은 차이가 있을 것으로 예상된다. 그러나 오늘날 행정구역상 인천광역시에 소속되어 있으므로 원해도서 지역으로 묶어 그 언어적 특성을 살펴볼 필요가 있다. 이 지역의 말이 전통적인 인천 지역의 말과 다르다면 구체적으로 어떻게 다른지에 대한 조사와 연구도 꼭 필요하다.

서해5도 중 비교적 면적이 넓고 주민의 수가 많은 섬은 백령도, 대청도, 연평도 세 섬이다. 세 섬의 구체적인 정보는 다음과 같다.

■ 백령도

[연혁]

─황해도 장연군(長淵郡)에 속했으나 광복후 옹진군에 편입.

─삼국시대 : 백령도를 곡도(鵠島)로 개명.

─조선시대 : 곡도를 백령(白翎)으로 개명하고 진 설치, 1894년(고종 31

년) 폐지, 1895년(고종 32)에 백령면.

─1945 : 경기도 옹진군에 편입.

─1974 : 대청도와 소청도는 대청면에 귀속.

─1995 : 인천광역시 옹진군에 편입.

[지역특성]

─인천항에서 북서쪽으로 약 178km 떨어진 서해 최북단의 섬.

─북한과 가장 가까운 위치의 섬, 북한의 장연군에서 약 10km, 장산곶에

서 15km 떨어져 있음.

■ 대청도

[연혁]

─고려시대 : 백령도 진의 부속도서.

─조선시대 : 백령진 폐쇄 후 장영현에 속함.

─1894 : 황해도 장연군 백령면에 속함.

─1945 : 경기도 옹진군에 편입됨.

─1974 : 대청면으로 승격.

─1995 : 행정구역 개편에 따라 인천광역시로 편입됨.

[지역특성]

– 인천항으로부터 서북쪽으로 211km 떨어져 있음.

– 백령도 남쪽으로 12km, 옹진반도 서남쪽으로 약 40km 거리에 위치해
  있음.

■ **연평도**

[연혁]

– 조선시대 : 행해도 해주군 송림면에 속함.

– 1938 : 황해도 벽성군 송림면에 속함.

– 1945 : 경기도 옹진군 송림면에 속함.

– 1995 : 행정구역 개편에 따라 인천광역시로 편입됨.

[지역특성]

– 인천에서 서북방 122km 위치에 있음.

– 북한과의 3.4km 거리로 휴전선과 접경.

– 장방형의 연평도와 소연평도의 2개의 유인도를 중심으로 주위에 30여
  개의 작은 섬과 어울러 군 도서를 이루고 있음.

　지리적, 역사적 특성을 감안할 때 이 지역의 말은 전통적인 인천 지역의 말과 많은 차이가 있을 것으로 예상된다. 그러나 지리적으로 멀리 떨어져 있을 뿐만 아니라 최근의 정치적 긴장으로 인해 조사가 이루어지지 못했다. 이 지역의 조사와 연구는 훗날을 기약한다.

제3장

인천말의 음운적 특징

이 장에서는 인천말의 음운적 특징에 대해 서술한다. 어떤 언어의 음운론적 특징을 기술하기 위해서는 음운체계를 먼저 밝히고 이에 바탕을 두고 음운현상을 설명해야 한다. 따라서 이 장에서는 세 지역의 자음체계와 모음체계를 차례로 밝히고 다양한 음운현상을 기술한다. 이러한 기술을 바탕으로 인천말이 가진 특징을 추출하고 이를 다른 방언과 비교, 대조한다.[1]

---

1 세 지역에 나타나는 음운현상은 대체적으로 일치한다. 이는 중부방언 전체에 나타나는 현상으로서 음운현상의 분류와 종류상 큰 차이가 없다. 따라서 음운현상은 지역 구분을 하지 않고 대표적인 예만 제시한다.

1. 음운체계

음운체계는 자음체계, 모음체계, 활음과 이중모음체계로 나누어 살펴볼 수 있다. 인천에 속한 세 지역의 음운체계 역시 이러한 분류에 따라 살펴본다. 이 지역은 중부방언에 속해 있기 때문에 음운체계 전반은 표준어 및 서울말의 그것과 유사하다. 그러나 지역에 따라서 미세한 차이를 보이기도 한다. 따라서 공통적인 특징을 먼저 밝히고 이를 바탕으로 각 지역의 음운체계상의 특징을 구체적으로 기술한다.

1) 자음체계

인천말에서는 표준어와 마찬가지로 19개의 자음이 확인된다. 자음에서는 세 지역 간에 차이가 거의 나타나지 않는다. 인천말의 자음체계를 먼저 제시하면 〈표 2〉와 같다.

인천말의 어두자음체계를 확인할 수 있는 예는 다음과 같다.

  ① ㉠ ㅂ － 발 pal; 발:른다 pallɨnda; 벌pəl; 벌: pəːl; 바가지 pagaji

       ㅃ － 빨:갛다 p'aːlgatʰa; 빨래 p'allɛ; 빨:쭈리 p'alc'uri; 뿌리 p'uri

       ㅍ － 팔 pʰal; 파:리pʰaːri; 판다 pʰanda; 팔더라 pʰaldəra; 파 pʰa

   ㉡ ㄷ － 달 tal; 다리 tari; 달더라 taldəra; 달래 tallɛ

       ㄸ － 딸 t'al; 떠서 t'əsə; 땋:다 t'aːtʰa; 딸:기 t'aːlgi

〈표 2〉 인천말의 자음체계

분 류			양순음	치음	경구개음	연구개음	성문음
장애음	폐쇄음	평 음	ㅂ p	ㄷ t		ㄱ k	
		경 음	ㅃ p'	ㄸ t'		ㄲ k'	
		유기음	ㅍ pʰ	ㅌ tʰ		ㅋ kʰ	
	마찰음	평 음		ㅅ s			ㅎ h
		경 음		ㅆ s'			
	파찰음	평 음			ㅈ ʧ		
		경 음			ㅉ ʧ'		
		유기음			ㅊ ʧʰ		
공명음	비 음		ㅁ m	ㄴ n		ㅇ ŋ	
	유 음			ㄹ r			

ㅌ ― 탈: tʰa:l; 타라 tʰara; 트다 tʰɨda; 타:작 tʰa:jak

ⓒ ㄱ ― 갓 kat; 가마 kama; 가라 kara; 갈:구 ka:lgu; 가득 kat'ɨk

ㄲ ― 까:치 k'a:cʰi; 깔까래기 k'alk'arɛgi; 깜부기 k'ambugi

ㅋ ― 칼 kʰal; 코 kʰo; 큰아버지 kʰɨndabəji; 커서 kʰəsə

ⓔ ㅅ ― 사: sa:; 사슴 sasɨm; 사라 sara; 살:더라 sa:ldəra; 수수 susu

ㅆ ― 쌀 s'al; 싸움 s'aum; 싸라 s'ara; 써서 s'əsə; 쌀밥 s'albap

ⓜ ㅎ ― 하루 haru; 하품 hapʰum; 해:라 hɛ:ra; 하나 hana

ⓑ ㅈ ― 자루 caru; 자갈 cagal; 자라 cara; 장구 caŋgu

ㅉ ― 짝짜꿍 c'akc'k'uŋ; 짜두 c'adu

ㅊ ― 참에 cʰame; 차라 cʰara

ⓢ ㅁ ― 말: ma:l; 맏 mal; 말아라 marara; 무 mu

ⓞ ㄴ ― 낟 nat; 날 nal; 날아라 narara; 나막신 namaks'in

ⓩ ㄹ ― 라면 ramyən

　　인천말의 자음에서 나타나는 분포 제약은 다른 지역과 큰 차이가 없다. ①에서 알 수 있듯이 어두 위치에서는 18개의 자음만을 확인할 수 있다. 고유어 중에서 어두에 'ㄹ'을 가진 단어는 없지만 일부 외래어에서 나타난다. 그러나 비어두위치의 음절초에서는 ㄹ이 자유롭게 나타난다(거리, 허리, 다리, 꼬리, 머리 등). 'ㅇ'은 어두 위치이든 비어두 위치이든 음절초에 나타나는 경우는 없다. 'ㄲ, ㅆ'를 제외한 경음은 음절초에서만 확인될 뿐 형태소 말음으로는 확인되지 않는다. 'ㄴ'는 어두에서 y계 상향이중모음 앞에서는 확인되지 않는다. 'ㄷ, ㅌ, ㅈ, ㅊ'는 통시적 변화의 결과 체언의 말음에서는 확인되지 않는다. 음절초에 나타나는 이러한 자음의 목록은 다른 중부지역의 다른 방언과 일치한다.

　　음절말 자음체계를 확인할 수 있는 예는 다음과 같다. 다른 방언과 마찬가지로 인천말의 음절말에서는 'ㄱ, ㄴ, ㄷ, ㄹ, ㅁ, ㅂ, ㅇ' 7개의 자음만 나타난다.

② ㉠ ㅂ — 밥 pap(pabi, pabɨl); 법 pəp(pəbi, pəbi); 앞 ap(apʰi, apʰɨl); 옆 yəp(yəpʰi, yəpʰɨl); 입 ip(ipʰ, ipʰɨl); 입술 ips'ul

　　㉡ ㄷ — 갇 kat(kasi, kasɨl); 빋 pit(pisi, pisɨl); 끝 k'it(k'isi, k'sɨl)

　　㉢ ㄱ — 각 kak(kagi, kagɨl); 악 ak(agi, agɨl); 박 pak(pak'i, pak'ɨl); 총각 cʰoŋgak

　　㉣ ㄴ — 간: ka:n(ka:ni, ka:ni); pʰan(pʰani, pʰanɨl); 간장 kanjaŋ

　　㉤ ㄹ — 팔 pʰal(pʰari, pʰarɨl); 달 tal(tari, tarɨl); 밀가루 milk'aru

　　㉥ ㅁ — 감: ka:m(ka:mi, ka:mɨl); 밤: pa:m(pa:mi, pa:mɨl); 삼 sam(sami, samɨl); 김: ki:m

　　㉦ ㅇ — 강 kaŋ(kaŋi, kaŋɨl); 양 yaŋ(yaŋi, yaŋɨl); 강낭콩 kaŋnaŋkʰoŋ

2) 모음체계

　인천말에서는 7~10개의 모음이 확인된다. 모음의 목록과 발음 양상은 지역에 따라, 그리고 제보자에 따라 많은 차이가 나타난다. 세 지역의 모음체계를 먼저 제시하면 〈표 3〉과 같다.

〈표 3-1〉 원인천말의 모음체계

혀의 전후 위치 입술모양 혀의 높이	전설모음		후설모음	
	평순모음	원순모음	평순모음	원순모음
고 모 음	이 i(이: iː)		으 ɨ(으: ɨː)	우 u(우: uː)
중 모 음	에 e(에: eː)		어 ə(어: əː)	오 o(오: oː)
저 모 음	애 ɛ(애: ɛː)		아 a(아: aː)	

〈표 3-2〉 강화말의 모음체계

혀의 전후 위치 입술모양 혀의 높이	전설모음		후설모음	
	평순모음	원순모음	평순모음	원순모음
고 모 음	이 i(이: iː)	위 ü(위: üː)	으 ɨ(으: ɨː)	우 u(우: uː)
중 모 음	에 e(에: eː)	외 ö(외: öː)	어 ə(어: əː)	오 o(오: oː)
저 모 음	애 ɛ(애: ɛː)		아 a(아: aː)	

〈표 3-3〉 인천 연안도서말의 모음체계

혀의 전후 위치 입술모양 혀의 높이	전 설 모 음		후 설 모 음	
	평순모음	원순모음	평순모음	원순모음
고 모 음	이 i(이: iː)		으 ɨ(으: ɨː)	우 u(우: uː)
중 모 음	에 e(에: eː)		어 ə(어: əː)	오 o(오: oː)
저 모 음	애 ɛ(애: ɛː)		아 a(아: aː)	

<표 3>에서 알 수 있듯이 '위, 외'를 제외한 나머지 모음은 차이가 없다. '이, 에, 애, 으, 어, 아, 우, 오' 8개의 모음은 세 지역의 말에서 모두 변별이 되는데 그 예는 다음과 같다.

③ ㉠ 이 - 비 pi; 시 si; 띠 t'i; 기 ki; 비듬 pidɨm; 기둥 kiduŋ

　㉡ 에 - 베 pe; 테 tʰe; 떼 t'e; 테 tʰe; 게으르다 keirɨda

　㉢ 애 - 배 pɛ; 새: sɛ:; 때 t'ɛ; 태 tʰɛ; 개 kɛ; 새: sɛ:; 배꼽 pɛk'op; 대통 tɛtʰoŋ

　㉣ 으 - 그네 kine; 그릇 kirɨt; 들린다 tillinda

　㉤ 어 - 거:머리 kə:məri; 거미 kəmi; 거울 kəul; 버짐 pəjim(興); 더덕
　　　　tədək

　㉥ 아 - 사: sa:; 바람 param; 아버지 abəji; 바구니 paguni; 다락 tarak

　㉦ 우 - 구 ku; 수 su; 부삽 pusap; 두엄 tuəm

　㉧ 오 - 소 so; 코 kʰo; 초 cʰo; 보리 pori; 도깨비 tok'ɛbi

③에 제시된 8개의 모음은 세 지역에서 모두 구별이 되지만 제보자에 따라 약간의 차이가 있다. 원인천 지역에서는 세 제보자에서 모두 차이가 나타난다. 문학동의 제보자는 발음상으로나 청음상으로 '에'와 '애'를 완벽하게 구별하고 있다. 월미도의 제보자도 '에'와 '애'를 구별하고 있으나 발음상으로 문학동의 제보자보다는 덜 명확하다. 그럼에도 불구하고 월미도의 제보자도 8모음체계를 가지고 있는 것으로 보는 데는 문제가 없다. 젊은 층에서 합류를 보이고 있는 '에'와 '애'도 구별해서 듣고, 구별해서 발음을 할 수 있다. 그런데 숭의동의 제보자는 '에'와 '애'의 구별이 없다. 실제 발화 시 미묘한 구별이 있는 경우도 있

으나 최소대립쌍을 발음할 때도 구별이 안 될 뿐만 아니라 들어서도 구별이 되지 않는다. 따라서 숭의동의 제보자는 7모음 체계를 가지고 있다.

　강화말에서는 교동, 화도, 양사의 모든 제보자가 8개의 모음을 완벽하게 구별한다. 다른 지역이나 젊은 세대들에게 구별이 잘 되지 않는 '에'와 '애'도 분명하게 구별이 된다. 인천 연안도서의 말에서도 8개의 모음은 모두 구별이 된다. 황해도 출신의 제보자도 8개의 모음은 완전히 변별할 수 있다.

　세 지역의 모음체계를 비교해 볼 때 원인천 지역에서는 '에'와 '애'의 합류가 일어나고 있는 것으로 보인다. '에'와 '애'가 어두에 있을 때는 명확하게 구별이 되나 비어두에 있을 때는 구별이 안 되는 경우가 많다. 또한 빠른 발화에서도 '에'와 '애'는 구별이 안 되고 중간의 [E]로 발음이 되는 경우가 많다. 이러한 경향은 연령이 가장 높은 문학동 제보자에게서는 잘 안 일어나는 데 비해 월미도의 제보자에게서는 더 많이 나타난다. 또한 숭의동의 제보자는 어두에서도 구별이 안 되고 있다. 이러한 점을 고려하면 '에'와 '애'의 합류는 지속적으로 일어났던 변화로 보인다.

　인천말에서 이러한 차이가 나타나는 것은 몇 가지 요인으로 설명이 된다. 문학동의 제보자와 월미도의 제보자가 미세하지만 약간의 차이를 보이는 것은 연령상의 차이로 설명할 수 있다. 다른 방언에서도 연령이 높은 세대일수록 '에'와 '애'의 변별이 잘 되나 그 밑의 세대로 내려갈수록 구별이 되지 않는다. 인천말의 경우에도 이러한 경향이 나타나고 있어 문학동의 제보자와 월미도의 제보자 사이에서 이러한 점이 반영된 것으로 보인다.

　그러나 숭의동의 제보자와 월미도의 제보자의 차이는 연령으로 설명되지 않는다. 숭의동 제보자는 도심 지역에서 태어나 성장했고 사회생활 경험도 많다. 도심 지역에서는 다른 방언권 화자와 접촉할 기회가 많다. 또한 다양한 사회생활을 하는 과정에서 다른 방언의 영향을 입을 가능성이 크다. 원인천의 두 제보자, 그리고 강화와 연안도서의 제보자에게서는 '에'와 '애'의 합류가 나타나지 않는 것으로 보아 다른 방언과의 접촉 과정에서 이러한 합류가 나타나는 것으로 보인다.

　'위'와 '외'는 훨씬 더 복잡한 양상을 보여준다. '위'와 '외'의 실현 양상은 지역에 따라 차이가 있을 뿐만 아니라 같은 지역이더라도 제보자에 따라서도 차이가 나타난다. 가장 복잡한 양상을 보이는 것은 원인천 지역이다. 원인천 지역의 '위'와 '외'의 실현 양상은 (5)와 같다.

④ 위

　㉠ [文] : 뻥튀기[p'əŋtʰügi](튀밥), 뒤지[tüji](뒤주), 쉰:[sü:n](五十), 뀐:다[k'ü:nda](방귀 뀌다), 쥐불놀이[cübulnori](쥐불놀이), 귀:신[kü:sin](鬼神), 바꿔[pak'ü](輪), 갈퀴[kalkʰü](갈퀴), 휘파람[hüpʰaram](휘파람)

　　cf) 기저귀[kijəgwi](기저귀), 쉬:깔린다[swi:k'allinda](産卵), 귀뚜라미[kwit'urami](蟋), 뒤가[twiga, tüga](後)

　㉡ [月] : 쉰:다[sü:nda](休), 뀐:다~뀐:다[k'wi:nda~k'ü:nda](방귀 뀌다), 뒤진다[tüjinda](索), 휜:다[hü:nda](曲)

　　cf) 귀리[kwi:ri](귀리), 쌀뒤주[s'aldwiju](뒤주), 쥐구녁[cwigunyək](쥐구멍), twik'ət[뒤껏](뒤꼍)

ⓒ [ᅱ] : 모든 어형에서 [wi]로 나타남

　cf) 자연발화 : 뒤에[tuye](後), 뀌어라[kʼuyəra](뀌어라)

⑤ 외

　ⓐ [ᅬ] : 쇠스랑[sösɨraŋ](쇠스랑), 된:장[tö:njaŋ](된장)

　cf)웬:쪽[we:ncʼok](左), 훼:리바람[hwe:ribaram](突風), 쉐[swe](鐵), 웨국
　　[wegugi](外國)

　ⓑ [ᅰ] : 모든 어형에서 [we]로 나타남

　cf) 웨양간[weyaŋkʼan](외양간), 쉐죽[swejuk](쇠죽), 구두쉐[kuduswe]
　　(구두쇠), 회차리[hwecʰori](회초리)

　ⓒ [ᅬ] : 모든 어형에서 [we]로 나타남

　cf) 자연발화 : 되라구[toyragu](키)

　④-ⓐ, ⑤-ⓐ에서 보듯이 문학동의 제보자는 '위, 외'를 각각 [ü]와 [ö]
로 발음하는 경우가 종종 발견된다. 월미도 제보자의 경우는 ④-ⓑ, ⑤
-ⓑ에서 보듯이 '위'를 [ü]로 발음하는 예는 발견되지만 '외'를 [ö]로 발
음하는 예는 발견되지 않는다. 그리고 숭의동 제보자의 경우에는 '위,
외'를 단모음으로 발음하는 예는 발견되지 않는다.

　④, ⑤의 예를 보면 인천말에서 '위, 외'를 단모음체계에 포함시키기
는 어렵다. 문학동 제보자의 경우에 '위, 외'를 단모음으로 발음하는 예
도 있지만 그렇지 않은 예가 더 많이 발견된다. 그리고 단모음으로 나
타나는 경우에도 일정한 환경을 따르는 것도 아니다. 따라서 문학동 제
보자의 경우 단모음으로 실현되는 '위, 외'가 있더라도 이것은 이중모음

으로 실현되는 것과 자유변이 관계에 있는 것으로 보는 것이 타당하다.

월미동 제보자의 경우에는 '위'가 단모음으로 실현되는 경우가 있기는 하나 문학동의 제보자에 비해 그 빈도가 낮다. 그리고 단모음으로 실현될 때의 조건도 찾기 어려우므로 이 역시 자유변이를 보이면서 단모음과 이중모음으로 실현되는 것으로 보는 편이 타당하다. '외'의 경우에는 모든 어형에서 [we]로 실현되므로 단모음 체계에 넣어야 할 이유가 없다.

그런데 숭의동 제보자의 경우에는 다소 의외의 발음이 관찰된다. 숭의동 제보자의 '위, 외'와 관련된 음운체계를 조사하기 위한 단독형 발음에서는 모두 [wi], [we]로 나타난다(쉬가swiga(鼠가), 웨국[weguk](外國)). 일반적으로 음운조사 등에서 최소대립쌍을 발음할 때 가장 격식적 (formal)인 발음이 나타나고 그 결과 가장 정확한 음운대립이 관찰된다. 따라서 숭의동 제보자는 '위, 외'가 포함된 모든 격식적인 발음에서 이중모음으로 발음했으므로 이 두 모음을 이중모음로 보는 것은 문제가 없다.

그러나 자연발화를 관찰해 보면 '위, 외'가 하향이중모음으로 실현되는 예가 많이 나타난다. 기원적으로 하향이중모음이었던 '에, 애, 위, 외, 의'가 중부방언에서는 '의[iy]' 하나만 남고 모두 단모음으로 바뀐 것은 주지의 사실이다. 또한 중부방언은 물론 대부분의 방언에서 하향이중모음은 '의' 하나만 발견된다. 그런데 숭의동 제보자의 경우 자연발화에서는 햐항이중모음으로 발음되는 '위, 외'가 관찰되는 것이다.

'위'의 경우에는 충청 방언에서 하향이중모음 [uy]로 발음되는 예가 종종 발견되기는 한다. 그런데 충청 방언에서 발견되는 하향이중모음

'위[uy]'는 단독형이나 자연발화 모두에서 실현되므로 충청 방언에서 '위'를 하향이중모음으로 처리하는 데는 문제가 없다. 그러나 숭의동 제보자의 경우에는 자연발화에서만 하향이중모음으로 실현되는 특이 성이 나타난다. 그리고 '외'가 하향이중모음으로 나타나는 예를 다른 방언에서 발견하기 어려운데 숭의동 제보자의 자연발화 속에서 관찰 되는 것이다.

숭의동 제보자의 자연발화에서 관찰되는 '위, 외'의 하향이중모음은 현재로서는 제보자의 개인적 특징으로 돌릴 수밖에 없다. 이러한 하향 이중모음이 발견되는 이유를 충청방언과의 접촉에서 찾을 수도 있으 나 그 인과관계를 분명히 밝힐 수 있는 결정적인 증거를 찾기는 어렵 다. 그러나 이것이 인천말의 특징으로 확장시킬 수 있는 것인가에 대 해서는 보다 면밀하고도 폭넓은 조사가 필요하다.

강화에서는 다른 지역과 달리 '위'와 '외'가 단모음으로 실현된다. 물 론 '위, 외'의 지위는 상대적으로 불안해서 같은 단어가 제보자에 따라 이중모음으로 나타나기도 한다. 또한 같은 제보자라고 하더라도 주의 깊은 발화에서는 '위, 외'를 단모음으로 발음하더라도 자연발화에서는 이중모음으로 발음을 한다. 특히 '위'는 상향이중모음 'wi'뿐만 아니라 하향이중모음 'uy'까지 나타난다. 따라서 '위, 외'의 실현 양상을 보다 자세히 살펴 볼 필요가 있다. 강화말의 '위'와 '외'의 실현 양상은 다음 과 같다.

⑥ ㉠ 귀 kü(橋), 귀 kü(華), 귀:kü:(兩)

　　쉰:다 sü:nda(橋), 쉬:구 sü:gu(華), 쉰:다 sü:nda(兩)

뒤 tü(喬), 뒤 tü(華), 뒤:tü:(兩)

귀거리 kügəri(喬), 귀거리 kügəri(華), 귀고리 kügori(兩)

넙혀라 nüpyəra(喬), 넙힌다 nüpʰinda(華), 넌:다 nü:nda(兩)

생:쥐 sɛ:ŋjü(喬), 생:쥐 sɛ:ŋjü(華), 생:쥐 sɛ:ŋjü(兩)

ⓛ 뒤뜰 twitɨl(喬), 뒤껏 tük'yət(華), 안두란 ant'uran(兩)

쉰:swi:n(喬), 쉰:sü:n(華), 쉰:sü:n(兩)

ⓒ 바퀴 pakʰü(喬), 바꿔 pak'uy(華), 바퀴 pakʰü(兩)

거:위 kə:wi(喬), 거:위 kə:wi(華), 거위 kəü(兩)

사:위 sa:ü(喬), 사위 sauy(華), 사위 sauy(兩)

뉘어라 nüəra(喬), 넌:다 nü:nda(華), 누인다 nuinda(兩)

ⓔ 사:마귀 sa:magwi(喬), 사:마귀 sa:maguy(華), 사:마귀 sa:magü(兩)

눈자위 nunc'awi(喬), 눈자위 nunc'auy(華), 눈걍:자리|눈자위 nungya:ŋj

ari|nunc'aü(兩)

ⓜ 갈키 kalkʰi(喬), 갈퀴 kalkʰü(華), 갈퀴 kalkʰü(兩)

두주 tuju(喬), 뒤주 tüju(華), 퉤주 tʰweju(兩)

귀:신 kü:sin(喬), 귀:신 ku:ysin(華), 구:신 ku:sin(兩)

휘:파람 hü:pʰaram(喬), 회파람 höpʰaram(華), 휏바람 hwep'aram(兩)

⑦ ㄱ 회 hö(喬), 회 hö(華), 회충 höcʰuŋ(兩)

되배 töbɛ(喬), 되배 töbɛ(華), 되배 töbɛ(兩)

ㄴ 훼추리 hwecʰuri(喬), 훼초리 hwecʰori(華), 회차리 höcʰari(兩)

외손자 ösonja(喬), 웨:손주 we:sonju(華), 외:손자 ö:sonja(兩)

웬:손 we:nson(喬), 왼:손 ö:nson(華), 왼:손 ö:nson(兩)

왼:쪽 ö:nc'ok(喬), 웬:쪽 we:nc'ok(華), 왼:쪽 ö:nc'장(兩)

ⓒ 데 te(喬), 되 tö(華), 되 tö(兩)

덴:장 te:njaŋ(喬), 된:장 tö:njaŋ(華), 된장 tönjaŋ(兩)

퇴:침 tö:cʰim(喬), 테침 tʰecʰim(華), 퇴:침 tʰö:cʰim(華)

ⓓ 세:se:(喬), 쉐 swe (華), 쇠 sö(兩)

쇠스랑 sösïraŋ(喬), 세스랑 sesïraŋ(華), 쉐스랑 swesïraŋ(兩)

텟:마루 tʰe:nmaru(喬), 퉷:마루 tʰwe:nmaru(華), 퇴|퉷:마루tʰö|tʰö:

mmaru(兩)

설:sə:l(喬), 센:다 se:nda(華), 쉔:다 swe:nda(兩)

웨:국 we:guk(喬), 웨:국 we:guk(華), 웨:국 we:guk(兩)

우앵간 uɛŋk'an(喬), 외양간 öyaŋk'an(華), 오양간 oyaŋk'an(兩)

⑥-ⓐ은 세 지역에서 모두 단모음으로 실현되는 것을 보여준다. 이를 볼 때 강화말에서 '위'는 단모음으로 볼 수 있다. 그러나 ⑥-ⓑ~ⓔ은 매우 복잡한 양상을 보여준다. ⑥-ⓑ에서는 단모음 'ü'와 상향이중모음 'wi'와의 혼란을 보이고, ⑥-ⓒ은 하향이중모음 'uy'와 혼란을 보이고 있다. 그리고 ⑥-ⓓ은 단모음 'ü', 이중모음 'wi, uy'가 같이 나타나고 있음을 보여주고 ⑥-ⓔ은 단모음 'u'로도 나타나고 있음을 보여준다.

이러한 복잡한 양상은 강화말에서 '위'의 변화가 매우 복잡한 요인에 의해 나타남을 시사한다. 하향이중모음이었던 '위'의 변화는 'uy → ü → wi'의 과정을 밟거나 'uy → wi → ü'의 과정을 밟는다고 보는 것이 일반적이다. 그리고 두 가지 양상 중 어느 한 가지 양상만이 나타나는 것이 일반적이다. 그러나 강화말에서는 매우 복잡한 양상이 보일 뿐만 아니라 시차를 두고 단계적으로 나타날 것이라 생각되는 결과가 동시에 나타나고 있다.

이러한 복잡한 양상은 강화말에서 일어난 내적 변화에 외부적 요인이 결합되어 나타난 것으로 보인다. 즉, 강화말에서도 독자적인 변화가 일어나고 있는데 다른 방언과의 접촉에 의해 다른 지역의 변화 결과가 함께 나타나고 있는 것으로 볼 수 있다. 이는 강화도 지역이 섬이기는 하지만 바다를 통해서 다른 지역과 자유롭게 오고갈 수 있고 북부 지역과도 인접해 있어 일찍부터 교류를 해 왔기 때문으로 보인다.

다음으로 '외'의 실현 양상을 보이면 다음과 같다.

⑦-㉠은 세 지역에서 모두 단모음으로 실현되는 것을 보여준다. '위'에 비해서는 단모음만으로 실현되는 예가 많이 발견되지는 않지만 강화말에서 '외'가 단모음으로 자리를 잡고 있을 것으로 보는 데는 큰 무리가 없다. 그러나 ⑦-㉡~㉣에서 알 수 있듯이 '외' 또한 다양한 실현양상을 보여준다. ⑦-㉡은 단모음 'ö'와 상향이중모음 'we'가 함께 나타남을 보여주며 ⑦-㉢은 이중모음이 아닌 단모음 'e'와 함께 나타남을 보여준다. 더욱이 ⑦-㉣은 'ö', 'we', 'e'가 모두 나타남을 보여준다.

'외'가 보여주는 이러한 복잡한 양상 또한 '위'와 마찬가지의 이유로 나타난 것으로 보인다. 이중모음이었던 '외'는 'oy→ö→we', 'oy→we→ö'의 변화를 겪는 것으로 보는 것이 일반적이다. 그러나 이러한 복잡한 양상을 보이는 것은 강화말에서 일어난 내적인 변화의 결과에 다른 지역에서 일어난 변화가 유입되어 나타난 것으로 보인다.

이와 같이 복잡한 양상이 나타나더라도 강화말에서 '위, 외'를 단모음으로 보는 데는 큰 무리가 없다. ④-㉠ 및 ⑤-㉠처럼 모든 지역에서 단모음으로 나타나는 예가 나타나기 때문이다. 또한 주의 깊은 발화뿐만 아니라 자연발화에서도 단모음으로 실현되는 예가 나타나기 때문이다. 따라서 강화말의 단모음 체계는 '위, 외'를 포함한 10모음 체계로 볼 수 있다.

인천 연안도서에서는 '위, 외'가 모두 이중모음으로 나타나는데 그 실현 양상은 다음과 같다.

⑧ ㉠ 귀 kwi(宗), 귀가 kwiga(積), 귀 kwi(興); 쉬 swi(宗), 쉬:가 swi:ga(積), 쉬 swi(興); 쉰다 swinda(宗), 쉰:다 swi:nda(積), 쉬:다swi:nda(興)

㉡ 귀청 kwicʰəŋ(宗), 귀창 kücʰaŋ(積), 귀청 kwicʰəŋ(興)

㉢ 기뚜라미 kit'urami(宗), 귀뚜라미 kwit'urami(積), 기뚜라미kit'urami(興); 디 ti(宗), 뒤가 twiga(積), 뒤 twi(興); 디통수 titʰoŋsu(宗), 뒤통시 twitʰoŋsi(積), 뒤통수 twitʰoŋsu(興)

⑨ ㉠ 쉐 swe(宗), 쉐가 swega(積), 쉐 swe(興); 웨국 weguk(宗), 웨국이 wegugi(積), 웨국 we:guk(興); 뒈 twe(宗), 뒈가 twega(積), 뒈 twe(興)

㉡ 석세 səks'e(宗), 석쇠 səks'ö(積), 석쉐 səks'we(興)

㉢ 덴장 tenjaŋ(宗), 뒌장 twenjaŋ(積), 뒌장 twenjaŋ(興); 댄다 tɛnda(宗),댄다 tɛnda(積), 뒌다 twenda(興)

⑧, ⑨에서 알 수 있듯이 이 지역에서는 '위'와 '외'가 모두 이중모음으로 실현된다. 이러한 양상은 원인천 지역과 같지만 강화말과는 다르다. 강화도와 인천 연안도서가 모두 행정구역상 인천에 속해 있기는

하지만 인천 연안도서는 본래의 인천지역과 모음체계가 유사하고 강화만 다르다는 것을 이 예를 통해서 확인할 수 있다.

그러나 ⑧-ㄴ, ⑨-ㄴ에서 알 수 있듯이 덕적도에서는 드물지만 '위'와 '외'의 일부가 단모음으로 실현되는 예가 나타난다. 이와 같이 극히 제한된 지역에서 제한된 예만 나타난다는 것은 '위, 외'는 모두 이중모음으로 바뀌었음을 말해준다. 강화에서는 '위'와 '외'가 단모음으로 발음되었지만 그 지위가 많이 불안했다. 결국 인천을 포함한 서해안 지역 전체에서 '위'와 '외'는 이중모음으로 발음되거나 이중모음으로 바뀌어 가는 과정이라는 결론을 내릴 수 있다.

나아가 ⑧-ㄷ, ⑨-ㄷ에서 알 수 있듯이 본래 '위, 외'를 가졌던 것이 각각 이중모음 'wi, we'로 나타날 뿐만 아니라 자음 뒤에서 'w'가 탈락되는 예도 많이 나타난다. 이러한 양상 또한 이 지역에서 '위'와 '외'가 이중모음이라는 사실을 뒷받침한다. 단모음이거나 단모음이라는 인식이 분명하면 'w'가 탈락되는 이러한 양상은 잘 나타나지 않는다. 따라서 인천 연안도서 말의 단모음 체계는 '위, 외'를 제외한 8모음 체계로 볼 수 있다.

음장은 세 지역 모두에서 변별적 기능을 한다. 그 구체적인 예는 다음과 같다.

⑩ ㉠ il 일(一)−i:l 일:(事), i 이(蝨)−i:이:(二), pɛ 배(梨)−pɛ:배:(倍), nun 눈(眼)−nu:n눈:(雪)

　ㄴ u:lgu 울:구−urədu 울어두(울:−, 泣), ka:ŋk'u 강:꾸−kamadu 감아두(감:−, 捲), a:ŋk'u 앙:꾸−anadu 안아두(안:−, 抱)

　ㄷ 집안닐 cibannil (집안＋일:), 싸랑눈 s'araŋnu (싸락＋눈:)

⑩-㉠은 단모음(短母音)과 장모음이 최소대립쌍을 이룸을 보여준다. 세 지역의 모든 제보자가 장단음에 대한 인식이 명확했고 실제 발화에서도 정확하게 구별한다. 그러나 빠른 발화에서는 장단이 다소 부정확하기도 하다. ⑩-㉡에서 보듯이 활용시 단모음과 장모음이 교체되기도 하는데 이 또한 장단음의 구별을 전제로 한다. 그러나 ⑩-㉢에서 보듯이 음장은 어두 위치에서만 변별된다.

세 지역의 모음에서 나타나는 음성적인 특징으로는 장모음 '에:, 어:'의 상승이 많이 발견된다는 것이다. 다른 중부방언과 마찬가지로 장모음 '에:, 어:'는 각각 '이:, 으:'에 가깝게 상승되는 것이 관찰된다. ⑪-㉠과 같이 장모음 '에':가 '이':로, '으':가 '어:' 로 상승되는 예는 많이 관찰된다. '어:'의 상승은 ⑪-㉡과 같은 이중모음에서도 관찰된다. 그러나 인천말에서 이러한 모음상승은 필수적인 것은 아니다.

⑪ ㉠ 뗀:다 t'e:da 띤:다 t'i:nda 뗀:다 t'e:nda

　　빈:다 pi:nda 빈다 pinda 벤:다 pe:nda

　　신:다 si:nda 센:다 se:nda 세:어 본다 se:əbonda

㉡ 쓰:레 s'ɨ:re 쓰:레 s'ɨ:re 쓰레 s'ɨre

　　그:지 kɨ:ji 거:지 kə:ji 거:지 kə:ji

　　쓸:구 s'ɨ:lgu 썬:다 s'ə:nda 쓸다 s'ɨlda

　　듬: tɨ:m 덤: tə:m 덤: tə:m

3) 활음과 이중모음체계

다른 방언과 마찬가지로 인천말의 활음에는 'y'와 'w'가 있다. 활음은
순수모음과 결합할 때만 나타나는데 활음이 순수모음 앞에 놓이면 상
향이중모음으로, 활음이 순수모음 뒤에 놓이면 하향이중모음으로 분
류된다. 인천말의 상향이중모음을 확인할 수 있는 예는 다음과 같다.

⑫ y계 상향이중모음

   ㉠ 예[ye] : 예순[yesun](六十), 예닐굽[yenilgup](六七), 예:물[ye:mul](禮
     物), 예:의[ye:iy](예의)

      cf) 게:모[kye:mo], 계획[kehwek], 식헤[sikʰe]

   ㉡ 여[yə] : 여다지[yədaji](門), 연자방아[yənjabaŋa](碓), 겨[kyə](糠), 고명
     [komyəŋ](고명), 멱:[myə:k](水泳), 송편[soŋpʰyən](松餅)

   ㉢ 야[ya] : 야윘다[yawet'a](鰩), 얄밉다[yalmipt'a](憎), 외앙깐[weyaŋk'an](외양
     간), 뺨:[p'ya:m](頰), 세숫대야[sesut'ɛya](세숫대야), 갈다랗다
     [kyaldaratʰa](갸름하다)

   ㉣ 유[yu] : 윳:[yu:t](擲), 유:치[yu:cʰi](여치), 규칙[kyucʰik](規則), 구유
     [kuyu](槽)

   ㉤ 요[yo] : 요즘[yojɨm](近來), 용마루[yoŋmaru](용마루), 뽀죽허다[p'yojukʰ
     əda](尖), 표주박[pʰyojubak](표주박), 묘:[myo:](墓)

⑫에서 보듯이 인천말의 y계 상향이중모음에는 '예, 여, 야, 유, 요'
가 있으나 분포상으로는 다소 제약이 있다. ⑫-㉠처럼 이중모음 앞에

자음이 없으면 이중모음이 잘 나타나지만 앞에 자음이 놓이면 활음이 탈락되는 경우가 있다. 그러나 '예'를 제외한 y계 상향이중모음은 자유 롭게 자음과 결합되는 편이다. 이는 제보자 간의 차이도 나타나지 않 는다.

　　인천말에서 하향이중모음은 '의' 하나밖에 없다. 그러나 자음이 선 행하는 경우는 없다. 조사 '의'는 자연발화에서는 '에'로 실현되는 경우 가 많다. 이는 다른 방언의 경우와 같다.

　　⑬ 의[iy]:의논[iynon](議論), 의복[iybok](衣服), 의붓아비[iybudabi](父),의사[iysa]

　　　　(醫師), 예:의[yə:iy](禮儀)

인천말에서 w계 상향이중모음을 확인할 수 있는 예는 다음과 같다.

　　⑭ ㉠ 웨[we]:웨누리[wenuri](에누리), 웨숙모[wesuŋmo](外叔母), 웨국

　　　　　[weguk](外國), 훼갑[hwegap](回甲), 게훼기[kehwek](計劃), 궤:짜기

　　　　　[kwe:c'ak](机), 야웼다[yawet'a](야위다), 꿰:라[k'we:ra](貫)

　　　㉡ 왜[wɛ]:괭이[kwɛŋi](괭이), 꽹과리[k'wɛŋgwari](꽹과리), 쐐:기[s'wɛ:gi]

　　　　　(쐐기), 쬠:쬠:[cwɛ:m cwɛ:m](죄암죄암), 돼지[twɛji](豚), 횃대[hwɛt'ɛ](횃대)

　　　㉢ 워[wə]:원두막[wəndumak](원두막), 원숭이[wənsuŋi](猿), 정월보름

　　　　　[cəŋwəl porɨm](정월대보름), 권투[kwəntʰu](拳鬪), 당궈라[taŋwəra](潛),

　　　　　꿔:라[k'wə:ra](借)

　　　㉣ 와[wa]:왕:겨[wa:ŋgyə](왕겨), 화:루[hwa:ru](花鬪), 기와집[kiwajip](瓦

　　　　　家), 목화[mokʰwa](木花), 따:리[t'wa:ri](또아리), 황태[hwaŋtʰɛ](황태),

꽈:리[k'wa:ri](꽈리), 놔:라[nwa:ra](置)

ⓜ 위[wi]:귀:리[kwi:ri](귀리), 쌀뒤주[s'aldwiju](뒤주), 뒤껏[twik'ət](뒤
껻), 귀:신[kwi:sin](鬼神), 손아귀[sonagwi](握), 박:쥐[pa:kc'wi](박쥐), 더
위[təwi](暑)

'웨'는 일반적인 중부방언에 비추어 보았을 때 기원적으로는 '외[oy]'
였을 것으로 보이는 단어에서 많이 나타난다. 이와 유사하게 '위[wi]'도
중부방언에서 '위[uy]'였을 것으로 보이는 단어에서 많이 나타난다. 다
른 이중모음에서는 특이성이 발견되지 않는다.

활음 'y'는 혀의 전후 위치가 순수모음 '이'와 같고 'w'는 혀의 전후 위
치가 순수모음 'u'와 같다. 따라서 두 반모음 'y'와 'w'는 전후 대립을 이
루는 것으로 볼 수도 있고 평순 대 원순의 대립을 이루는 것으로 볼 수
도 있다. 인천말의 반모음체계는 다음과 같이 나타낼 수 있다.

〈표 4〉 인천말의 활음체계

전설평순	후설원순
y	w

그리고 이 활음과 결합하여 나타나는 인천말의 이중모음 체계는 다
음과 같다.

〈표 5-1〉 인천말의 y계 상향이중모음체계

	전설평순	전설원순	후설평순	후설원순
고모음				유 yu(유: yu:)
중모음	예 ye(예: ye:)		여 yə(여: yə:)	요 yo(요: yo:)
저모음			야 ya(야: ya:)	

<표 5-2> 인천말의 y계 하향이중모음체계

	전설평순	전설원순	후설평순	후설원순
고모음			ɨy	
중모음				
저모음				

<표 5-3> 인천말의 w계 상향이중모음체계

구 분	전설평순	전설원순	후설평순	후설원순
고모음	위 wi (위: wi:)			
중모음	웨 we(웨: we:)		워 wə(워: wə:)	
저모음	왜 wɛ(왜: wɛ:)		와 wa(와: wa:)	

2. 음운현상

　음운현상의 기술을 위해서는 음운현상을 적당한 기준으로 분류해야 한다. 음운현상을 나누는 기준은 여러 가지가 있다. 환경을 중심으로 한다면 공시적 음운현상과 통시적 음운현상으로 나눌 수 있다. 공시적 음운현상은 곡용 및 활용과 같은 형태소 경계에서 일어나는 음운현상을 뜻하고, 통시적 음운현상은 형태소 내부나 복합어에서 일어나는 음운현상을 뜻한다. 또한 음운현상의 유형에 따라서는 교체(alternation), 첨가(ephenthesis, addition), 탈락(elision, deletion), 축약(contraction, coalescence)의 네 가지로 분류할 수 있다. 이러한 분류는 공시적 음운현상이나 통시적 음운현상에 모두 적용될 수 있다. 마지막으로 음운현상의 입출력을 기준으로 한다면 자음과 관련된 음운현상 및 모음과 관련된 음운현상으로 나눌 수도 있다. 인천말의 음운현상은 이상의 교체, 첨가, 탈락, 축약의 네 가지로 분류하여 기술한다.

1) 교체

인천말에서 확인되는 교체 양상은 다음과 같은데 이는 국어 전반에서 발견되는 교체 양상과 대동소이하다.[2]

- ■ 동화
  - • 자음 동화
    - ◦ 양순음화
    - ◦ 연구개음화
    - ◦ 비음화
    - ◦ 유음화
  - • 모음동화
    - ◦ 완전순행동화
    - ◦ 움라우트
- ■ 평폐쇄음화
- ■ 부사형어미 '어'의 교체
- ■ 경음화
- ■ 구개음화
- ■ 반모음화와 보상적 장모음화
- ■ 단모음화

2 　이상의 음운현상은 분류체계상 일정한 위계를 가진다. 그러나 본 보고서에서는 별도의 항목 번호를 부여하지 않고 각각의 음운현상을 대등하게 나열한다.

（1）양순음화

국어의 빠른 발화나 비격식체에서 양순음 앞의 설정음은 양순음으로 바뀐다. 양순음화는 자음과 관련된 위치동화의 하나로서 인천말에서도 활발하게 나타난다. 인천말에서 양순음화를 보이는 예들은 다음과 같다.

⑮ ㉠ 섬반~ 선반(선반), 밤:벙어리~ 반:벙어리(半벙어리)
　　㉡ 솜보다(손＋보다, 手), 눔보다(눈＋보다, 眼), 밥뽀다(밧＋보다, 田)

양순음화는 말음이 설정음이고 후행하는 자음이 양순음일 때 나타난다. ⑮-㉠은 형태소 내부나 합성어에서 나타나는 통시적 양순음화이다. ⑮-㉡은 설정음을 말음으로 가지는 체언이 양순음으로 시작되는 조사 앞에 놓일 경우에 나타나는 공시적인 양순음화이다. 활용에서는 양순음으로 시작되는 어미가 없기 때문에 양순음화가 일어나지 않는다. '밧'은 'ㄷ'으로의 평폐쇄음화가 일어난 후 양순음화가 일어난다.

인천말에서 양순음화는 수의적으로 나타난다. 주의 깊게 말할 때는 '선반, 반벙어리, 손보다, 눈보다' 등으로 나타나다가 빠른 발화에서는 양순음화가 일어나는 것이다. 이러한 현상은 국어의 일반적인 현상이다. 그러나 자연스러운 발화에서는 거의 모든 경우에 양순음화가 실현된다.

（2） 연구개음화

　국어의 빠른 발화나 비격식체에서 연구개음 앞의 'ㅂ, ㄷ, ㅁ, ㄴ' 등
은 연구개음으로 바뀐다. 연구개음화는 양순음화와 마찬가지로 자음
과 관련된 위치동화의 하나로서 인천말에서 수의적이지만 많이 나타
난다. 인천말에서 연구개음화를 보이는 예들은 다음과 같다.

⑯ ㉠ 앙개～안개(안개), 당근다(담그-, 潛), 방갑따～반갑따(반갑-, 歡),
　　　병개～번개(雷)

　　㉡ 무석께(무섭＋게, 恐), 익꾸(입＋구, 着), 녹꾸(높＋구, 高), 억:꾸(없:＋
　　　구, 無), 쏙꾸(쏟＋구, 流), 백:꾸(뱉:＋구, 唾), 적꾸(젖＋구, 潤), 쪽꾸
　　　(쫓＋구, 從)

　　㉢ 싱:꾸(신:＋구, 履), 당:꾸(담:＋구, 盛)
　　　끙쿠(끊＋구, 切), 정:꾸(젊:＋구, 少), 쌍:꾸(삶:＋구, 烹)

　⑯-㉠은 형태소 내부에서 관찰되는 연구개음화의 예이다. ⑯-㉡㉢
은 형태소 경계에서 나타나는 연구개음화이다. ⑯-㉡은 장애음 어간
말음이 연구개음으로 시작되는 어미 앞에서 연구개음화하는 것을 보
여 주고 ⑯-㉢은 비음 어간 말음이 연구개음으로 시작되는 어미 앞에
서 연구개음화하는 것을 보여준다. 인천말에 나타나는 연구개음화는
양순음화와 마찬가지로 수의적으로 나타나는 현상이다. 양순음화 및
연구개음화와 같은 위치동화는 필수적이 아니라는 국어의 일반적인
경향과 일치된다.

(3) 비음화

국어에는 비음 앞에는 비음만이 올 수 있다는 제약이 있는데 인천말
에서도 이 제약은 동일하다. 이러한 제약에 따라 비음 앞에 놓인 모든
폐쇄음은 비음으로 바뀌는 변화가 일어난다. 인천말에서 이러한 변화
를 확인할 수 있는 예는 다음과 같다.

⑰ ㄱ. 던니-(덧-+니, 齒), 맘며느리(맏-+며느리, 子婦), 겸니불(겹+이
불, 겹이불), 낙숨물(낙수+물, 落水), 혼니불(홑+이불), 혐녁(協力),
항년(學年), 싱냥(食糧)

ㄴ. 잡는다(잡+는다, 捕), 감는다(갚+는다, 報), 짐만(집+만, 家), 감만
(값+만, 價), 반는다(받+는다, 受), 전:는다(젖:+는다, 潰), 전는다(젖
+는다, 潤), 쫀는다(쫓+는다, 遂), 는:는다(늫:+는다, 揷), 정는다(적
+는다, 記), 껑는다(꺾+는다, 折)

ㄷ. 밤만(밧+만, 田), 솜만(솟+만, 鼎)

⑰에서 알 수 있듯이 모든 장애음들은 비음으로 시작되는 어미 앞에
서 장애음과 같은 위치의 비음으로 조음방식의 동화를 일으킨다. ⑰-
ㄱ은 형태소 내부나 복합어에서 나타나는 통시적인 비음화의 예이다.
⑰-ㄴㄷ은 형태소 경계에서 나타나는 공시적인 구개음화의 예이다.
⑰-ㄴ은 활용에서 나타나는 비음화이고, ⑰-ㄷ은 곡용에서 나타나는
비음화이다. 비음화를 일으키기 전에 'ㅂ, ㄷ, ㄱ' 이외의 장애음 어간
말음은 모두 'ㅂ, ㄷ, ㄱ'으로 평폐쇄음화된 후 비음으로 된다.

(4) 유음화

　국어에서는 ‘ㄹ’ 앞에 ‘ㄹ’만이 올 수 있다. 이에 따라 ㄹ을 전후로 하
여 ‘ㄴ’이 놓이게 되면 모두 ‘ㄹㄹ’이 되는 변화가 나타난다. ‘ㄹㄴ’의 연
쇄가 ‘ㄹㄹ’로 되는 변화는 순행적 유음화라 하고, ‘ㄴㄹ’의 연쇄가 ‘ㄹ
ㄹ’로 되는 변화는 역행적 유음화라고 한다. 인천말에서는 이 두 가지
유형의 유음화가 모두 나타난다. 인천말에서 나타나는 유음화의 예는
다음과 같다.

　⑱　㉠ 달림(달+－님, 月), 칼랄(칼+날, 刀), 물롤이(물+놀이), 달라라(달+
　　　나라, 月), 들력(들+녘, 野). 틀리(틀+니, 齒), 열흘랄(열흘+날, 十日),
　　　월람(월남, 越南), 열려(열녀, 烈女)
　　㉡ 끌른다(끓+는다, 沸), 할른다(핥+는다, 舐), 달른다(닳+는다, 磨), 알
　　　른다(앓－+－는다, 病)

　⑱-㉠은 순행적 유음화의 예이다. 순행적 유음화는 형태소 내부나
복합어에서만 나타난다. 형태소 내부에서는 어떠한 경우이든 ㄹㄴ의
연쇄가 발생하면 ㄹㄹ로 바뀐다. ⑱-㉡은 역행적 유음화이다. 역행적
유음화는 ‘ㄹC’ 말음 어간에 ‘ㄴ’으로 시작되는 어미가 이어질 때만 일
어난다. 그러나 ‘ㄹC’ 말음 어간이라도 자음군단순화에 의해 ‘ㄹ’이 탈
락될 경우에는 유음화가 일어날 수 있는 환경이 소멸되기 때문에 유음
화가 일어나지 않는다. 순행적 유음화는 통시적인 환경에서만 나타나
고 역행적 유음화는 공시적 환경에서만 나타난다.

(5) 완전순행동화

완전순행동화는 후행하는 모음이 앞의 모음과 같아지는 것을 뜻한다(최명옥 1982 : 130). 인천말에서는 'ㅎ'말음 어간에서 'ㅎ'이 탈락될 경우에만 완전순행동화가 확인된다. 인천말에서 완전순행동화를 발견할 수 있는 예는 다음과 같다.

⑲ 노:면(놓+으면, 置), 나:면(낳+으면, 産), 다:면(닿+으면, 觸), 찌:면(찧:+으면, 搗)

완전순행동화는 ⑲와 같은 공시적인 환경에서만 나타난다. 어간의 말자음이 'ㅎ'일 때만 어미 '으'가 어간말모음에 완전순행동화가 될 수 있다. 어간말음 'ㅎ'가 모음사이에서 탈락된 이후 어미 '으'가 어간말모음에 동화된다. 형태소 내부나 복합어에서는 이러한 현상이 발견되지 않는다.

(6) 움라우트

움라우트는 후설모음이 자음을 사이에 두고 '이'나 'y'와 만나 전설모음으로 바뀌는 현상을 뜻한다. 평순모음은 같은 높이의 평순 전설모음으로, 원순모음은 같은 높이의 원순 전설모음으로 바뀐다. 인천말에서 발견되는 움라우트의 예는 다음과 같다.

⑳ ㉠ 정갱이(정강이), 엉뎅이(엉덩이), 쭉쟁이(쭉정이), 지:렝이(지렁이), 기

레기(기러기), 찌께기(찌꺼기), 지느래미(지느러미), 구데기(구더기),

굼:벵이(굼벵이)

ⓛ 벤낀다(벗+기+ㄴ다, 奪), 쎄낀다(썩+히+ㄴ다, 腐), 재핀다(잡+히

+ㄴ다, 獲), 깨낀다(깍+이+ㄴ다, 削)

ⓒ 이르미(이름+이, 名), 다기(닥+이, 鷄), 거비(겁+이, 怯), 바비(밥+

이, 食), 종이(종+이, 鐘),

인천말에서 움라우트는 형태소 내부와 복합어에서 흔히 관찰된다. ⑳-ⓝ은 형태소 내부에서 나타나는 움라우트이고, ⑳-ⓛ은 파생어에서 나타나는 움라우트이다. 그러나 형태소 내부이든 합성어이든 움라우트는 필수적인 현상은 아니다. 그리고 제보자들도 움라우트가 적용된 것과 그렇지 않은 것을 모두 알고 있으며 실제 발화에서도 두 가지를 섞어 쓴다.[3] 따라서 인천말에서는 움라우트 현상이 있으며 화자들이 이 현상에 대해 인지하고 있으나 다른 방언과 접촉이 잦고, 표준어에 이끌리는 경향이 강해 이 현상이 필수적이지는 않음을 알 수 있다.

공시적인 환경, 즉 곡용과 활용에서는 움라우트가 나타나지 않는다. ⑳-ⓒ의 경우 충남방언이나 전북방언에서는 움라우트가 활발하게 일어나나 인천말에서는 나타나지 않는다.

---

[3] 이는 인천말에서 나타나는 특징적인 현상의 하나이다. 인천이 중부방언권에 속해 있고 서울말과도 상당히 유사해 표준어에 대한 인식이 매우 높은 편이다. 따라서 대부분의 화자가 움라우트가 일어나지 않은 것과 일어난 것 모두를 알고 있다. 공식적인 상황에서는 움라우트가 일어나지 않는 형태를 사용하고 자연발화에서는 움라우트가 일어난 것을 사용하는 경향이 강하다.

(7) 평폐쇄음화

국어에서는 음소배열제약에 의해 음절말에는 'ㅂ, ㄷ, ㄱ, ㅁ, ㄴ, ㅇ, ㄹ'밖에 올 수 없다. 따라서 'ㅂ, ㄷ, ㄱ'을 제외한 장애음을 가진 어간은 자음으로 시작되는 어미 앞이나 휴지 앞에 놓일 때는 같은 조음 위치의 평폐쇄음으로 바뀌어 실현된다. 인천말에서도 이러한 현상은 예외 없이 나타난다. 인천말에 나타나는 평폐쇄음화의 양상은 다음과 같다.

㉑ ㉠ 덕깨(덮+개, 覆), 꺽끼(꺾+기, 切)

　　㉡ 팥쭉(팥+죽,), 숙까루(숯+가루,), 압빨(앞+발, 前), 숟뚜껑(숫+뚜껑, 鼎), 얍뽀－(얕+보, 淺)

　　㉢ 압뚜(앞+두, 前), 결뚜(곁+두, 側), 받뚜(밧+두, 田)

　　㉣ 덥따(덮+다, 覆), 밷:따(밷:+다, 唾), 딱꾸(닦+구, 修), 절떠라(젖+더라, 潤), 쫃떠라(쫓+더라, 從)

평폐쇄음화는 국어의 필수적인 음운현상이므로 모든 환경에서 나타난다. ㉑-㉠은 파생어에서 나타나는 것이고, ㉑-㉡은 합성어에서 나타나는 것이다. 이렇듯 통시적인 환경에서 평폐쇄음화는 반드시 실현된다. ㉑-㉢은 곡용의 예이고 ㉑-㉣은 활용의 예인데 이러한 공시적인 환경에서도 예외 없이 나타난다.

인천말의 평폐쇄음화 양상도 국어의 전반적인 것과 일치한다. 양순음 계열은 모두 평음인 'ㅂ'으로 실현되고, 치조음 계열 모두 평음인 'ㄷ'으로 실현되고, 연구개음 계열은 모두 평음인 'ㄱ'으로 실현된다. 이상에서 알 수 있듯이 폐쇄음은 모두 같은 계열의 평음, 즉 평폐쇄음으로

실현된다. 그런데 마찰음과 파찰음은 조음위치가 가장 가까운 'ㄷ'으로
실현되어 양상이 다소 다르다.

(8) 부사형어미 '어'의 교체

국어는 모음조화가 잘 지켜지던 언어였지만 모음체계의 변화 과정
에서 모음조화가 많이 파괴되었다. 그러나 의성어 및 의태어와 용언의
활용에서 모음조화와 관련된 어미의 교체가 나타난다. 인천말의 부사
형어미의 실현 양상은 어간의 종류에 따라 매우 다양하다. 먼저 개음
절 어간에서 어간 말모음의 종류에 따른 부사형어미의 실현양상은 다
음과 같다.

㉒　㉠ '이'말음 : 기여따, 겨:라(기ー, 匍腹)), 비벼따, 비벼라(비비ー, 刮), 여:
　　　라～이여라(이ー, 戴), 꾸며서, 꾸며라(꾸미ー, 裝)

　　㉡ '에'말음 : 세:라～세어라(세:ー, 算), 떼:서, 떼:라(떼:ー, 離), 떠메서(떠
　　　메ー, 負)

　　㉢ '애'말음 : 개:서(개:ー, 洗), 패서(패ー, 打), 놀:래서(놀:래ー, 驚)

　　㉣ '으'말음 : 꺼서(끄ー, 消), 써서(건느ー, 苦)

　　㉤ '어'말음 : 서라, 섰다, (서ー, 立), 펴라(펴ー, 伸)

　　㉥ '아'말음 : 가서(가ー, 去), 짜:서(짜:ー, 織), 만나서(만나ー, 遇)

　　㉦ '우'말음 : 꿔:서(꾸ー, 夢), 눠:서(누ー, 泄), 가둬서(가두ー, 監), 바꿔라
　　　(바꾸ー, 換), 춰:따(추ー, 舞)

　　㉧ '오'말음 : 과:서(고:ー, 煮), 봐:서(보ー, 見), 헤:봐서(헤:보ー, 爲), 와라

(오−, 來)

㉧ ‘위’말음 : 쥐여따(쥐−, 握), 쉬여라(쉬−, 休)

㉒에서 알 수 있듯이 개음절 어간의 부사형어미 결합관계는 매우 복잡하다. ‘어, 아’ 말음 개음절 어간의 경우에는 부사형어미 또는 어간의 ‘어, 아’가 탈락된다. ‘에, 애’ 말음 개음절 어간의 경우에도 부사형 어미가 탈락된다. 이런 경우에는 부사형어미가 표면에 드러나지 않기 때문에 ‘아’와 ‘어’의 교체 문제가 그리 중요하지 않다. 그러나 ‘에, 애’ 말음 어간의 경우에는 수의적으로 ‘어’가 나타나므로 이때의 부사형 어미는 ‘어’로 볼 수 있다. 이상의 개음절 어간에서 나타나는 부사형어미의 교체는 설명하기가 쉽지 않다. 교체 종류를 확인할 수 있는 결정적인 증거가 보이지 않기 때문이다.

폐음절 어간, 즉 받침이 있는 용언에서 나타나는 부사형어미의 실현 양상도 다소 복잡하다.

㉓ ㉠ ‘이’말음 : 이버서(입−, 着), 시너따(신−, 履), 이써따(있−, 有)

㉡ ‘어’말음 : 꺼꺼따, 꺼꺼라(꺾−, 折), 업:써서(없:− 無), 버서라(벗−, 脫), 더퍼따(덮−, 覆)

㉢ ‘아’말음 : 마거야, 마거라(막−, 防), 안자따, 안저라(앉−, 坐), 마:너, 마너서(많:−, 多), 다더라(닫−, 閉), 아러서~아라서(알:−, 知), 가머라(감:−, 閉眼), 마타따~마터라(맡−, 任), 발거서(밝−, 明), 살머라(삶:−, 烹), 발:버라(밟:−, 踏)

㉣ ‘우’말음 : 물어라(묻−, 問), 훌터따, 훌터라(훑−, 扱)

ⓜ ‘오’말음 : 쪼차라(쫓−, 追), 놔:라(놓−, 放), 오라따(옳−, ㅍ, 고와서

(곱:−, 麗), 조버서(좁−, 狹)

㉓에서 알 수 있듯이 인천말에서는 폐음절 어간의 경우 대부분 말모음이나 말자음에 관계없이 부사형어미는 ‘어’를 취한다. 그런데 ㉓-ⓒ ⓜ과 같이 ‘어’가 예측되는 ‘아, 오’ 말음 어간 뒤에서도 ‘오’가 선택되는 일이 종종 있다.

㉒, ㉓을 보면 인천말에서 부사형어미는 ‘어’로 단일화되어 가는 과정으로 보인다. 비록 ‘아, 오’에서 부사형어미로 ‘아’를 취하는 경우가 있지만 이는 부사형어미가 ‘어’로 단일화되는 과정 중의 잔재로 볼 수 있다. 따라서 인천말에서 부사형어미의 기저형은 ‘어’로 설정할 수 있으며 ‘오’말음 개음절 어간과 ‘ㅎ’말음 ‘오’어간에서만 ‘아’로 바뀌는 규칙을 설정할 수 있다.

(9) 경음화

국어의 경음화에는 두 가지가 있다. 가장 일반적인 경음화는 폐쇄음 뒤의 경음화로서 국어의 모든 방언에서 나타난다. 그리고 지역에 따라 차이가 있기는 하지만 ‘ㄴ, ㅁ’말음 어간 뒤에서 경음화가 나타나기도 하는데 이는 공시적인 환경에서만 일어난다. 형태소 내부에서는 폐쇄음 뒤의 경음화를 직접적으로 확인하기는 어렵다. 그러나 파생과 합성에서는 많은 예를 확인할 수 있다. 인천말의 파생과 합성에서 폐쇄음 뒤의 경음화를 확인할 수 있는 예는 다음과 같다.

㉔ ㉠ 덛씬(덧+신), 덥깨(덮+개)

　㉡ 곧꽹이(곡+괭이, 곡괭이), 저녁빱(저녁+밥, 저녁밥), 박끄릇(밥+그
　　 릇, 밥그릇), 숙까락(숟+가락, 숟가락), 떡꼬물(떡+고물, 떡고물)

　㉢ 색꼉(色鏡, 거울)

㉕ 밀까루(밀+가루, 밀가루), 쌀껴(쌀+겨, 쌀겨), 민물꼬기(민물+고기, 민
　 물고기), 자물쒜(자물쇠), 풀삐(풀+비, 풀비), 종달쌔(종달새)

㉔-㉠은 파생어의 예로서 접두사의 말음이 폐쇄음이면 후행하는 어
근의 평음이 경음화되고, 어근의 말음이 폐쇄음이면 후행하는 접미사
의 평음이 경음화된다. 이러한 양상은 ㉔-㉡의 합성어나 ㉔-㉢의 한자
어에서 모두 나타난다. 따라서 폐쇄음 뒤에서 평음이 경음화되는 것은
필수적임을 알 수 있다. 그런데 ㉕는 그 양상이 다소 다르다. 형태소
내부에서 'ㄹ' 뒤의 평음은 유성음으로 바뀌는 것이 일반적인데 ㉕와
같은 합성에서는 'ㄹ' 뒤에서 평음이 경음으로 바뀌는 현상이 나타난
다. 이는 합성어에 국한되는 현상이다.
　곡용과 활용에서는 다음과 같은 경음화 양상이 나타난다.

㉖ ㉠ 집뚜(집+두, 家), 악꽈(앞+과, 前), 숟또(숫+도, 炭), 죽뽀다(죽+보
　　 다, 粥)

　㉡ 뽑꾸(뽑+구, (選)), 뒤직꾸(뒤집+구, 返), 쏙:꾸(쏟:+구, 流), 적:꾸(젓:
　　 +구, 漕), 절떠라(젖+더라, 潤), 역떠라(엮+더라, 結)

　㉢ 앙꾸(앉+구, 坐), 말꾸(맑+구, 淨), 발:떠라(밟:+더라, 踏), 할떠라(핥
　　 +더라, 舐)

㉗ ㄱ 안도(안+도, 內), 감:도(감:+도, 柿)

　　ㄴ 앙:꾸(안:+구, 抱), 강:꾸(감:+구, 捲), 쌍:꾸(쌂:+구, 烹)

㉖-ㄱ은 곡용의 예로서 모든 장애음 뒤에서 경음화가 일어난다. 'ㅂ, ㄷ, ㄱ' 이외의 장애음은 'ㅂ, ㄷ, ㄱ'으로 평폐쇄음화된 후 후행하는 자음을 경음화시킨다. ㉖-ㄴ은 활용의 예로서 곡용의 경우와 마찬가지로 모든 폐쇄음 어간 뒤에서 경음화가 일어난다. ㉖-ㄷ은 자음군 어간의 경우로서 자음군단순화 이전에 경음화가 일어난다. ㉗은 다소 특이한 경음화 양상이다. ㉗-ㄱ에서 보듯이 곡용에서는 이러한 경음화가 일어나지 않는다. 이에 비해 ㉗-ㄴ과 같이 활용의 경우에는 'ㄴ, ㅁ'을 말음으로 가지는 어간 뒤에서 경음화가 나타난다.

(10) 구개음화

국어에서 구개음화는 비구개음이 '이'나 반모음 y 앞에서 구개음으로 바뀌는 현상을 말한다. 'ㄷ, ㅌ' 등 치조음 계열이 입력이 될 때 가장 활발하게 나타나고 'ㄱ, ㅎ'이 입력이 될 때도 드물지만 나타난다. 인천말에서 구개음화를 확인할 수 있는 예는 다음과 같다.

㉘ ㄱ 끄치(끝+이, 末), 미치(밑+이, 下),

　　ㄴ 구지(굳+이), 같이(같+이, 同), 깨끄치(깨끗+히, 淨), 가치다(갇+히다, 監)

　　ㄷ 질쌈(織造), 찌다(着)

　　ㄹ 성(兄), 세(舌)

㉘-㉠, ㉡은 'ㄷ' 계열의 구개음화이다. ㉘-㉠은 체언의 곡용에서 나타나는 구개음화인데 'ㅌ'을 말음으로 가지는 명사에 '이'가 결합될 때 나타난다. 그런데 인천말에서 어간말의 'ㅌ'이 'ㅅ'으로 재구조화되는 경우가 많아서 구개음화를 관찰하기가 쉽지 않다. ㉘-㉡은 파생에서의 구개음화이다. 부사파생접사 '이'가 어근의 말음 'ㄷ'과 결합하면 구개음화가 나타난다. '깨끗히, 갇히다'와 같이 유기음화가 일어난 뒤에도 구개음화가 일어날 수 있다.

㉘-㉢은 'ㄱ' 구개음화로서 인천말에서 그리 많이 발견되지 않는다. ㉘-㉣의 'ㅎ' 구개음화 역시 인천말에서 그 예가 그리 많지 않다. 전반적으로 보았을 때 인천말의 구개음화는 점점 소멸되어 가는 규칙으로 보인다.

(11) 반모음화와 보상적 장모음화

어떤 모음이 특정한 환경에서 반모음으로 바뀐다면 이 과정은 교체의 일종으로 볼 수 있다. 또한 이 과정에서 음절수가 준 것에 대한 보상으로 어미가 장모음으로 바뀌었기 때문에 이 또한 교체로 볼 수 있다. 인천말에서 반모음화가 나타나는 예는 다음과 같다.

㉙　㉠ 여:서～이여서(이:＋어서, 戴), 셔:서～시여서(시＋어서, 酸), 펴:서～
피여서(피＋어서, 伸), 이겨서～이기여서(이기＋어서, 勝)

　　㉡ 둬:서～누워서(누＋어서, 泄), 둬:서(두＋어서, 置), 과:서～고와서(고:
＋어서, 煮), 봐:서～보와서(보＋어서, 見), 쫘:서～쏘와서(쏘:＋어서,
射)

㉙에서 보듯이 반모음화는 '이, 오, 우, 위'말음 개음절 어간에서 반모음첨가와 수의적으로 나타난다. ㉙-㉠은 '이'말음 어간으로서 반모음 y로 바뀌고, ㉙-㉡은는 각각 '우'말음 어간과 '오'말음 어간으로서 반모음 w로 바뀐다. 인천말에서의 다른 방언과 마찬가지로 모음체계 상 평행적으로 일어나는 음운과정이다.

반모음화가 일어나면 이에 수반되어 보상적 장모음화가 나타난다. 어간의 말모음이 반모음화하면서 음절수가 준 것에 대한 보상으로서 어미의 '어'가 장모음으로 교체되는 것이다. 그러나 2음절 이하에서는 보상적 장모음화가 일어나더라도 2음절 이하에서는 음장이 변별적 기능을 하지 못하기 때문에 표면에는 장음이 나타나지 않는다.

(12) 단모음화

국어에서 음장은 변별적인 기능을 한다. 그런데 장모음을 가지는 어간의 활용에서 단모음으로 실현되는 경우가 있다. 인천말에서 단모음화를 보이는 예는 다음과 같다.

㉚　㉠ 아나서(안:＋어서, 抱), 가마서(감:＋어서, 捲), 너머서(넘:＋어서, 越),

　　　부러서(불:＋어서, 吹), 아러서(알:＋어서, 知), 골마서(곪:＋어서, 膿)

　㉡ 재:서(재:＋어서, 測), 개:서(개:＋어서, 晴), 싸:서(싸:＋어서, 包)

　㉢ 가:미(감:＋이, 柿), 바:물(밤:＋을, 栗), 여:니(연:＋이, 鳶)

장모음은 1음절에서만 변별이 되기 때문에 단모음화는 ㉚-㉠과 같은 1음절 어간이 장모음일 경우에만 확인된다. 그러나 ㉚-ㄴ은 개음절 어간으로서 장모음과 단모음의 교체를 보이지 않는다. 그리고 ㉚-ㄷ과 같이 곡용에서는 단모음화가 나타나지 않는다. 따라서 인천말에서의 단모음화는 어간 말자음이 공명음 'ㅁ, ㄴ, ㄹ'일 때 모음으로 시작되는 어미와 결합될 때 나타남을 알 수 있다.

2) 첨가

인천말에서 첨가로 분류할 수 있는 음운현상은 다음과 같다. 국어에서 첨가현상은 매우 드문 현상이어서 반모음 첨가와 'ㄴ'첨가만 발견된다. 국어의 반모음은 'y'와 'w'가 있는데 활용에서 모두 수의적으로 첨가된다. 'ㄴ' 첨가는 복합어에서만 발견된다.

- 반모음 첨가
  - y 첨가
  - w 첨가
- ㄴ 첨가

(1) y 첨가

인천말에서 활음 'y'가 첨가되는 예는 다음과 같다.

㉛ ㉠ 끼여~껴:(끼+어, 挿), 기여~겨:(기+어, 匍), 비여~비:(비+어, 空)

  ㉡ 비벼(비비+어, 擦), 남겨(남기+어, 餘), 디뎌(디디+어, 踏)

  ㉢ 쥐여(쥐+어, 握), 쉬여(쉬+어, 休), 뉘여(뉘+어, 臥)

㉛-㉠에서 보듯이 반모음첨가와 반모음화는 상보적 관계를 맺으며 수의적으로 일어난다. 어간의 말모음이 '이'일 경우 부사형어미 '어'와 결합되면 같은 위치의 반모음 'y'가 첨가되는 것이다. ㉛-㉡과 같이 2음절 이상에서는 반모음 첨가가 일어나기보다는 반모음화가 더 많이 일어난다. ㉛-㉢은 말모음이 '위'일 때인데 핵모음이 '이'이므로 '이'말음 어간과 마찬가지로 반모음 'y'가 첨가된다. ㉛은 모두 활용의 경우인데 곡용에서는 같은 환경이더라도 활음첨가가 거의 나타나지 않는다.

(2) w 첨가

인천말에서 활음 'w'가 첨가되는 예는 다음과 같다.

㉜ ㉠ 주워~줘:(주+어, 授), 꾸워~꿔:(꾸+어, 借), 쑤워~쒀:(쑤+어, 造)

  ㉡ 나눠(나누+어, 分), 가꿔(가꾸+어, 養), 당궈(당구+어, 潛)

  ㉢ 보와~봐:(보+어, 見), 노와~놔:(놓+어, 置), 조와(좋:+어, 好)

  ㉣ 돌봐(돌보+아, 察)

㉜에 나타난 활음 'w'의 첨가 양상은 활음 'y'의 첨가 양상과 유사하다. 어간의 말모음이 '오, 우'일 경우 부사형어미 '어'와 결합되면 같은

위치의 반모음 'w'가 첨가되는 것이다. 2음절 이상의 어간에서는 반모
음화가 더 많이 일어나는 것도 'y'첨가와 같다.

(3) ㄴ 첨가

인천말에서 'ㄴ'이 첨가되는 예는 다음과 같다.

㉝ ㉠ 혼니불(홑＋이불, 홑이불), 반니랑(밧＋이랑, 밭이랑), 베갠닙(베개＋
    닙, 베갯잇), 웬닐(웬＋일, 웬일)
  ㉡ 겸니불(겹＋이불, 겹이불), 솜:니불(솜:＋이불, 솜이불)
  ㉢ 아번님(아버＋님, 아버님)

'ㄴ' 첨가는 ㉝과 같이 합성어나 파생어에서만 나타난다. 합성어에
서 뒤의 어근이 '이'나 'y'로 시작될 때 'ㄴ'이 첨가된다. ㉝-㉢은 다소 특
이한 경우로서 접사 '님' 앞에 'ㄴ'이 첨가되는 예이다.

3) 탈락

인천말에서 탈락으로 분류할 수 있는 음운현상은 다음과 같다. 국어
에서 탈락현상은 첨가현상에 비해 많이 관찰된다. 탈락현상은 자음 탈
락과 모음 탈락으로 나누어 살펴본다.

- 자음 탈락
  - ㅎ 탈락
    - 어간말 'ㅎ'탈락
    - 어미초 'ㅎ'탈락
  - 유음 탈락
  - 자음군단순화
- 모음 탈락
  - 어간 말모음 탈락
    - 어간말 '으' 탈락
    - 어간말 '이' 탈락
  - 어미 초모음 탈락
    - 어미초 '으' 탈락
    - 어미초 '어' 탈락
    - 어미초 '이' 탈락

(1) ㅎ 탈락

국어의 'ㅎ'은 지위가 매우 불안하다. 분류는 후음으로 되고 있지만 후행하는 모음에 따라 조음 위치가 달라진다. 또한 평음과 결합될 때는 축약되기도 하고 유성음 사이에서는 유성 변이음으로 실현되다가 탈락되기도 한다. 인천말에서도 이러한 양상이 관찰된다. 인천말에서 'ㅎ'이 탈락되는 예는 다음과 같다.

㉞ ㉠ 조와서(좋:-+아서, 好), 나으니(낳:+으니, 産), 싸:라(쌓:+어라, 積), 뚜르니(뚫+으니, 穿), 마:느니까(많:+으니까, 多)

㉟ ㉠ 나아고(나＋하구, 我), 형안테(형＋한테, 兄), 남안테(남＋한테, 他),
　　도:라구(돌＋하구, 石)

　㉡ 공부언다 ~ 공부헌다(공부＋한다, 學), 참하다 ~ 차마다(참하다),
　　일:한다 ~ 이:란다(일:한다, 用), 의논한다 ~ 의노난다(의논＋하다,
　　議論)

　인천말의 'ㅎ' 탈락은 두 가지이다. ㉞는 어간의 'ㅎ'이 탈락되는 예로서 'ㅎ'을 말음으로 가지는 어간 뒤에 모음으로 시작되는 어기가 결합될 때 탈락된다. ㉟-㉠은 어미의 'ㅎ'이 탈락되는 예이다. 모음이나 공명음으로 끝난 체언 뒤에 'ㅎ'으로 시작되는 조사가 결합될 때 'ㅎ'이 탈락된다. ㉟-㉡도 수의적이기는 하나 'ㅎ'의 탈락이 관찰되는 예이다. 동사나 형용사를 파생시키는 접사 '—하다' 앞의 어근이 모음이나 공명음으로 끝나면 'ㅎ'이 탈락되거나 약화되는 현상이 나타난다. 그러나 서남방언이나 서북방언에서 발견되는 폐쇄음 뒤에서의 'ㅎ'탈락은 나타나지 않는다.

(2) 유음 탈락

　국어에서 'ㄹ'은 'ㄹ'을 제외한 다른 자음과 나란히 놓이지 못하는 특성이 있다. 이에 따라 다양한 음운현상이 나타나는데 'ㄹ'이 탈락되는 것도 그러한 현상 중의 하나이다. 인천말에서 유음 'ㄹ'이 탈락되는 예는 다음과 같다.

㊱ ㄱ 거:는(걸:＋는, 掛), 드는(들＋는, 擧), 아:는(알:＋는, 知), 우:는(울:＋

는, 泣), 부는(불＋는, 吹), 사:는(살:＋는, 生)

ㄴ 거:니(걸:＋는, 掛), 드니(들＋는, 擧), 아:니(알:＋는知), 우:니(울:＋는,

泣), 부니(불＋는, 吹), 사:니(살:＋는, 生)

ㄷ 겁:니다(걸:＋읍니다, 掛), 듭니다(들＋읍니다, 擧), 암:니다(알:＋읍니

다, 知), 움:니다(울:＋읍니다, 泣), 붐니다(불＋읍니다, 吹), 삼:니다

(살:＋읍니다, 生)

㊱에서 보듯이 인천말의 'ㄹ' 탈락은 세 가지 경우에 일어난다. 첫째
는 ㊱-ㄱ의 경우로서 'ㄴ'로 시작되는 어미 앞에서 일어난다. 두번째는
㊱-ㄴ의 경우로서 '으'로 시작되는 어미 앞에서 '으'가 탈락되고 난 후
'ㄴ' 앞에서 탈락되는 현상이 나타난다. 세번째는 ㊱-ㄷ의 경우로서
'ㄹ' 뒤에서 어미초의 '으'가 탈락되고 각각 뒤이어 'ㄹ'이 탈락된다. 이
러한 현상은 모두 'ㄹ'의 배열제약과 자음군형성 등과 관련된 것이다.

(3) 자음군단순화

국어의 음절말에는 하나의 자음밖에 올 수 없으며, 모음 사이에는
최대 두 개의 자음밖에 올 수 없다는 제약이 있다. 따라서 곡용과 활용
에서 어간말의 자음과 어미초의 자음이 세 개 이상의 자음군을 이루거
나 휴지 앞에서 음절말에 두 개 이상의 자음이 놓이게 되면 그 중 한 자
음은 탈락된다. 인천말에서도 이러한 제약은 예외 없이 적용된다. 인
천말에서 자음군단순화를 발견할 수 있는 예는 다음과 같다.

㊲ ㉠ 갑뚜,(값+두, 價), 업꾸(없+구, 無), 목뚜(몫+두, 分)

㉡ 안떠라(앉+더라, 坐), 언떠라(얹+더라, 置), 널꾸(넓-, 廣), 발:찌(밟+지, 踏), 얼꾸(얽+구, 瘡), 막꾸(맑+구, 淸), 국:따(굵:+다, 大), 늑찌(늙+지, 老), 박찌(밝+지, 明), 옹:꾸(옮+구, 遷), 궁:꾸(굶:+구, 飢), 당:꾸(닮:+구, 似), 삼:찌(삶:+지, 烹), 할꾸(핥+구, 舐)

㊲-㉠은 곡용에서 나타나는 자음군단순화의 예이다. 자음군을 가진 체언에 자음으로 시작되는 조사가 결합되면 예외 없이 자음군 중 하나가 탈락된다. ㊲-㉡은 활용에서 나타나는 자음군단순화이다. 활용에서도 예외 없이 자음군이 탈락된다. 그런데 탈락되는 자음군은 일정하지 않다. 인천말의 자음군으로는 ㅂ계(ㅄ), ㄱ계(ㄳ), ㄴ계(ㄵ, ㄶ), ㄹ계(ㄺ, ㄻ, ㄼ, ㄽ, ㄾ, ㄿ, ㅀ) 등이 있는데 자음군단순화가 일어날 환경에서 탈락되는 자음은 일정하지 않다.

(4) 어간 말모음 탈락

어간의 말모음 '으'는 활용 시 탈락된다. 인천말에서 어간말의 '으'가 탈락되는 예는 다음과 같다.

㊳ ㉠ 꺼서(끄+어서, 消), 써서(쓰+어서, 苦), 커서(크+어서, 大)

㉡ 퍼서(푸+어서, 注), 기뻐서(기뿌+어서, 喜), 슬퍼서(슬푸+어서, 哀)

㊳-㉠은 '으'말음 어간이 부사형어미 '어' 앞에 놓일 때 어간의 '으'가 탈락됨을 보여준다. ㊳-㉡은 다소 흥미로운 '으' 탈락이다. 이 용언들

은 기원적으로는 '으'말음 어간이었지만 양순음의 영향으로 '우'말음 어간으로 바뀐 후에도 활용형은 '으'말음 활용형과 같은 것이다. 다른 '우'말음 어간은 이 경우 반모음화에 의해 '워'형으로 되지만 이 경우에는 반모음화는 일어나지 않고 어간의 '우'가 탈락되는 것처럼 보인다. '으' 탈락은 체언의 곡용에서는 발견되지 않는다. 또한 합성이나 파생에서도 발견되지 않는다.

(5) 어미 초모음 탈락

'으'로 시작되는 어미가 개음절 어간과 결합될 때도 어미의 '으'가 탈락된다. 인천말에서 어미초의 '으'가 탈락되는 예는 다음과 같다.

㊴ ㉠ 기면(기＋면, 伏), 재:니까(재:＋으니까, 測), 쉬:니(쉬:＋으니, 休), 외우니까(외우＋으니까, 暗), 쓸까(쓰＋을까, 書)

ㄴ 차로(차＋으로, 車), 다리로(다리＋으로, 脚)

ㄷ 검:니다(걸:＋읍니다, 掛), 듭니다(들＋읍니다, 擧), 암:니다(알:＋읍니다, 知), 움:니다(울:＋읍니다, 泣), 붐니다(불＋읍니다, 吹), 삼:니다(살:＋읍니다, 生)

ㄹ 활로(활＋으로, 弓), 말로(말＋으로, 斗)

㊴-㉠은 개음절 용언 어간에 '으'로 시작되는 어미가 연결되면 어미초의 '으'가 탈락됨을 보여준다. ㊴-ㄴ은 개음절 체언 어간에 '으'로 시작되는 어미가 연결되면 어미초의 '으'가 탈락됨을 보여준다. ㊴-ㄷ,

ⓒ은 폐음절 어간이지만 '르' 뒤에서 어미초의 '으'가 탈락됨을 보여준
다. ㉟-ⓒ은 '르'말음 어간 뒤에서 '으'가 탈락된다.

4) 축약

인천말에서 축약으로 분류할 수 있는 음운현상은 다음과 같다. 국어
에서 축약 현상도 매우 드문 현상이어서 유기음화만 발견된다.

• 유기음화

(1) 유기음화

유기음화는 'ㅎ'말음 어간에 평장애음 어미가 결합되면 'ㅎ'과 평장
애음은 축약되어 유기음으로 되는 현상이다. 인천말에서 유기음화를
확인할 수 있는 예는 다음과 같다.

㊵ ㉠ 좋:―(好):조:쿠, 조:터라, 조:치

　　쌓:―(積):싸:쿠, 싸:터라, 싸:치

　　많:―(多):망:쿠, 만:터라, 만:치

　　싫―(載):실쿠, 실터라, 실치

　㉡ 채카구(책+하구, 冊), 바파구(밥+하구, 飯), 유타구(웃+하구, 擲)

　㉢ 이피다(입+히+다, 着), 구치다(굳+히+구, 硬), 머키구(먹 +히+

구, 食)

 ⓔ 차카다(착+하다, 善), 그파다(급+하다, 急)

 유기음화가 가장 활발히 일어나는 것은 ㊵-㉠과 같은 환경이다. 즉 활용에서의 유기음화는 'ㅎ'말음 어간에 평장애음 어미가 결합될 때 일어난다. 'ㅎ'과 평장애음이 축약되어 같은 위치의 유기음으로 되는 것이다. ㊵-㉡은 곡용에서 나타나는 유기음화다. 장애음을 말음으로 가지는 체언이 조사 '하구'와 결합될 때 유기음화가 나타난다. ㊵-㉢, ㉣은 파생에서 나타나는 유기음화다. 어근의 말음의 장애음이 피사동접사 '히'와 결합될 때와 용언파생접사 '하다'가 결합될 때 유기음화가 나타난다.

제4장

인천말의 어휘적 특징

이 장에서는 인천말의 어휘적 특징에 대해 서술한다. 음운체계나 음운현상에 비해 어휘 면에서는 인천 각 지역 간에 많은 차이가 발견된다. 따라서 각 지역 간에 서로 비교가 가능하도록 예를 따로 제시하고 이에 대해 설명한다. 어휘의 체계는 다양한 기준으로 수립할 수 있으나 인천 각 지역의 말에 대한 조사가 국립국어원의 지역어 조사 질문에 의거해 이루어졌으므로 인천말의 어휘적 특징은 이 질문지 체제에 맞춰 기술한다. 지역어 조사 질문지는 어휘를 '농경, 음식, 가옥, 의복, 민속, 인체, 육아, 친족, 동물, 식물, 자연'의 11개 항목으로 나누었다. 따라서 이 체제에 맞춰 인천말의 어휘를 정리하고 이 중에서 특징적인 것을 중심으로 설명한다.[1]

---

1   어휘는 지역에 따른 차이가 큰 편이기 때문에 지역별로 나누어 서술한다. 특징적인 어휘는 매 항목마다 음운론적 변이를 보이는 것, 어휘적 변이를 보이는 것, 기타 세 가지로 나누어 기술한다. 음운론적 변이를 보이는 것은 다른 지역과 다른 음운현상이

1. 농경 관련 어휘

농경 관련 어휘는 지역어 조사에서 가장 기본적이면서도 필수적인 항목이다. 농경 관련 어휘는 다시 다음과 같이 세분될 수 있다.

- 경작
- 타작
- 방아 찧기
- 곡물
- 채소

1) 경작

경작과 관련된 특징적인 어휘는 다음과 같다.

반영된 것이나 특징적인 음운현상이 반영된 것들을 주로 다룬다. 어휘적 변이에서는 인천말의 특징이 반영된 어휘를 제시한다. 기타는 이 두 가지에는 포함되지 않지만 인천말의 어휘를 이해하는 데 꼭 필요한 것들을 추려서 제시한다. 각 지역 내에서도 차이가 나타나기 때문에 하위 지역까지 구분해서 제시한다. 각 지역의 약어는 다음과 같다.

[원인천] 文 — 문학동 / 月 — 월미도
[강화] 喬 — 교동 / 華 — 화도 / 兩 — 양사
[연안도서] 宗 — 영종 / 積 — 덕적 / 興 — 영흥

원인천의 지역 중 숭의동은 어휘편에서는 제외되었다. 숭의동 제보자는 교육도 많이 받고 사회생활도 많이 한 편이어서 전통적인 어휘 대신 표준어를 쓰려는 경향이 매우 강해 조사가 어려웠다.

(1) 원인천

    ⓐ 음운론적 변이

        벼 벼(文), 베(月) / **볍씨** 볍씨(文), 벱씨(月) / **보습** 보습(文), 보십(月) / **볏** 볏(文), 볫(月) / **써레** 써:레(文), 써:리(月) / **쇠스랑** 쇠스랑(文), 쉐시렁(月) / **곡괭이** 곡갱이(文), 곧괭이(月) / **두엄** 덤:(文), 덤:(月) / **괭이** 괭이(文), 갱이(月)

    ⓑ 어휘적 변이

        극젱이 극젱이(文) / **번지** 밀대(文) / **밭둑** 밧둑(文), 밭둑(月) / **밭두둑** 밧두덩(文), 밭둑(月) / **밭고랑** 물골(文), 밭고랑(月) / **밭이랑** 밧이랑(文)

    ⓒ 기타

        가을갈이 추경(文), 갈:걸이(月)

(2) 강화

    ⓐ 음운론적 변이

        볍씨 볍씨(喬) 볍씨(華) 볏씨(兩) / **보습** 버섯(喬) 보십(華) 보십(兩) / **써레** 쓰:레(喬) 쓰:레(華) 쓰레(兩) / **고무래** 고무래(喬) 거무래(華) 고무래(兩) / **쇠스랑** 쇠스랑(喬) 세스랑(華) 쉐스랑(兩) / **괭이** 꿰이(喬) 꼭갱이(華) 괭이(兩) / **애벌 매다** 애:불맨다(喬) 애:벌 맨다(華) 애벌 매다(兩) / **보리** 보리(喬) 버리(華) 보리(兩) / **보리쌀** 보리쌀(喬) 버리쌀(華) 보리쌀(兩) / **가을갈이** 갈:카리(喬) 가을걸이(華) 갈:갈이(兩) / **깜부기** 깜:비기(喬) 깜부기(華) 깜:바기(兩)

ⓑ 어휘적 변이

곡괭이 꼭:괭이(喬) 뿔:괭이(華) 곳괘(兩) / **밭둑** 밧둑(喬) 밧두렁(華) 밧
두렁(兩)

ⓒ 기타

극젱이 쟁기(喬)

(3) 연안도서

ⓐ 음운론적 변이

볍씨 볍씨(宗), 벼씨(積), 벼씨(興) / **보습** 보습(宗), 보습(積), 버습(興) /
써레 씨:레(宗), 써:레(積), 쓰:레(興) / **쇠스랑** 세스랑(宗), 소시랑(積),
쉐소시랑(興) / **흙덩어리** 흑덩어리(宗), 흑덩어리(積), 흑덩어리(興) /
호미 호미(宗), 호무(積), 호미걸이(興)

ⓑ 어휘적 변이

고무래 고무래(宗), 당그래(積), 당그래 / 고머래(興)

ⓒ 기타

번지 씨:레판(宗), 번디(興) / **두엄** 두엄(宗), 두:엄(積), 두엄(興) / **거름**
거름(宗), 거름

(1a)와 같은 음운론적 변이는 '여 → 에'의 변화와 관련된 것들이 많
다. 중부 방언의 일반적인 경향과 유사하게 원인천말에서도 '여 → 에'
의 변화가 많이 관찰되는데 월미도 제보자의 경우에 더 활발히 나타난
다. '써레'의 경우에도 월미도 제보자는 '써:리'로 말하는데 1음절의 '어'
가 상승하는 경우는 많지만 1음절의 '에'가 상승하는 것은 드문 일이다.

이밖에 이중모음과 관련해서 자음 뒤에서 '왜 → 애'와 같이 활음 w가 탈락되는 예도 나타난다. '쇠스랑'의 경우는 단모음 '외'의 변화와 관련된 것이다. '두엄'이 '덤:'으로 나타나는 것은 1음절어가 1음절어로 축약되고 이에 따른 보상적 장모음화가 일어났기 때문이다.

(1b)의 어휘적 변이는 인천말의 특징이 반영된 것이다. 이 지역에는 '극젱이'가 없더라도 문학동의 제보자는 농사를 지어봐서 이 단어를 알고 있었지만 월미도의 제보자는 알지 못했다. 이는 '번지'의 경우도 마찬가지이다. '밭'과 관련된 어휘에서도 월미도의 제보자는 다소 불확실하게 나타난다. 농사에 대한 직접적인 경험이 없어서 나타난 결과이다. (1c)의 차이는 한자어를 쓰는가 쓰지 않는가의 차이이다.

(2a)에서 '볏씨'는 새로운 방법의 합성법에 의해 나타난 것이다. '씨'는 기원적으로 '삐'였기 때문에 '법씨' 등의 합성어에 'ㅂ'이 화석처럼 남아 있다. 그러나 '볏씨'는 화석형이 아닌 '벼'와 '씨'의 결합으로 다시 만들어진 것이다. 이와 반대로 '갈:카리'는 오히려 화석화된 합성어이다. '가을'은 'ㄱ술ㅎ'과 같이 'ㅎ'를 말음으로 가지고 있었는데 '갈카리'는 'ㅎ'이 있었던 시기에 만들어진 것이 그대로 남아 있는 것이다. '보십'은 전설모음화로서 'ㅅ' 뒤에서 '으'가 '이'로 바뀐 것이다.

'버섯, 버리, 거무래' 등은 강화말의 비원순모음화 양상을 잘 보여준다. 비원순모음화는 양순음 뒤에서 '오'가 '어'로 바뀌는 변화인데 강화말에서는 활발하게 나타난다. 또한 원순모음뿐만 아니라 '거무래'와 같이 비원순모음 뒤에서도 나타난다. '애:불맨다'에서 나타나는 모음의 변이도 역시 원순모음 및 비원순모음의 전환과 관련이 있다. '쓰:레'는 장모음 '어'가 상승되는 예를 보여주는데 이는 중부 방언 전체에서 널리 나타나는 양상이다. '궤이, 곡개이' 등은 강화말에 나타나는 비모음화 양상이 반영된 것이다.

(2b)에서 '뿔:괭이'는 곡괭이의 모양에 의해 새롭게 만들어진 단어이다. '밧두렁'은 '논두렁'에서 나타나는 '두렁'이 '밧'과 결합되었음을 보여준다.

(3a)에서 '볍씨'는 기원적으로 '씨'가 'ㅂ'계열의 자음군이었기 때문에 나타난 것이다. '볍씨'가 더 널리 나타나는데 이 지역에서는 두 군데에서 '벼씨'로 나타난다. 화석형보다는 신형을 선호하는 경향을 확인할 수 있다. '버슴'은 'ㅂ' 뒤에서 '오'가 비원순모음 '어'로 바뀌어 나타난 것이다. '써레'의 '써'는 장모음이기 때문에 '쓰'로 고모음화되는 경우가 많다. 그런데 영종도에서는 '씨:레'까지 나타나고 있다. 이는 '써'가 '씨'로 고모음화된 후에 다시 전설모음화에 의해 '으'가 '이'로 바뀐 결과이다. 고모음화에 이은 전설모음화까지 적용되었다는 점에서 특이하다. '쇠스랑'은 '외'의 다양한 변이를 보여준다. '세스랑'은 '외'가 '웨'로 바뀐 후 반모음 'w'가 탈락되어 나타난 것이다. '흙덩어리'는 모두 '흑덩어리'로 나타나는데 이는 '흙'이 '흑'으로 재구조화되었음을 보여준다. '호무'는 기원적으로 '호미'였던 것에서 '이'가 탈락된 뒤 원순모음화되어 나타난 결과이다. 중부지역에서는 잘 나타나지 않는데 덕적도에서 확인되는 점이 특이하다.

(3b)의 '당그래'는 충청 이남지역에서 주로 발견되는 어형이다. 상대적으로 남쪽에 위치한 덕적도와 영흥도에서 이러한 어형이 나타나는 것으로 보아 이 지역이 남부 방언의 영향을 간접적으로 받고 있음을 보여준다.

(3c)에서 '번지'와 '씨레판'이 모두 나타나는 것은 '번지'가 더 이상 쓰이지 않기 때문인 것으로 보인다. '두엄'은 거름의 일종인데 덕적도에서는 '두엄'과 '거름'이 모두 나타나고 있다. 둘 간의 구별이 없거나 '두엄'이 거름의 대표격으로 쓰이는 것으로 보인다.

2) 타작

타작과 관련된 특징적인 어휘는 다음과 같다.

(4) 원인천
    ⓐ 음운론적 변이
    쭉정이 죽쟁이(文), 쭉쨍이(川) / **허수아비** 허수애비(文), 허수아비(川)
    ⓑ 어휘적 변이
    가리다(積) 싼:다(川) / **벼훑이** 훑이기(川) / **자리개** 자리개(文) / **새꽤기**
    벳모가지(川) / **놉** 품팔이(文)
    ⓒ 기타
    품삯 품삯(文), 품삭(川) / **볏짚** 볏집(文), 벳집(川), -을 볏집을(文), 벳
    집을(川), -에 볏집에(文), 벳집에(川)

(5) 강화
    ⓐ 음운론적 변이
    가리 가리(喬), 까리(華) / **도리깨** 도리깨(喬), 도루깨(華), 도리깨(雨) /

까끄라기 깔까래기(喬), 깔깨이(華), 깔깨(兩)

ⓑ 어휘적 변이

타작 타:작(喬), 타:작(華), 탈곡(兩) / **벼훑이** 홀태기(喬), 벼훑이(華),
벼훑이(兩) / **개상** 타:작틀(喬), 태판(兩) / **새꽤기** 지꼬쟁이(華) / **허수아
비** 허수애비(喬), 허애비(華), 새:방자(兩)

ⓒ 기타

놉 품꾼(喬), 품팔이(兩)

(6) 연안도서

ⓐ 음운론적 변이

가리 가리(宗), 까리(積), 가리(興) / **흉년** 흉년(宗), 숭년(積), 흉년(興) /
머슴 머슴(宗), 머섭(積), 머슴(興)

ⓑ 어휘적 변이

벼훑이 훑이기(宗) / **개상** 짜리개(興) / **까끄라기** 까락(宗), 까락(積), 꺼:
럭(興) / **허수아비** 허수아비(宗), 허수아비(積), 쩡애(興)

ⓒ 기타

놉 품팔이(宗), 새경(積), 새경(興)

(4a)에서 특징적인 것은 움라우트이다. '쭉정이'와 '허수아비' 모두
움라우트가 일어날 수 있는 양상인데 필수적으로 적용되지도 않았고,
제보자에 따라 일관되게 나타나지도 않았다. 이러한 양상은 원인천말
에서 움라우트가 필수적이 아닐 뿐만 아니라 화자에 따라서도 수의적
으로 나타날 수 있음을 보여준다.

(4b)는 이 지역에서 '가리다'란 동사를 쓰지 않음을 보여준다. 그러나 '노적가리'에서는 '가리다'의 흔적을 파악할 수 있는데 이것이 화석으로 남은 것인지 다른 방언의 영향을 받은 것인지는 분명하지 않다. '벼훑이'가 '훑이기[훌치기]'로 나타나는 것, '새꽤기, 늪' 등의 단어가 세분되지 않은 것도 특징적이다.

(4c)는 어간말자음의 재구조화의 양상을 잘 보여준다. '품삯'은 어간말자음군의 재구조화 양상을 보여준다. 문학동 제보자의 경우에는 어간말자음군 'ㄳ'이 그대로 남아 있으나 월미도 제보자는 'ㄱ'으로 재구조화된 특징을 보여준다. '짚'은 모두 '집'으로 재구조화되었다. 원인천말에서 어간말자음의 재구조화도 일괄적으로 일어났다기보다는 단어에 따라, 화자에 따라 다르게 나타났다는 것을 확인할 수 있다.

(5a)에서 '까리'는 경음화에 의한 것이다. '도루깨'는 '이 → 우'의 변화를 보여주는데 이는 다른 방언에서 자주 관찰되는 것은 아니다. '까끄라기'가 '깔X'형으로 나타나는 것은 경기방언의 특징을 보여준다.

(5b)에서 '탈곡'은 기계에 의한 탈곡이 시작되면서 새로이 나타난 단어이다. '벼훑이'는 나뭇가지로 만들어 손으로 잡고 쓰는 것과 쇠로 만들어 바닥에 세워놓고 쓰는 것이 있는데 '홀태기'는 쇠로 된 큰 벼훑이를 뜻하는 것으로 보인다. '지꼬쟁이'는 다른 방언에서는 잘 발견되지 않는다. '짚'과 '고갱이'가 합쳐진 '짚고갱이'가 종종 발견되는데 이것과 관련이 있는 것이다.

'허수아비'와 관련된 어형은 매우 특징적이다. '새:방자'는 다른 방언에서는 발견되지 않는다. 또한 '허애비'는 황해도에서 주로 발견되는 어형인데 강화말이 황해도 방언과 밀접한 관련이 있음을 보여준다.

‘놉’은 강화말에서 나타나지 않는다. 이는 강화에 ‘놉’ 제도가 없기 때문으로 보인다.

(6a)에서 ‘까리’는 경음화에 의한 것이다. 어두 경음화에 의한 것으로 볼 수도 있지만 ‘노적가리’와 같이 쓰이는 예에서 ‘가리’만 분리돼서 나타난 것일 수도 있다. ‘숭년’은 ‘ㅎ’구개음화에 의한 것이다. ‘머슴’이 ‘머섬’으로 나타나는 것은 특이하다. ‘머섬’은 전국에 걸쳐 간헐적으로 나타난다.

(6b)에서 ‘훑이기’는 ‘벼훑이’보다 쓰임새가 더 넓은 도구이다. ‘훑이’를 벼를 훑는 데뿐만 아니라 다른 곡식에도 썼음을 보여준다. ‘자리개’는 곡식을 떨기 위해 묶는 줄을 가리킨다. 개상을 쓰는 일이 드물기 때문에 혼동을 일으킨 것으로 보인다. ‘까락’은 다른 지역에서는 잘 나타나지 않는 어형이다. ‘꺼럭’ 또한 충청방언에서만 나타나는데 세 섬에서 모두 이런 어형이 나타나는 점은 특이하다. ‘쩡애’ 또한 매우 특이한 어형이다. 이와 유사한 ‘정이, 중애, 증애’ 등은 북부 방언에서만 나타난다. 그런데 영흥도에서도 이러한 어형이 발견되는 것은 바닷길을 통해 이러한 말이 전파되었을 가능성을 보여준다.

(6c)에서 ‘새경’은 품삯을 뜻하는데 이것이 ‘놉’의 대응어로 나타났다. ‘놉’의 의미를 잘못 파악하고 있거나 새경을 주고 부리는 사람이란 점에서 이런 어형이 나타난 것으로 보인다.

3) 방아 찧기

방아 찧기 관련된 특징적인 어휘는 다음과 같다.

　(7) 원인천

　　ⓐ 음운론적 변이

　　　방앗공이 방앗괭이(文), 방앗갱이(月) / **절굿공이** 절굿괭이(文), 절굿갱
　　　이(月)

　　ⓑ 어휘적 변이

　　　연자방아 연자맷돌(文), 연자방아(月)

　(8) 강화

　　ⓐ 음운론적 변이

　　　방아확 학(喬) / **절굿공이** 천괘이(喬), 절굿대~이~(華), 절굿댕이(兩)

　　ⓑ 어휘적 변이

　　　왕겨 망지미겨(喬), 왕겨(華), 왕:겨(兩) / **껍질** 껍질(喬), 꺼풀(華), 껍질(兩)

　(9) 연안도서

　　ⓐ 음운론적 변이

　　　방앗공이 방앗공이(宗), 방앗갱이(積), 공이(興)

　　ⓑ 어휘적 변이

　　　디딜방아 디들방아(宗), 디들방아[디들빵아](積), 디들방아[디들빵
　　　아](興) / **겨** 겨(宗), 겨(積), 겉 겨(興)

　(7a)에 나타난 특징은 움라우트 및 이에 따른 모음의 변이와 관련이 있다. '공이'는 움라우트가 적용될 수 있는 환경이어서 '외'가 단모음으로 존재하는 지역에서는 '굉이'로 나타난다. 그런데 원인천말에서는 '외'가 단모음으로 완벽하게 존재하지 않기 때문에 움라우트가 일어나더라도 이중모음으로 발음될 수밖에 없다. '공이'가 '괭이, 갱이'로 나타나는 것으로 보아 '외'로의 움라우트는 원인천말에서 확인할 수 있다. 그러나 '괴'가 '괘'로 발음되기도 하고 활음 'w'가 탈락되어 '개'로 발음되는 것으로 보아 '외'의 불완전성을 확인할 수 있다.

　(7b)에서 '연자방아'가 '연자맷돌'로도 나타나는 것은 연자방아의 생김새에 기대어 연자방아를 일종의 맷돌로 보았음을 확인시켜 준다.

　(8a)에서 '학'은 활음이 탈락된 결과를 보여준다. '절굿공이'와 관련된 어형은 강화말의 비모음화 양상을 잘 보여준다. (8b)에서 '망지미겨'는 다른 방언에서는 확인되지 않는다. '망지미'가 어떤 의미인지는 확인되지 않는다. '껍질'과 '꺼풀'은 쓰이는 영역이 다른데 화도에서는 구별이 없이 나타난다. '절굿공이'가 '천괘이'로 나타나는 것도 특이하다. '천괭이' 또는 '천괘이'는 다른 방언에서도 발견되지 않는다.

　(9a)에서 '방앗갱이'의 '갱이'는 '공이'의 움라우트 적용형을 전제로 한 것이다. 즉 '방앗공이 → 방앗굉이 → 방앗갱이'와 같은 변화과정을 거쳐 형성된 것으로 파악된다. 과거에 움라우트가 활발히 적용된 결과일 수도 있고 다른 방언의 간섭일 수도 있다. (9b)의 '디들방아'는 보통 '디딜방아'로 나타나는 것을 감안하면 특이하다. '디들방아'는 주로 남부 방언에서 나타난다.

4) 곡물

곡물과 관련된 특징적인 어휘는 다음과 같다.

　(10) 원인천

　　ⓐ 음운론적 변이

　　　메밀 메물(文), 메밀(月) / **고소하다** 고소하다(文), 고수하다(月)

　　ⓑ 어휘적 변이

　　　붉은색수수 수수(文) / **장목수수** 수수(文) / **수수깡** 수숫대(文), 수수깡

　　　(月) / **귀리** 귀:리(月)

　　ⓒ 기타

　　　띄우다 띠우다(文), 띤:다(月)

　(11) 강화

　　ⓐ 음운론적 변이

　　　띄우다 띤:다(喬), 띠워야지(華), 띤다(兩)

　　ⓑ 어휘적 변이

　　　메밀 모밀(喬), 메물(華), 메밀(兩)

　(12) 연안도서

　　ⓐ 음운론적 변이

　　　띄우다 띤:다(宗), 띠운다(積), 띠운다(興) / **멥쌀** 메쌀(宗), 멥쌀(積), 멥

　　　쌀(興) / **차조** 차조(宗), 찰조(積), 찰조(興) / **곰팡이** 곰팽이(宗), 곰팡이

(積), 곰:팡이(興)

ⓑ 어휘적 변이

메밀 메밀(宗), 메물(積), 메밀(興) / **귀리** 귀리(宗), 겨리(興)

(10a)에서 ‘메밀’이 ‘메물’로 나타나는 것이 여러 지역에서 관찰된다. 여러 지역에서 ‘모밀’로도 나타나는 것으로 보아 기원적인 형태가 ‘메밀’은 아니었을 것으로 추측할 수 있다. 이 지역에서는 전통적으로 논 농사를 많이 지었기 때문에 수수가 있기는 있지만 수수의 종류가 세분화되어 있지 않다. (10b)는 이러한 양상을 보여준다. 또한 ‘수수깡’도 명칭이 세분되어 있지 않고 ‘－대’ 형태로 나타난다. ‘귀리’는 들어 보기는 했지만 직접 본적은 없다고 한다.

(10c)의 ‘띄우다’는 ‘뜨다’의 사동형과 관련된 차이를 보여준다. 문학동의 제보자는 사동접사로 ‘우’를 쓰는데 월미도의 제보자는 표면적으로는 나타나지 않는다. 그런데 장음으로 실현된 것으로 보아 ‘이’를 사동접사로 사용한 것으로 보인다.

(11a)에서 ‘띄우다’와 관련된 어휘는 이중모음 ‘의’의 단모음화 양상이 반영된 것이다. (11b)의 ‘메밀, 메물’과 ‘모밀’은 서로 계통이 다른 단어로 보인다. ‘메밀’은 ‘뫼’와 ‘밀’의 결합으로 보이는데 전국적으로 널리 퍼져 있고 표준어로도 등재가 되어 있다. 그런데 ‘모밀’은 ‘뫼밀’이나 ‘메밀’에서 변화된 것으로 보이지는 않는다. 국어 방언 전체를 살펴보았을 때 ‘외→에→오’의 변화는 잘 발견되지 않는다. ‘뫼→모’의 변화도 생각해 볼 수 있으나 이러한 변화도 많이 발견되지 않는다. 따라서 ‘모밀’은 ‘메밀’이 변화된 결과가 아닌 메밀의 모양에서 유래된 것으

로 보는 것이 타당하다. 메밀의 낱알이 사방에 모가 나 있어서 이러한 '모밀'이란 단어가 형성된 것으로 보인다.

(12a)의 '띠다'는 '뜨다'의 사동형이다. 어형으로만 보면 '뜨다'에 사동접사 '이'만 결합된 '띄다'의 반사형으로 보인다. '띄우다'는 사동접사 '이'와 '우'가 모두 결합된 어형이다. '멥쌀'은 '볍씨'와 마찬가지로 '쌀'이 기원적으로 'ㅂ'으로 시작되는 자음군을 가졌기 때문에 나타나는 것이다. '멥쌀' 대신 '메쌀'이 나타나는 것은 '벼씨'가 나타나는 것과 마찬가지로 화석형이 아닌 신형을 쓰고 있음을 보여준다. '차조'는 '찰조'에서 'ㄹ'이 'ㅈ' 앞에서 탈락된 결과이다. 이러한 'ㄹ' 탈락은 오늘날에는 잘 나타나지 않는데 이 '차조' 대신 '찰조'를 쓰는 것 또한 신형을 쓰고 있음을 보여준다. '곰팽이'는 '곰팡이'에 움라우트가 적용된 결과이다.

(12b)의 '메밀, 메물'과 '모밀'은 서로 계통이 다른 단어로 보인다. '메밀'은 말 그대로 '메진 밀'이란 뜻이다. 하지만 '모밀'은 낱알의 사방에 모가 나 있어서 이러한 '모밀'이란 단어가 형성된 것으로 보인다. '겨리'는 다른 방언에서는 확인되지 않는 어형이다. 전남 방언에서 '기어리'가 나타나기는 하나 이것이 '겨리'와 관련이 있는지는 확인하기 어렵다.

5) 채소

채소와 관련된 특징적인 어휘는 다음과 같다.

(13) 원인천

ⓐ 음운론적 변이

푸성귀 푸성기(文), 푸성귀(川)

ⓑ 어휘적 변이

장다리무 광다리(文), 장다리(月) / **오이지** 오:이지(文), 오이짠지(月)

(14) 강화

ⓐ 음운론적 변이

푸성귀 푸장구(喬) / **썰다** 쓸:구(喬), 썬:다(華), 쓸다(兩) / **마늘** 마눌(喬), 마:눌(華), 마늘(兩)

ⓑ 어휘적 변이

고갱이 배:추속(喬), 배:춧속(兩) / **오이지** 오:이지(喬), 오:이짠지(華), 오잇지(兩)

ⓒ 기타

무 무:(喬) 무:(華) / **무청** 무청(喬), 무:청(華), 무이청(兩) / **무말랭이** 오가리(喬), 무이꼬자리(華), 무고자리(兩)

(15) 연안도서

ⓐ 음운론적 변이

푸성귀 푸성기(宗), 푸성기(積), 푸성기(興) / **썰다** 썬다(宗), 쓸:구[쓸:대](積), 쓰:는거(興)

ⓑ 어휘적 변이

시래기 시래기(宗), 시래기(積), 시래구(興) / **무말랭이** 무말랑이(宗), 무:오가리(積), 우거지 말리는거(興) / **오이소박이** 오이속백이(宗), 오:이소백이(積), 오이김치(興) / **부추** 부추(宗), 부:추(積), 부:추 / 쭐 / (興)

원인천말에서 채소와 관련된 어휘에서는 특징적인 것이 많이 발견 되지는 않는다. (13a)는 모음 '위'와 관련된 변이이다. '푸성귀'가 '푸성 기'로도 나타나는 것은 원인천말에서 '위'가 단모음이 아닌 이중모음 'wi'이고 그 결과 자음 뒤에서 활음 'w'가 탈락되었음을 보여준다. '장다 리무'를 '광다리'라고도 하는 것과 '오이지'를 '오이짠지'라고도 하는 것 도 특징적이다.

(14a)의 '푸장구'는 '프성귀'의 '△'의 반사형이다. '△'는 탈락되거나 'ㅅ'로 남는 것이 대부분이지만 일부의 단어에서는 'ㅈ'으로 남는다. 강 화말에서는 '△'가 'ㅈ'으로 남아 있음을 보여준다. '썰다'와 관련된 어 형은 장모음 '어: → 으:'의 변화를 보여준다. '마눌'은 '으 → 우'의 변화 를 보여준다. 강화말에서는 '바늘'도 '바눌'로 나타나는데 이러한 '으 → 우'의 변화도 강화말의 특징 중 하나이다.

(15a)의 '푸성기'는 모두 '푸성귀'에서 '귀'가 단모음화된 결과이다. 이 지역의 '위'는 이중모음 'wi'로 실현되는 일이 많고 자음 뒤에서는 활음 'w'가 탈락되기도 하여 나타난 결과이다. '쓸:다'는 '써레'와 마찬가지로 장모음 '어'가 고모음화된 결과이다.

(15b)의 '시래구'는 다른 방언에서는 잘 발견되지 않는 어형이다. 충 청 이남에서는 '시라구'로 많이 나타나는데 '시래구'는 '시레기'와 '시라 구'의 혼효형이다. 이 방언이 남부방언의 영향을 입으면서 이러한 혼 효형이 나타난 것으로 보인다. '무말랑이'는 움라우트가 적용되기 이 전의 어형이며 '무오가리'는 경기 방언에서 흔히 발견되는 어형이다. '오이속백이'는 '소'를 '속'으로 대치해서 나타난 결과이다. '소'와 '속'이 밀접한 관련이 있기 때문에 이러한 대치가 나타난 것으로 보인다. '쭐'

은 충북에서만 나타나는 어형이다. 경기 방언에서는 주로 '졸'로 나타
난다.

2. 음식 관련 어휘

음식 관련 어휘는 의식주의 한 부분으로서 일상에서 매우 중요한 어
휘이다. 음식 관련 어휘는 다시 다음과 같이 세분될 수 있다.

- 주식과 부식
- 반찬과 별식
- 부엌과 그릇

1) 주식과 부식

주식 및 부식과 관련된 특징적인 어휘는 다음과 같다.

(16) 원인천

　ⓐ 음운론적 변이

　눌은밥 눌운밥(文), 눌은밥(月) / **끼니** 끄니(文), 끼니(月) / **미음** 멈:(文),

미움(月) / **미역** 멱:(文), 미역(月)

ⓑ 어휘적 변이

국물 말국(文), 국말국(月) / **꾸미** 고명(文)

(17) 강화

ⓐ 음운론적 변이

누룽지 누룽지(喬), 누룽개이(華), 누룽게(兩) / **눌은밥** 눌은밥(喬), 눌
운밥(華), 눌운밥(兩) / **건더기** 건지(喬), 국건지(華), 건더기(兩) / **엿기
름** 엿기림(喬), 엿기름(華), 엿기름(兩) / **밀기울** 밀기울이(喬), 밀:기울
이(華), 밀기울이(兩)

ⓑ 어휘적 변이

식해 식해(喬), 식해(華)

ⓒ 기타

갱죽(羹粥) 시래기죽(喬), 씨래기죽(華)

(18) 연안도서

ⓐ 음운론적 변이

찬밥 찬밥(宗), 찬밥(積), 찬밥(興) / **숭늉** 숭늉(宗), 숭늉(積), 흉힘(興) /
건더기 건더기(宗), 건데기(積), 건더기(興) / **끼니** 끼니(宗), 끄니(積),
끄니(興)

ⓑ 어휘적 변이

조밥 조밥(宗), 조밥(積), 서슥밥(興) / **갱죽(羹粥)** 시래기죽(宗), 시래기
죽(積), 씨래기죽(興)

ⓒ 기타

식해 식해(宗), 식해(積)

(16a)에서 '눌운밥'이 나타나는 것은 원순모음화와 관련이 있다. 즉 '으'의 선행모음이 '우'이고 후행자음이 'ㅂ'이므로 '으→우'의 변화가 일어날 수 있는 환경이 갖추어진 것이다. 충청 방언에서는 곡용에서도 이러한 변화가 많이 관찰되는데 원인천말에서는 거의 관찰되지 않았다. 그러나 수의적으로 이러한 원순모음화가 가능함을 보여준다. '끼니'가 '끄니'로도 나타나는 것은 기원적으로 '쎄니'였던 것의 변화와 관련이 있는 것이다. '몀:'과 '멱:'은 음절의 축약과 관련된 공통적인 특징을 보여준다. 본래 2음절이었던 것이 1음절로 축약되고 이에 따른 보상적 장모음화가 일어난 것이다.

(16b)의 '말국'은 경기도 지역에서 널리 관찰되는데 원인천말에서도 이와 같은 양상이 나타나는 것이다. 그런데 '꾸미'는 해당 어형이 나타나지 않거나 다른 단어로 대체되어 나타난다. 제보자가 모두 남성이기 때문에 나타난 결과이다.

(17a)에서 '누룽개이'는 강화말에서 자주 나타나는 'ㅇ'의 비모음화 양상을 보여준다. '누룽개'는 비모음화 이후 접사처럼 붙어 있던 '-이' 마저 탈락되었음을 보여준다. '눌운밥'은 모음에 의한 원순모음화의 양상을 보여준다. '눌은밥'에서 1음절의 '우'가 '으'에 영향을 미쳐 원순모음으로 바뀐 것이다. '건지'는 국어 방언 중 매우 제한된 지역에서만 나타나는데 강화말에서 확인된다. '엿기림'은 '으→이'의 변화를 보여준다. '밀기우리'는 '밀기울'에 접사적 기능이 있는 '-이'가 결합된 결과

이다. (17b)를 보면 강화말에서도 '식해'가 나타난다. 그러나 강화 지역에서는 식해를 만들지 않는다. 따라서 '식해'는 차용된 것으로 보인다. '갱죽'이 '시래기죽'으로 나타나는 것은 죽에 넣는 재료에 초점이 맞춰진 결과이다.

(18a)에서 '찬밥'은 'cʰambap'으로 발음되거나 'cʰanbap'으로 발음되는 양상을 보여준다. 이는 양순음화에 의한 것으로 이 지역에서 양순음화가 수의적으로 나타남을 보여준다. '숭늉'이 '흉힘'으로 나타나는 것은 매우 특이한 예이다. '흉'은 'ㅎ'구개음화와 관련된 과도교정으로 설명할 수 있으나 '힘'은 설명이 어렵다. '건데기'는 움라우트가 적용된 결과이다. '끼니'와 '끄니'는 '으'와 '이'의 상호 변화관계를 보여준다. (18b)에서 '서숙밥'은 '조'를 경기 이남에서 '서숙'이라고도 하는 데서 비롯된 것이다. 중부 방언에서는 '갱죽'은 거의 나타나지 않고 주로 넣는 재료인 시래기를 강조한 '시래기죽'으로 많이 나타난다. (18c)의 '식해'는 주로 동해안 지역의 음식으로 알려져 있고 실제로도 중부 내륙에서는 이러한 음식도 없고 이름도 없다. 그러나 황해도 연안에서도 식해를 만들어 먹는다. 이 지역이 섬 지역임을 감안하면 황해도식 식해에 대한 정보가 있기 때문에 이러한 결과가 나타난 것으로 보인다.

2) 반찬과 별식

반찬 및 별식과 관련된 특징적인 어휘는 다음과 같다.

(19) 원인천

  ⓐ 음운론적 변이

    고추장 꼬치장(文), 고추장(月)

  ⓑ 어휘적 변이

    빚다 비지다(文), 빚는다(月) / **흰떡** 개피떡(文), 흰떡(月) / **새알심** 새알시미(文), 옹시미(月) / **튀밥** 뻥튀기(文)

  ⓒ 기타

    담그다 당그다(文), 담는다(月), -고 당그고(文), 담구구(月), -**어라** 당궈라(文), 담궈라(月)

(20) 강화

  ⓐ 음운론적 변이

    된장 덴:장(喬), 된:장(華), 된장(兩) / **고추장** 고추장(喬), 꼬치장(華), 고추장(兩) / **김치** 금치(喬), 김치(華), 김치(兩) / **가래떡** 떡가래(喬), 떡국갈래이(華), 떡국갈래(兩)

  ⓑ 어휘적 변이

    가래떡 떡가래(喬), 떡국갈래이(華), 떡국갈래(兩) / **새알심** 새:(喬), 생설메(華), 새알시미(兩)

  ⓒ 기타

    빚다 비진다(喬), 빚어야(華), 비진다(兩)

(21) 연안도서

  ⓐ 음운론적 변이

된장 덴장(宗), 뒌장(積), 뒌장(興) / **김장** 김장(宗), 김장(積), 긴장(興) /

부침개 부침개(宗), 부침개[부칭개](積), 부침개[부칭개](興)

ⓑ 어휘적 변이

가래떡 갈래떡(宗), 갈래떡(積), 가래떡(興) / **빚다** 빚는다(宗), 비진다(積),

빚는다(興)

ⓒ 기타

새알심 경단(宗), 동굴레(積), 새알심이(興)

(19a)의 '꼬치장'은 다소 특이하다. '고추'가 '꼬치'로 나타나는 것은 주로 동남 방언인데 문학동의 제보자는 '꼬치장'을 쓰고 있는 것이다. 이는 원인천말이라기보다는 인천의 도시적 성격이 반영되어 다른 방 언권의 영향을 받았을 가능성이 있다. (19b)의 '비지다'도 다른 지역 에서는 잘 나타나지 않는 어형이다. '옹심이'는 경기 지역의 특성을 잘 반영해 주고 있다. 경기와 강원 지역에서는 '새알심'이 '옹생이, 옹 셈이, 옹수래미, 옹시기, 옹심' 등으로 나타난다. 인천 또한 경기 지역 에 둘러싸여 있으므로 이러한 특징적인 어형이 나타난다. '새알시미' 는 '새알심'과 '옹심이'의 혼효형일 수도 있고 '새알심'의 변이형일 수 도 있다.

(19c)의 '담그다'는 국어의 전 지역에서 혼란이 나타나고 있는 단어 이다. 표준어는 '담그다'로 되어 있으나 많은 지역에서 '담구다'와 '담다' 로 나타난다. 원인천말에서도 이러한 혼란상이 잘 반영되어 있다.

(20a)의 '된장'의 반사형은 강화말에서 '외'가 어떻게 나타나고 있는 가를 잘 보여준다. 강화말에서 '외'는 단모음으로 설정할 수 있으나 이

중모음 'we'로도 실현되고 단모음인 'e'로도 실현되는데 그 양상을 '덴장'이 보여주고 있는 것이다. '꼬치장'은 경음화와 '우→이'의 변화 양상을 보여준다. '금치'는 경기 방언의 특징을 잘 보여 준다. 경기 지역을 제외하고 다른 지역은 '금치'가 나타나지 않는다.

'가래떡'의 반사형은 강화말에서 흔히 나타나는 비모음화를 잘 보여준다. 또한 '떡국갈래이'형은 '가래+떡'이 아닌 '떡+가래'의 합성 양상을 보여준다. 이는 경기 방언뿐만 아니라 전국적으로도 나타나는 양상이다. '새알심'이 '생설메'로 나타나는 것은 매우 특징적이다. 국어의 다른 방언에서는 '생설메'와 같은 어형은 나타나지 않는다. '빚다'가 '비지다'로 재구조화된 것도 특이하다.

(21a)의 '된장'의 반사형은 이 지역에서 '외'가 어떻게 변화하고 있는가에 대해 잘 보여준다. '뒌장'은 '외'가 단모음이 아닌 이중모음으로 변했음을 보여주고, '덴장'은 반모음마저 탈락되었음을 보여준다. '긴장'은 경상 방언에서나 확인되는 어형이다. 충남 방언과 북부방언에서는 '진장'이 확인되는데 영흥도에서 '긴장'이 나타나는 것이 특이하다. '부침개'의 반사형은 수의적인 연구개음화의 양상을 잘 보여준다.

(21b)의 '갈래떡'은 경기 방언에 나타나는 특징적인 어형이다. 영종도와 덕적도 모두에서 '갈래떡'이 확인된다는 것은 이 지역이 경기 방언의 영향 하에 있는 지역임을 말해준다. '비진다'는 '빚다'가 '비지다'로 재구조화됐음을 보여준다.

(21c)에서 '새알심'의 방언형은 이 지역의 다양한 언어적 특성을 보여준다. '경단'은 '새알심'과는 다르나 만드는 방법이 유사해서 그대로 사용되는 것으로 보인다. '동글레'는 다른 지역에서는 확인되지 않는

어형이다. 평북에 '도구랭이'가 있어 다소 유사하다. '새알시미'는 중부 이남에서 가장 흔하게 나타나는 어형이다.

3) 부엌과 그릇

부엌 및 그릇과 관련된 특징적인 어휘는 다음과 같다.

(22) 원인천

ⓐ 음운론적 변이

가마솥 가마솟 / 솥(文), 가마솟·가마솥(月), −을 솟이(文), 가마솟을 (月), −에 솔에(文), 가마솥에(月) / **화로** 화:로(文), 화:루(月) / **석쇠** 석 쇠(文), 석쉐(月)

ⓑ 어휘적 변이

이남박 함지(文), 이남박(月) / **다리쇠** 삼발이(文), 삼발이(月) / **냅다** 매 웁다(文), 맵다(月)

ⓒ 기타

숟가락 숟갈(文), 숟가락(月) / **젓가락** 젓갈(文), 젓가락(月) / **도시락** 도 시락(文), 벤또(月)

(23) 강화

ⓐ 음운론적 변이

가마솥 가마솟 / 가마솥(喬), 솥(華), 가마솟(兩) / **그을음** 끄:름(喬) 걸:

멍(華), 거:을름(兩) / **부지깽이** 부주꽤이(喬), 부주깨이(華), 부주깽이
(兩) / **화로** 하:루(喬), 화:루(華), 화로(兩)

ⓑ 어휘적 변이

그을음 ㄲ:름(喬), 걸:멍(華), 거:을름(兩) / **솥뚜껑** 소댕(喬), 솥뚜껑(華),
솥뚜껑(兩) / **보시기** 종발(喬) / **석쇠** 석세(喬), 석세(華), 적철(兩)

ⓒ 기타

냅다 맵:지(喬), 맵:지(華), 매웁다(兩) / **뚜껑** 뚜껑(喬), 뚜껑(華), 뚜껑(兩)

(24) 연안도서

ⓐ 음운론적 변이

가마솥 가마솥(宗), 가마슷(積), 가마슷(興) / **그을음** 걸:음(宗), 그을음
(積), 그을음(興) / **석쇠** 석세(宗), 석쇠 ö(積), 석쉐(興)

ⓑ 어휘적 변이

부지깽이 부주깨이(宗), 부지깽이(積), 부지깽(興) / **헹구다** 헹긴다(宗),
헹기다(積), 행구다(興)

ⓒ 기타

냅다 매웁지(宗), 매웁다(積), 맵다(興) / **숟가락** 수저(宗), 숟갈[수깔]
(積), 수저(興) / **젓가락** 젓가락(宗), 젓갈[저깔](積), 저분(興)

(22a)에서 ‘솟’과 ‘솥’이 공존하는 것은 ‘ㅌ’말음 어간의 재구조화 양
상을 잘 보여준다. 국어 전역에서 ‘ㄷ, ㅌ, ㅈ, ㅊ’을 말음으로 하는 명사
가 마찰음화에 의해 어간 말음이 ‘ㅅ’으로 재구조화되는 양상이 나타난
다. 원인천말도 예외는 아니어서 본래 ‘솥’이었던 것이 ‘솟’으로 재구조

화된 예가 나타나는 것이다. 그러나 처격 '에'와 결합된 경우에는 여전히 'ㅌ'으로 나타나고 있다. 이는 처격의 결합강도가 다른 조사보다 강함을 보여준다. '화루'는 '오→우'의 상승을 보여주는 예이고, '석쉐'는 단모음 '외'가 원인천말에서 불안전한 지위를 가지고 있기 때문에 나타난 것이다.

(22b)의 전통적인 어휘가 세분화되어 있지 않거나 이미 사라진 양상을 보여준다. '함지'는 '이남박'이 세분화되어 있지 않음을 보여주고 '다리쇠'는 이미 사라져 모두 '삼발이'로 대체되었음을 알 수 있다. '매웁다'와 '맵다'도 '냅다'가 세분화되어 있지 않음을 보여준다. (22c)의 '순갈, 젓갈'은 음절수가 준 축약형을 보여준다. 그러나 2음절 이하에서 줄어들었기 때문에 보상적 장모음화는 나타나지 않는다. '벤또'는 일본어의 잔재가 남아 있음을 보여준다.

(23a)에서 '솟'과 '솥'이 공존하는 것은 'ㅌ'말음 어간의 재구조화 양상을 잘 보여준다. 국어 전역에서 'ㄷ, ㅌ, ㅈ, ㅊ'을 말음으로 하는 명사가 마찰음화에 의해 어간 말음이 'ㅅ'으로 재구조화되는 양상이 나타난다. 강화말도 예외는 아니어서 본래 '솥'이었던 것이 '솟'으로 재구조화된 예가 나타나는 것이다. 그러나 처격 '에'와 결합된 경우에는 여전히 'ㅌ'으로 나타나고 있다. 이는 처격의 결합강도가 다른 조사보다 강함을 보여준다. '화루'는 '오→우'의 상승을 보여주는 예이고, '석쉐'는 단모음 '외'가 강화말에서 불안전한 지위를 가지고 있기 때문에 나타난 것이다. '부지깽이'의 반사형은 강화말의 비모음화 양상을 보여준다.

(23b)에서 '걸멍'은 다른 방언에서는 나타나지 않는 어형이다. '소댕'은 다른 전국적으로 분포가 되어 있는 어형으로서 '솥뚜껑'과 함께 강

화말에서도 나타난다. '종발'은 남부방언에서 주로 나타나는 것인데 강화말에서 나타나는 점은 특이하다. '석쇠' 또한 다양한 반사형을 보여주는데 '적철'은 경기 방언에서 주로 나타나는 어형이다. '냅다'는 '맵다'와 분화가 되어 있지 않음을 보여준다.

(24a)에서 '솟'과 '솥'이 공존하는 것은 'ㅌ'말음 어간의 재구조화 양상과 관련이 있다. 기원적으로는 'ㅌ'이었지만 마찰음화에 의해 'ㅅ'으로 바뀐 변화가 많이 확인되는데 이 지역에서도 그 양상을 확인할 수 있다. '그을음'의 반사형 '걸음'은 '어'와 '으'의 대치를 보여준다. 영종도에서 '어'와 '으'의 대치가 여럿 확인되는데 이 어형도 그 중 하나이다. '석쇠'의 반사형 역시 '외'의 변화를 잘 보여준다. 이 지역에서는 드물게 단모음으로 실현되는 것이 덕적도에서 확인되고, 이중모음으로 실현되는 것과 이후 반모음이 탈락된 것도 보여준다.

(24b)의 '부주깨이'는 황해도를 포함한 중부 이남에서 흔히 확인되는 어형이다. '헹구다'에 대해 '헹기다'가 두 군데에서 나타나는데 이는 경기, 전남 등에서뿐만 아니라 평북에서도 확인되는 어형이다.

(24c)의 '냅다'의 반사형은 이 지역에서 '냅다'와 '맵다'가 분화되지 않았음을 보여준다. '수저'의 다양한 반사형 또한 이 지역이 인접한 육지는 물론 바다로 통할 수 있는 여러 지역의 영향을 받았음을 보여준다.

3. 가옥

가옥 관련 어휘는 의식주의 한 부분으로 필수적인 어휘 항목이다.
가옥 관련 어휘는 다시 다음과 같이 세분될 수 있다.

- 방과 가구
- 건물
- 마당
- 마을과 가게

1) 방과 가구

방 및 가구와 관련된 특징적인 어휘는 다음과 같다.

(25) 원인천

  ⓐ 음운론적 변이

흠 험:집(文), 홈:(月) / **열쇠** 열:세(文), 열쉐(月) / **구들** 구들(文), 구둘
(月) / **가장자리** 가상사리(文), 구탱이(月) / **흙손** 흑손(文), 흑손(月)

  ⓑ 어휘적 변이

구멍 구멍(文), 구녁(月) / **쥐구멍** 지구멍(文), 쥐구녁(月)

(26) 강화

　　ⓐ 음운론적 변이

　　돌쩌귀 돌:쩌기(喬), 돌:쩌기(華), 돌조기(兩) / **열쇠** 열:세(喬), 열:세(華), 열:세(兩) / **구멍** 구녁(喬), 구녁(華), 구녁(兩) / **구들** 구둘장(喬), 구들장(華), 구들돌(兩) / **도배** 되배(喬), 되배(華), 되배(兩) / **가장자리** 가:사리(喬), 강아리(華), 걍:사리|걍:아리(兩)

　　ⓑ 어휘적 변이

　　여닫이 여닫이(喬), 여닫이(華), 쌍바라지(兩) / **흙받기** 흑받침(喬), 흑뻗기(華), 흑백이(兩) / **가장자리** 가:사리(喬), 강아리(華), 걍:사리|걍:아리(兩)

　　ⓒ 기타

　　흠 혼:집(喬), 홈:(華), 험:(兩) / **굽도리** 굽드리(喬), 굽두리(華), 구투리(兩)

(27) 연안도서

　　ⓐ 음운론적 변이

　　흠 험:(宗), 홈:집(積), 홈집(興) / **구멍** 구녕(宗), 구멍(積), 구멍(興) / **도배** 도배(宗), 데배(積), 도배(興) / **가장자리** 가새이(宗), 가생이(積), 가장자리(興)

　　ⓑ 어휘적 변이

　　문지방 문턱(宗), 문턱(積), 문지방[문찌방](興) / **돌쩌귀** 돌짜개(興)

　　ⓒ 기타

　　잠그다 잠근다(宗), 장그다(積), 잠군다(興)

　(25a)의 ‘험:집’은 주로 동남방언에서 나타나는 어형이다. 이 또한 다른 방언의 영향을 받은 것으로서 인천의 도시적 특징을 반영한 것으로 보인다. ‘열세’와 ‘열쉐’ 모두 단모음 ‘외’가 원인천말에서 불안한 지위를 가지기 때문에 나타난 것이다. ‘구둘’은 수의적이나마 원순모음화가 나타날 수 있음을 재확인시켜 주고 있다. 또한 ‘가상사리’는 기원적으로 ‘△’을 가졌던 단어가 ‘ㅅ’으로 자취를 남기고 있음을 보여준다. ‘흑손’은 원인천말의 어간말자음의 재구조화 양상이 반영된 것이다. 기원적으로 ‘ㄺ’을 말음으로 하던 ‘흙’이 ‘흑’으로 단순화되었음을 보여준다. (25b)는 ‘구멍’의 다양한 변이 양상을 보여준다. ‘구멍’은 ‘구ㅁ’형과 ‘구ㄴ’형의 다양한 반사형을 보여주는데 원인천말에서는 이 두 가지 양상이 모두 나타나는 것이다.

　(26a)의 ‘돌쩌귀’의 반사형은 ‘위’의 불안한 지위와 비원순모음화의 양상을 보여준다. 다른 방언의 예와 비교해 보면 말모음은 ‘위’일 것으로 생각되는데 강화말에서는 ‘돌쩌귀’에서 ‘위’가 나타나지 않는다. 또한 ‘돌조기’는 ‘어’와 ‘오’의 원순모음화 및 비원순모음화와 관련이 있다. ‘열쇠’의 반사형 또한 ‘외’의 불안한 지위를 반영한다. 강화말에서 ‘외’가 이중모음 ‘we’로 실현되는데 ‘열쇠’에서는 ‘w’까지 탈락된 채 나타난다. ‘구멍’이 ‘구녁’으로 나타나는 것은 이 단어가 본래 말음에 ‘ㄱ’을 가지고 있었기 때문인데 그것의 흔적이 남은 것이다.

　‘가장자리’의 반사형은 강화말의 특징을 잘 보여준다. ‘걍사리, 걍아리’ 등은 다른 방언에서는 발견되지 않는다. 이러한 어형의 기원이 무엇인지는 분명하지 않다. ‘도배’가 ‘되배’로 나타나는 것은 경기 지역에서는 잘 발견되지 않는 것이다. (27b)에서 ‘여닫이’가 ‘쌍바라지’로 나타나는 것은 이 문의 특성에 따라 붙여진 듯하다. 이러한 어형은 남부 방언에서 주로 발견되는데 강화말에서 발견된 것이 특이하다. 이밖에 '흠, 굽도리' 등의 반사형도 특징적이다.

(28a)의 '험'은 주로 전남 방언에서 확인되는 어형인데 영종도에서도 나타나는 것이 특이하다. '구멍'의 반사형은 매우 다양한데 영종도에서는 '구넝'이 나타난다. 경기 지역에서는 '구넝, 구넉, 구넉' 등이 주로 나타난다. '가장자리'의 반사형은 이 단어가 기원적으로 반치음을 가졌음을 보여준다.

(28b)의 '문턱'은 주로 강원도를 제외한 중부지역에서는 잘 나타나지 않는데 영종도와 덕적도에서 모두 나타났다는 점이 흥미롭다. '돌짜개'는 다른 지역에서는 확인되지 않는다. 경기지역에서는 주로 '돌쪼구, 돌쩌귀, 돌쭈기' 등으로 나타난다.

(28c)에서는 '잠그다'의 다양한 반사형을 보여준다. '장그다'는 연구 개음화에 의한 것이고, '잠구다'는 '그'가 '구'로 바뀌었음을 보여준다.

2) 건물

건물과 관련된 특징적인 어휘는 다음과 같다.

(28) 원인천

ⓐ 음운론적 변이

이엉 이엉(文), 이응(月), **-에서** 이엉에서(文), 이응에서(月)

ⓑ 어휘적 변이

용마름 용구새(文), 용마루(川) / 기스락 기스락(文), 추녀(川) / 기스락

물 기스락물(文), 기스락물(川)

토방 봉당(川)

ⓒ 기타

수키와 수키와(文) / 암키와 암키와(文)

(29) 강화

ⓐ 음운론적 변이

기와 개와(喬), 개와(華), 개와(兩) / 주춧돌 주춧돌(喬), 주춧돌(華), 주

칫돌(兩)

ⓑ 어휘적 변이

용마름 곱새(喬), 용구새(華), 용:구새(兩) / 토방 토방(喬), 봉당(華)

ⓒ 기타

기스락 짓구스락(喬), 깃구스럭(華), 기스락(兩)

(30) 연안도서

ⓐ 음운론적 변이

지붕 지붕(宗), 지붕(積), 지붕(興) / 기와 기와(宗), 기와(積), 게와(興) /

처마 처마(宗), 초마(積), 처마(興) / 툇마루 텟마루(宗), 텟마루(積), 툇

마루(興)

ⓑ 어휘적 변이

대들보 대들보(宗), 대질보[대질뽀](積), 보(興) / 용마름 용마름(宗), 곱

쎄(積), 용마루(興) / **낙숫물** 낙숫물(宗), 국구수락(積), 낙숫물[낙쑴물](興)

(28a)의 '이응'은 장모음 '어:'의 변화와 관련이 있다. 장모음 '어:'는 조음위치가 상승되어 '으:'와 유사하게 나타나는 경우가 많은데 이중모음 '여:' 또한 이러한 변화가 일어나는 것이다. '이엉'이 축약되고 이에 따른 보상적 장모음화가 나타나면 '영:'이 되는데 여기에서 모음이 상승되어 '이응'과 같은 형태가 나타난 것이다. 이중모음 '여:'의 상승은 중부방언에서 흔하게 발견되는 현상이다.

(28b)의 '용구새'는 경기와 충청을 비롯한 중부 방언에서 매우 광범위하게 나타나는 것으로서 원인천말이 중부 방언에 속함을 잘 보여준다. '기스락'은 '추녀'와 구별되지 않는 경우도 있지만 '기스락물'에서 그 화석형을 확인할 수 있다. '봉당'은 주로 충청도와 강원도에서 나타나는 어형인데 원인천말에서 나타난 것이 특징적이다. (28c)의 '수키와, 암키와'에서는 기원적으로 'ㅎ'을 말음으로 가졌던 '암ㅎ, 수ㅎ'의 잔재를 확인할 수 있다.

(29a)의 '개와'는 중부 이북에서 널리 발견되는 어형이다. 그런데 '기와'와 '개와'가 관련은 있어 보이지만 음운론적으로는 어떤 과정을 겪은 변화인지는 분명하지 않다. '주춧돌'이 '주칫돌'로 나타나는 것은 '우 → 이'의 변화를 보여준다. 'ㅊ' 뒤에서 '으 → 이'의 변화는 흔하게 발견되지만 '우 → 이'의 변화는 흔하게 발견되지 않는다. 강화말에서는 '고추 → 고치'의 변화도 확인할 수 있다.

(29b)의 '곱새'는 주의 깊게 살펴볼 필요가 있다. 국어 전체를 살펴봤

을 때 '곱새'형은 평안도지역에서만 발견된다. 따라서 '곱새'가 강화에서 발견되는 것은 강화말이 북한 지역어의 영향을 받았을 가능성을 보여준다. '기스락'의 변이형은 구개음화의 양상과 'ㄱ'첨가 양상을 동시에 보여준다.

(30a)의 '지붕'은 '우'와 '오'의 교체를 보여주며, '초마'는 '오'와 '어'의 교체를 보여준다. '게와'는 전국적으로 나타나는 어형이다. '툇마루'의 반사형은 '외'와 이중모음 '웨'로 바뀌거나 반모음마저 떨어진 '에'로 바뀌었음을 잘 보여준다.

(30b)의 '대질보'는 다른 지역에서는 발견되지 않는 어형이다. '곱쎄'는 평안 방언에서만 발견되는 어형인데 덕적도에서도 나타난다는 점이 특이하다. '낙숫물'의 반사형 '국구수락'도 다른 지역에서는 확인되지 않는다. 충남 방언에서 '국그시렁물' 정도가 이와 유사하다.

3) 마당

마당과 관련된 특징적인 어휘는 다음과 같다.

    (31) 원인천
      ⓐ 음운론적 변이
      외양간 오양간(文), 웨양간(月) / **모퉁이** 모퉁이(文), 모탱이(月) / **쓰레기** 씨레기(文), 쓰레기(月)

ⓑ 어휘적 변이

변소 변숫간(文), 뒷간(月) / **곳간** 곳간(文), 광(月) / **사립문** 싸립문(文),

싸리문(月) / **뒤꼍** 두:란(文), 뒤껏(月) / **-에** 두:란에(文), 뒤껏에(月)

(32) 강화

ⓐ 음운론적 변이

외양간 우엥간(喬), 외양간(華), 오양간(兩) / **모퉁이** 모퉁이(喬), 모:퉁

이(華), 모퉁이(兩) / **모서리** 모수리(喬), 모서리(華), 모서리(兩)

ⓑ 어휘적 변이

장독 뚜껑 장:독뚜껑(喬), 장독뚜껑(華), 소래기(兩) / **변소** 둣간(喬), 뒷

간(華), 변:숫간(兩)

ⓒ 기타

뜰 앞뜰(喬), 뚜란(兩) / **외양간** 우엥간(喬), 외양간(華), 오양간(兩) / **사

립문** 싸리문(喬), 싸리문(華), 거적문(兩)

(33) 연안도서

ⓐ 음운론적 변이

넓다 넓다(宗), 넓:다[널따](積), 넓:다[널따](興) / **외양간** 웨양간(宗),

웨양간[웨양깐](積), 웨양간[웨양깐](興)

ⓑ 어휘적 변이

변소 변소(宗), 변소(積), 딋간(興) / **뒤꼍** 디꼍(宗), 뒷두란(積), 뒤꼍

(興)

(31a)의 '오양간'과 '웨양간'은 '외'의 통시적 변화 양상을 잘 보여준다. 기원적으로 '외'는 하향이중모음 'oy'였는데 '오양간'은 '외'가 하향이중모음이었을 때의 모습을 보여준다. 그리고 '웨'는 '외'가 일단 단모음으로 바뀐 뒤 다시 이중모음으로 바뀐 모습을 보여준다. 이렇듯 원인천말에서도 '외'의 변화과정은 단어마다, 화자마다 조금씩 다르게 나타나는 것이다. '모퉁이'는 움라우트와 이중모음 '위'의 변화를 잘 보여준다. '씨레기'는 'ㅅ, ㅈ, ㅊ' 뒤에서 '으'가 '이'로 바뀌는 소위 전설모음화의 예이다.

(31b)에서 '변소'는 '변숫간'과 '뒷간'으로 다양하게 나타남을 알 수 있다. 그리고 '광'과 '곳간'이 구별되지 않음을 보여준다. '사립문'은 지역에 따라 매우 많은 반사형을 보여주는데 모두 '싸리문'으로 나타난 것은 일반적인 경기 방언의 특징을 반영한 것이다. '두:란'은 경기방언에서는 주로 '뒤란'으로 나타난다. 이는 '위'의 변화과정과 관련이 있어 보인다.

(32a)의 '오양간'과 '웨양간'은 '외'의 통시적 변화 양상을 잘 보여준다. 기원적으로 '외'는 하향이중모음 'oy'였는데 '오양간'은 '외'가 하향이중모음이었을 때의 모습을 보여준다. 그런데 '우앵간'은 다른 방언에서는 발견되지 않는 예이다. '모퉁이'는 '우 → 오'의 변화를 보여주는데 '오 → 우'의 변화는 흔한데 '우 → 오'의 변화는 흔하지 않다는 점에서 특징적이다. '모수리'는 '어 → 우'의 변화를 보여주는 것인데 이 또한 흔한 예는 아니다. (32b)에서 '소래기'는 경기와 강원, 그리고 충북에서 주로 발견되는 예이다. '사립문'의 반사형으로 '싸리문'과 '거적문' 모두가 나타나는 것은 재료에 따른 것이다.

(33a)의 '넓다'는 모두 [널때로 발음되어 'ㅂ'의 탈락을 보여준다. '외

양간'의 반사형은 '외'가 '웨'로 바뀌었음을 잘 보여준다.

(33b)의 '딋간'은 본래 '뒷간'인데 '위'가 이중모음으로 바뀌고 다시 활음이 탈락되었음을 보여준다. '뒷두란'의 '두란' 또한 보통 '뒤란'으로 나타나는데 활음이 탈락되어 나타난다. '뒷두란'은 '뒤꼍'과 '뒤란'이 혼효되어 나타난 것으로 보인다.

4) 마을과 가게

마을 및 가게와 관련된 특징적인 어휘는 다음과 같다.

(34) 원인천
ⓐ 음운론적 변이
마을 마을(文), 말:(月)
윗마을 웃말(文), 웃말(月) / **마을가다** 마실가다(文), 말:간다(月) / **가(邊)** 가상사리(文), **-을** 가상사리를(文), 가를(月), **-에** 가상사리에(文), 가에(月)
ⓑ 어휘적 변이
단 / 뭇(장작) 묶음(文), 단(月) / **단 / 뭇(무)** 묶음(月) / **모숨** 줌(文), 웅쿰(月) / **한 마지기** 백오십평(文)
ⓒ 기타
이웃 이웃(文), 이웃(月), **-이** 이웃이(文), 이웃이(月), **-에** 이우지에(文), 이웃에(月) / **몫** 몫(文), 몫(月), **-을** 몫을(文), 몫을(月)

(35) 강화

    ⓐ 음운론적 변이

마을가다 마:을간다(喬), 마:을간다(華), 말:간다(兩) / **두레박** 두리박(喬), 드레박(華), 디리박(兩) / **거간꾼(중매인)** 중매젱이(喬), 중개인(華), 거간(兩) / **맡기다** 맽긴다(喬), 맡긴다(華), 맡긴다(兩) / **나머지** 나마지(喬), 나머지(華), 나마지(兩) / **덤** 듬:(喬), 덤:(華), 덤:(兩) / **켤레** 켤레(喬), 켤레(華), 킬레(兩) / **꾸러미** 꾸리미(喬), 꾸레미(華), 꾸루미(兩) / **포기** 폴기(喬), 포기(華), 포기(兩) / **자루(包袋)** 자루(喬), 잘루(華), 자루(兩)

    ⓑ 어휘적 변이

가(邊) 가:(喬), 가(華), 걍:사리(兩)

(36) 연안도서

    ⓐ 음운론적 변이

두레박 드레박(宗), 디레박(積), 데레박(興) / **구두쇠** 구두세(宗), 구두세(積), 구두쉐(興) / **맡기다** 맽긴다(宗), 맡긴다(積), 맽기다[매끼다](興) / **덤** 덤(宗), 듬:(積), 덤(興) / **빚** 빗(宗), 빗(積), 빗(興) / **두름** 두름(宗), 드름(積), 드릅(興)

    ⓑ 어휘적 변이

마을가다 마을간다(宗), 말:간다(積), 이웃 가다(興)

    ⓒ 기타

꾸러미 꾸러미(宗), 줄(積), 꾸루미(興)

(33a)에서 '마을'이 '말:'로도 나타나는 것은 축약과 이에 따른 보상적

장모음화의 결과이다. 그런데 '마을'은 '마실가다'에서 'ㅿ'의 잔재를 보여준다. 'ㅿ'의 잔재는 '가상사리'에서도 확인할 수 있다. (33b)를 보면 원인천말에서는 장작을 세는 단위나 '모숨'에 해당하는 단어가 따로 없음을 알 수 있다. 그리고 한 마지기가 150평이라는 점에서 이 지역의 토지가 매우 비옥했음을 알 수 있다.

(33c)에서 '이웃'은 '이우지에'에서 기원적으로 'ㅈ'을 말음으로 가졌던 것을 확인할 수 있다. 즉 '이웆 → 이웃'의 변화로 말음이 'ㅅ'으로 바뀌었는데 처격과 결합된 형에서만 'ㅈ'의 잔재가 남아 있는 것이다. '몫'은 어간말자음군의 재구조화가 이 단어에서는 일어나지 않았음을 보여준다. 원인천말에서 '흙 → 흑', '짚 → 집'과 같은 어간말자음의 재구조화를 확인할 수 있었으나 '몫'에서는 이러한 현상이 발견되지 않는다.

(35a)에서 '마을'이 '말:'로도 나타나는 것은 축약과 이에 따른 보상적 장모음화의 결과이다. '두레박'은 다양한 반사형을 보여준다. 다른 방언과 비교해볼 때 '우 → 으, 우 → 이'의 변화를 보여주는 것인데 국어 전체를 살펴보았을 때 그리 흔한 것은 아니다. '중매제이'는 비모음화를 보여주고 '맽긴다'는 움라우트를 보여준다. '나머지'가 '나마지'로 나타나는 것은 특이하다. '덤: → 듬:'의 변화는 장모음 '어'의 고모음화를 보여준다. '켤레 → 킬레'와 '결레 → 킬레'는 이중모음의 다양한 변화양상을 반영한 것이다. 이러한 모음의 변화는 '꾸레미, 꾸루미'에서도 확인할 수 있다. '꾸레미'는 움라우트에 의한 것인데 '꾸루미'는 '러 → 루'의 변화 양상을 보여준다. '폴기'와 '잘루'는 표면적으로 볼 때 'ㄹ'이 첨가된 결과를 보여준다. (35b)의 어휘적 변이는 많이 나타나지 않는다. '걍:사리'는 강화말에서 나타나는 특이한 예이다.

(36a)에서 알 수 있듯이 '두레박'의 반사형이 매우 다양하다. '드레박'은 경기 지역에서 많이 확인되지만 '디레박'은 평안도에서만 주로 확인된다. '데레박'은 다른 지역에서는 나타나지 않는다. '구두쇠'의 반사형은 '외'의 변화과정을 잘 보여준다. '맽기다'는 '맡기다'에 움라우트가 적용된 것이고, '덤'이 '듬'으로 나타나는 것은 장모음 '어'가 '으'로 고모음화되었음을 보여준다. '빚'의 반사형은 '빚'이 마찰음화에 의해 모두 '빗'으로 재구조화되었음을 보여준다. '두름'의 반사형 '드릅'은 다른 지역에서는 발견되지 않는다. 경북 방언에서 '두룹'이 확인되는데 이와 비교가 가능하다.

(36b)의 '마을가다'의 반사형은 '마을'이 축약된 '말'을 보여준다. 그리고 '마을'과 '이웃'이 같은 맥락에서 쓰였음을 보여준다. (36c)의 '줄'은 '꾸러미' 자체를 뜻하기보다는 꾸러미의 숫자를 세는 단위이다. 짚으로 만든 꾸러미에 달걀 10개를 포장한 것을 한 줄이라 부르는 데서 유래한 것이다.

숫자와 관련된 특징적인 어휘는 다음과 같다.

(37) 원인천

　　ⓐ 음운론적 변이

　　여남은 여남운(文), 여남은(月)

　　ⓑ 어휘적 변이

　　셋－말 세:말(文), 서:말(月) / **넷－되** 네:되(文), 넉:되(月)

(38) 강화

　　ⓐ 음운론적 변이

　　쉰 쉰:(喬), 쉰: (華), 쉰: (兩) / **여남은** 여남운(華), 여람운(兩)

　　ⓑ 어휘적 변이

　　여덟아홉 여다훕(喬), 여덟아홉(華), 여덟아홉(兩) / **예닐곱** 여닐굽(喬),

　　예닐곱(華), 여닐곱(兩)

(39) 연안도서

　　ⓐ 음운론적 변이

　　다섯 다섯(宗), 다섯(積), 다서(興) / **여덟** 여덜(宗), 여덟(積), 여덟(興) /

　　쉰 쉰:(宗), 쉰:(積), 쉬운(興)

　　ⓑ 어휘적 변이

　　여남은 여남운(宗), 여남은(積), 여라문(興)

　　ⓒ 기타

　　두서넛 두서너(宗), 두세넷(積), 두서넛(興) / **서넛** 서너(宗), 세넷(積),

　　서넛(興) / **네댓** 네댓(宗), 네다섯(積), 너댓(興)

숫자와 관련해서는 원인천말에서 특징적인 것이 별로 발견되지 않
는다. (37a)의 '여남운'은 'ㅁ' 뒤에서 원순모음화가 반영된 것으로서 흔
하지는 않지만 수의적으로 원순모음화가 일어남을 보여준다. (37b)는
'서, 너'가 '세, 네'와 같이 쓰임을 보여준다. 이는 중부 방언의 일반적인
특징이기도 하다.

숫자와 관련해서는 강화말에서 특징적인 것이 별로 발견되지 않는

다. (38a)에서 '쉰'은 단모음으로 실현되는 것과 이중모음으로 실현되는 것 두 가지가 모두 나타나는데 이는 강화말에서의 '위'가 가진 지위를 보여준다. '여남운'은 'ㅁ' 뒤에서 원순모음화가 반영된 것으로서 흔하지는 않지만 수의적으로 원순모음화가 일어남을 보여준다. (26b)의 '여다홉'은 '여덜아홉'이 축약된 결과를 보여준다.

(39a)에서 '다서'는 단독형이라기보다는 '다서, 여서, 일곱'과 같이 수를 연속으로 셀 때 나타나는 것이다. '여덟'은 'ㅂ'이 탈락해 '여덜'로 재구조화되기도 한다. '쉰'은 '쉬운'과 같이 음절수를 늘여 말하기도 함을 보여준다. (39b)의 '여남은'은 다양한 반사형을 보여준다. '여라문'과 '여남운'은 전국적으로 발견되는 어형이다. (39c)에는 숫자를 에둘러 셀 때 나타나는 다양한 변화를 보여준다. '셋'과 '넷'은 '서'와 '너'로도 나타나고 주의 깊게 셀 때는 본래대로도 나타남을 알 수 있다.

4. 의복

의복 관련 어휘도 의식주의 한 부분으로 필수적인 어휘 항목이다. 의복 관련 어휘는 다시 다음과 같이 세분될 수 있다.

- 복식과 장식
- 바느질과 세탁

1) 복식과 장식

복식 및 장식과 관련된 특징적인 어휘는 다음과 같다.

(40) 원인천

  ⓐ 음운론적 변이

    옷고름 옷고롬(文), 옷구룸(月) / **겉** 겉 / 것(文), 겉, 것(月), −에 겉에 (文), 겉에(月), −을 것을(文), 것을(月) / **잠방이** 잠배이(文), 잠뱅이(月) / **미투리** 미트리(文)

  ⓑ 어휘적 변이

    두렁이 두렁치(月) / **구겨지다** 우게지다(文), 구겨진다(月) / **유건** 건 (文), 굴관(月)

(41) 강화

  ⓐ 음운론적 변이

    저고리 조고리(喬), 조고리(華), 조고리(兩) / **두렁이** 통치마(喬), 배두레이(華), 두레이(兩) / **고쟁이** 고장이(喬), 고쟁이(華), 고쟁이(兩) / **잠방이** 잠:배이(喬), 잠배이(華), 잠뱅이(兩) / **거지** 그:지(喬), 거:지(華), 거:지(兩) / **대님** 다님(喬), 대님(華), 다님(兩)

  ⓑ 어휘적 변이

    호주머니 호랑(喬), 호주머니(華), 호주머니(兩) / **나막신** 나막신(喬), 나막신(華), 모캉(兩)

ⓒ 기타

설피(雪皮) 설치(喬), 설피(華), 설화(兩)

(42) 연안도서

ⓐ 음운론적 변이

저고리 저고리(宗), 조고리(積), 조고리(興) / **의복** 으복(宗), 의:복(積),

의복(興) / **겉** 겉(宗), 겉 / 것(積), 겉 / 것(興) / **조끼** 조끼(宗), 조께(積),

조끼(興) / **미투리** 미트리(宗), 미트리(興)

ⓑ 어휘적 변이

허리띠 허리띠(宗), 혁띠(積), 허리띠(興) / **유건** 건(宗), 건대(積), 건(興)

/ **대님** 대님(宗), 재님(積), 대님(興)

ⓒ 기타

두렁이 배두렝이(積), 두렁이(興) / **설피(雪皮)** 설피(宗), 설피(積), 설피

(興)

(40a)의 ‘옷구름’은 ‘오 → 우’의 변화를 보이는 예이다. 원인천말에서

는 ‘오 → 우’의 변화는 드물게 나타난다. ‘겉’이 ‘겉’과 ‘것’의 두 가지 형

태가 나타나는 것은 앞에서도 살펴본 ‘ㅌ’말음 명사의 마찰음화와 관련

이 있다. ‘잠뱅이’는 ‘잠방이’에 움라우트가 반영된 결과이다.

(40b)의 ‘두렁치’는 경기와 충청 방언에서 흔히 발견되는 형태이다.

‘구겨지다’가 ‘우게지다’로 나타나는 것은 흥미롭다. ‘구기다’에 대해 ‘우

기다’형이 나타나는 다른 방언은 이제까지의 조사에서는 없었다. ‘유

건’에 대한 어휘의 차이는 지시하는 대상이 다른 것일 수도 있고 상례

(喪禮) 풍속이 다른 데서 기인하는 것일 수도 있다.

　(41a)의 ‘조고리’는 ‘어 → 오’의 변화를 보여주는 것이다. 이러한 변화는 중부 방언에서도 산발적으로 발견되기는 하지만 평안방언에서 집중적으로 나타나는 것이다. 평안방언에서는 ‘어’와 ‘오’의 합류가 일어나 거의 변별되지 않는데 강화말에서도 이러한 현상이 나타나고 있는 것이다. 이러한 양상은 강화말이 북한 방언과 밀접한 관련성이 있음을 보여준다. ‘두렁이’와 관련된 어휘는 움라우트와 비모음화를 잘 보여준다. ‘고쟁이’ 및 ‘잠방이’와 관련된 어휘 또한 움라우트와 비모음화를 모두 보여준다. 그런데 ‘대님’이 ‘다님’으로 나타나는 것은 움라우트와 관련된 과도교정형인 것으로 보인다. ‘거지’가 ‘그:지’로도 나타나는 것은 장모음 ‘어’가 ‘으’로 상승된 결과이다.

　(41b)의 ‘호랑’은 주로 남부 방언에서 발견되는 어형이다. ‘나막신’의 반사형이 ‘모캉’으로 나타나는데 이러한 어형은 다른 방언에서는 발견되지 않는 것이기 때문에 매우 특이하다. 기후적 특징으로 봤을 때 ‘설피’나 ‘설화’는 강화말에 나타나기 어렵다. 이는 다른 지역에서 차용된 것으로 보인다.

　(42a)의 ‘조고리’는 ‘어 → 오’의 변화를 보여주는 것이다. 이러한 변화는 중부 방언에서도 산발적으로 발견되기는 하지만 평안방언에서 집중적으로 나타나는 것이다. 평안방언에서는 ‘어’와 ‘오’의 합류가 일어나 거의 변별되지 않는데 인천 연안도서말에서도 이러한 현상이 나타나고 있는 것이다. ‘의복’이 ‘으복’으로 나타나는 것은 ‘의 → 으’의 변화를 보여준다. 이러한 변화는 중부방언에서는 잘 나타나지 않는다. ‘겉’은 일부가 ‘것’으로 재구조화되어서 ‘겉’과 ‘것’이 공존하고 있다. ‘조

께’와 ‘미트리’ 또한 중부방언과 다소 다르게 나타난다.

(42b)의 ‘혁띠’는 본래 가죽으로 만든 것만 뜻했는데 헝겊으로 만든 허리띠가 거의 쓰이지 않게 되면서 ‘혁대’가 ‘허리띠’를 대체한 것으로 보인다. ‘유건’은 ‘건’만으로도 ‘유건’의 뜻으로 쓰이고 있음을 보여준다. ’재님‘은 경기, 강원, 충남 등 중부 방언권에서만 발견되는 어형이다. (42c)의 ‘배두렝이’이는 이 의복 자체가 배를 두르기 위한 것이므로 나타난 어형이다. 이 지역에는 ‘설피’가 쓰이지 않지만 다른 방언이 유입되어 설피의 존재는 알고 있기 때문에 나타난 것으로 보인다.

2) 바느질과 세탁

바느질 및 세탁과 관련된 특징적인 어휘는 다음과 같다.

(43) 원인천
ⓐ 음운론적 변이

길쌈 길쌈(文), 질쌈(月) / **홑이불** 홑이불(文), 홑니불(月) / **겹이불** 겹이불(文), 겹니불(月) / **솜이불** 솜:이불(文), 솜:니불(月) / **다림질** 다림질(文), 대림질(月)

ⓑ 어휘적 변이

자새 실패(文), 실:패(月) / **반짇고리** 반짇그릇(文), 반짇그릇(月) / **가위** 가위(文), —을 가위를(文), 가:새를(月), —에 가위에(文), 가:새에(月)

ⓒ 기타

꿰다 뀌:다(文), 뀐:다(月), ─고 뀌:구있다(文), 끼:구(月), ─어라 꿰:라
(文), 끼여라(月)

(44) 강화

ⓐ 음운론적 변이

명주 명:주(喬), 명지(華), 명주(兩) / **목화** 목하(喬), 목하(華), 목화(兩) /
씨아 씨앗(喬), 씨애틀(華) / **가위** 가:위(喬), 가위(華), 가우(兩) / **헝겊**
홍:겁(喬), 홍:겁(華), 헝:겁(兩) / **바늘** 바눌(喬), 바늘(華), 바눌(兩)

ⓑ 어휘적 변이

자새 갱기(喬), 자:(華), 실팽이(兩)

ⓒ 기타

참바 삼바(喬), 동아줄(華), 밧줄(兩)

(45) 연안도서

ⓐ 음운론적 변이

무명 무명(宗), 미명(積), 무명(興) / **헝겊** 헝겁 ·:(宗), 헝:겁(積), 헝:겁
(興) / **퇴침** 테침(宗), 퉤침(興) / **다리미** 대리미(宗), 대리미(積), 다리미
(興) / **다듬이질** 다듬이질(宗), 다듬이질(積), 다딤이질(興)

ⓑ 어휘적 변이

가위 가위(宗), 가세(積), 가위(興)

ⓒ 기타

반짇고리 반짇고리(宗), 바느질 광주리(積), 반짇고리(興)

(43a)의 '질쌈'은 'ㄱ'구개음화를 확인할 수 있는 예이다. 원인천말에서는 'ㄱ'구개음화가 흔하지 않다. 따라서 (43a)의 '질쌈'은 원인천말에도 'ㄱ'구개음화 규칙이 있어서 이것이 반영이 된 것인지 다른 방언의 어형을 차용한 것인지 알기 어렵다. '홑이불, 겹이불, 솜이불'에서는 'ㄴ'첨가를 확인할 수 있다. '이불'류에서는 예외 없이 확인된다. '대림질'은 움라우트의 결과이다. 개재자음이 'ㄹ'을 비롯한 설정음일 때 움라우트는 일어나지 않는데 '대리다'의 경우에는 광범위하게 확인된다.

(43b)는 원인천말에서 '자새' 형은 타나나지 않음을 보여준다. '자새'는 충북이나 전남 방언에서 주로 확인된다. '받진그릇은' 원인천말에서 '바느질＋고리'의 형태로 단어형성이 이루어진 것이 아니라 '바느질＋그릇'의 형태로 이루어졌음을 보여준다. '가위'에 대해 '가새'가 나타나는 것은 기원적으로 'ㅿ'을 가지고 있던 단어의 반사형이다. (43c)에서 '꿰다'를 '뀌다'라고 하는 것은 특징적이다. 그런데 그 활용형은 다소 복잡하다. 이는 '외'의 변화과정에서 '외'와 '웨'의 구별이 없어졌기 때문에 나타난 현상으로 보인다.

(44a)의 '명지'는 '우→이'의 변화를 보여준다. 그리 흔한 변화는 아니지만 강화말에서 몇몇 예를 발견할 수 있다. '씨애틀'은 '씨아'와 '틀'의 결합형으로 보인다. 그런데 '씨아'가 '씨애'가 된 이유는 분명하지 않다. '가위'의 반사형은 강화말에서 '위'의 지위를 잘 보여준다. 하향이중모음으로 나타날 뿐만 아니라 단모음 '우'로도 나타난다. '위'가 하향이중모음으로 나타나는 것은 충청 서해안 방언의 주요한 특징인데 강화말에서도 이러한 양상이 나타난다. '목하'는 활음 탈락을, '홍:겁'은 장모음 '어'의 상승을 보여준다. '바눌'은 '마눌'과 함께 '으→우' 변화를 보여 준다.

(44b)의 '자새'의 반사형은 다양한 어휘와 움라우트의 양상을 잘 보여준다. '갱기'는 파생어 '감기'의 변이형인데 연구개음과 움라우트가 동시에 나타났음을 보여준다. '실팽이'는 '실패'에 '앙이'계열의 접미사가 붙은 것이다. '참바'의 반사형은 재료에 따라서 다양한 어휘가 존재함을 보여준다.

(45a)의 '미명'은 충청 이남에서만 주로 발견되는 어형인데 덕적도가 상대적으로 충청도와 가깝기 때문에 이러한 어형이 나타난 것으로 보인다. '헝겊'은 장모음 '어'의 상승을 보여주는 동시에 어간말 'ㅍ'이 'ㅂ'으로 재구조화되었음을 보여준다. '퇴침'의 반사형은 '외'의 변화과정을 잘 보여준다. '다리미'는 개재자음이 'ㄹ'이기 때문에 움라우트가 나타날 환경이 아닌데 움라우트가 적용되어 '대리미'가 되었다. 이는 전국적으로 나타나는 현상이다. '다듬이질'의 반사형에서는 '으'와 '이'의 교체를 보여준다. (45b)에서는 '가위'와 '가세' 모두가 이 지역에 나타나고 있음을 보여준다. 이는 전국적으로 공존하고 있는 어형이다. (45c)에서 '고리'와 '광주리'는 본래 구별이 있는데 덕적도에서는 구별하지 않고 씀을 보여준다.

5. 민속

민속 관련 어휘는 각 지역의 문화를 파악할 수 있는 중요한 어휘 항목이다. 민속 관련 어휘는 다시 다음과 같이 세분될 수 있다.

- 세시풍속
- 농경용품
- 생활용품

1) 세시풍속

세시풍속과 관련된 특징적인 어휘는 다음과 같다.

(46) 원인천

ⓐ 음운론적 변이

윷 윳:(文), 윷(月), ㅡ을 윳:을(文), 윷을(月), ㅡ에 윳:에(文), 윷에(月) /

꽹과리 꽹과리(文), 깽과리(月) / **고수레** 고시레(文), 구시레(月) / **상여**

(喪輿) 생여(文), 생여(月)

ⓑ 어휘적 변이

호미씻이 호미걸이(文) / **곁두리** 새:참(文), 새:참(月)

(47) 강화

ⓐ 음운론적 변이

섣달 그믐날 섣:달 그믐(喬), 슫:달그물날(華), 슫:달 그믐(兩) / **윷** 윷

(喬), 윳:(華), 윳(兩) / **수수께끼** 수수꺼끼(喬), 수수께끼(華), 수수께끼

(兩) / **고수레** 고시레(喬), 고시레(華), 테고수레(兩) / **귀신** 귀:신 (喬),

귀:신(華), 구:신(兩)

ⓑ어휘적 변이

단동 홑말(喬), 단동(華), 외동(兩) / **쥐불놀이** 쥐불놀이 (喬), 쥐불놀이
(華), 짚불놀이(兩) / **호미씻이** 호미걸이(喬), 호미씻기(華), 호미씻이
(兩) / **곁두리** 곁두리(喬), 새:참곁두리(華), 곁참(兩)

ⓒ기타

굴건 굴권(喬), 굴건(華), 굄굴건 l(兩)

(48) 연안도서

ⓐ음운론적 변이

섣달 그믐날 섣:달그멈(宗), 섣:달그뭄날[서:딸그뭄날](積), 섣달그뭄
날(興) / **상여(喪輿)** 상여(宗), 생애(積), 상여(興) / **귀신** 귀신(宗), 구:신
(積), 귀신(興)

ⓑ어휘적 변이

곁두리 곁두리(宗), 새:참(興) / **굴건** 두건(宗), 건대(積), 굴건(興)

ⓒ기타

단동 단동(宗), 말(積) / **망월** 달:맞이(積), 망월(興)

(46a)의 '윷'과 '윳'은 'ㅊ'의 마찰음화에 의한 재구조화의 다양한 양
상을 보여 준다. 앞에서도 살펴보았듯이 'ㄷ, ㅌ, ㅈ, ㅊ' 말음 명사는
'ㅅ'으로 재구조화되는 양상이 나타나는데 '윷'에서도 이러한 양상을
확인할 수 있다. 그러나 이러한 변화는 필수적인 것이 아니어서 화자
에 따라 다르게 나타난다. 원인천말에서 나타나는 이러한 상반된 양상
은 국어 전반의 양상과도 유사해서 'ㅊ'이 'ㅅ'으로 재구조화되는 것이

필수적이 아님을 보여준다. '깽가리'에서 활음 'w'가 탈락되는 것 월미도 제보자의 특징적인 현상 중 하나이다. '고시레'와 '구시레'가 병존하는 현상은 '오→우'의 변화를 반영한 것으로 보인다. 그리고 '생여'는 활음 'y'에 의한 움라우트의 결과이다. (46b)의 '호미걸이'는 다른 방언에서는 잘 안 나타난다. 그리고 '곁두리'는 쓰지 않고 모두 '새참'을 쓰는 것도 특징적이다.

(47a)의 '슬:달'은 장모음 '어'의 상승이 나타난 예이다. '웇'은 '윷'으로도 나타나는데 이는 국어의 여러 방언에서 광범위하게 발견되는 어간말의 마찰음에 의한 것이다. '수수께끼'의 반사형 중 '수수꺼끼'는 움라우트가 일어나기 이전의 형태를 보여준다. '고시레'의 반사형은 '이'와 '우'의 변화 관계를 보여준다. '귀신'의 반사형은 강화말에서의 '위'의 불안한 지위를 잘 보여준다. (47b)의 다양한 어형은 각 단어가 가지고 있는 의미의 영역과 쓰임새를 잘 보여준다. '단동'의 반사형은 이 단어의 의미적 특성을 잘 보여준다. '홑말'은 '홑'과 '말'이 결합된 것이고 '외동'은 '외'와 '동'의 결합을 보여준다. '짚불놀이' 또한 놀이에 쓰이는 재료에 따라 만들어진 단어이다. '호미걸이'는 김매기를 마치고 호미를 씻어 걸어놓는 단계를 반영한 단어이며 '곁참'은 '곁두리'와 '새참'이 혼효된 양상을 보여준다.

(48a)에서는 '그멈'과 '그믐'의 교체를 확인할 수 있다. 유독 영종도에서만 '으'가 '어'로 바뀐 예가 확인된다. '상여'의 '생여'는 움라우트에 의한 변화를 보여준다. 'ㅇ'을 개재자음으로 두고 반모음 'y'에 의해 '아'가 '애'로 바뀌었다. '귀신'의 반사형은 '위'의 변화를 보여준다. 이중모음으로 변하기도 했으며 활음이 탈락되어 '우'로도 나타난다. (48b)에서

는 '곁두리'와 '새참'이 모두 나타남을 알 수 있는데 이는 전국적으로 나타나는 현상이기도 하다. (48c)에서 '단동' 대신 '말'이 나타났는데 '단동'은 말을 쓰는 과정에 나타난 '말'의 일부이다. '달맞이'는 '망월'보다 훨씬 더 많이 나타나는 어형이고 경기 방언에서도 마찬가지이다.

2) 농경용품

농경용품과 관련된 특징적인 어휘는 다음과 같다.

(49) 원인천

ⓐ 음운론적 변이

쇠죽 쇠죽(文), 쉐죽(月) / **쇠죽바가지** 소죽바가지(文) / **몽둥이** 몽댕이(文), 몽둥이(月)

ⓑ 어휘적 변이

부리망 풀망(文) / **구유** 궁이(文), 구유(月) / **새끼(繩)** 새기(文), 매끼(月) / **멱둥구미** 둥구리(文) / **송곳** 송그레(文), 송곳(月), −에 송그레에(文), 송곳에(月) / **발채** 멕살이(文), 바수걸이(月)

ⓒ 기타 / **수레** 달구지(文), 구루마(月) / **풀무** 풍구(文), 풍무(月) / **숫돌** 숫돌(文), 쉣돌(月), −에 숫돌에(文), 쉣돌에(月)

(50) 강화

ⓐ 음운론적 변이

길마 길마(喬), 기르마(華), 길마(兩) / **어레미** 얼메이(喬), 어레미(華),

어:리미(兩) / **몽둥이** 몽·대이(喬), 몽디몽댕이 |(華), 몽댕이(兩) / **발채**

바:수걸이(喬), 바:수걸이(華), 바:소걸이(兩)

ⓑ 어휘적 변이

멍에 목테(喬), 멍에(華), 멍에(兩) / **부리망** 주대이망(華), 소망(兩) / **멱**

둥구미 송두리(喬), 송티(華), 송탱이(兩) / **풀무** 풍무(喬), 풍구(華), 풀

무(兩)

ⓒ 기타

여물 여물(喬), 새초│건초│여물 ||(華), 여물(兩) / **수레** 구루마(喬), 구루

마(華), 달구지(兩) / **숫돌** 셋돌(喬), 쉣돌(華), 쉣돌(兩)

(51) 연안도서

ⓐ 음운론적 변이

구유 구유(宗), 구수(興) / **바퀴** 바퀴(宗), 바꾸(積), 바키(興) / **어레미** 어

레미(宗), 얼게미(積), 얼레미(興) / **갈퀴** 갈키(宗), 갈쿠(積), 갈키(興)

ⓑ 어휘적 변이

쇠죽바가지 소죽바가지(宗), 여물바가지(積), 쉐물박(興) / **수레** 수레

(宗), 달구지(積), 달구지(興) / **멱둥구미** 맥구리(積), 메꾸리(興) / **쐐기**

쒜기(宗), 찜(積), 쒜기(興) / **발채** 바스걸이(宗), 발지개(興)

ⓒ 기타

부리망 부리망(宗),망(積), 마개(興) / **풀무** 풀무(宗), 풀무(積), 푼무(興)

(49a)는 모두 '외, 위'의 단모음화와 관련이 있다. '쉐죽'은 '외'가 원인

천말에서 이중모음 '웨'로도 발음되는 것과 관련이 있다. '몽둥이'가 '몽댕이'로 나타나는 것은 '뭉둥이'에 움라우트가 적용된 이후에 나타난 변화형으로 보인다. (49b)에서 '풀망'은 이제까지의 조사에서는 전북 지역에서만 확인되는데 원인천말에서도 나타나는 것이 특이하다. 소가 풀을 뜯지 못하게 하기 위한 장치이므로 '풀망'이 본래의 의미와 가까우나 다른 지역에서는 잘 나타나지 않는다. '매끼'는 본래 끈과 새끼를 함께 이를 때 쓰는 단어인데 원인천말에서도 나타난다. '송곳'에 대응되는 '송그레'는 이제까지의 방언조사에서는 보고된 적이 없는 어형이다. '발채'에 대응되는 어형 중 '바수걸이'는 비슷한 어형이 보고되었으나 '멕살이'는 아직 보고된 적이 없다. (49c)에서 '구루마'는 일본어의 영향이다. '풀무'가 '풍무'로도 나타나는 것은 '풍구'와 '불무'의 혼효형으로 보인다. '숫돌'이 '쉣돌'로 나타나는 것은 설명하기가 어렵다. 개인방언일 수도 있으나 '쉿돌'과 관련이 있는 변이형일 가능성도 있다.

(50a)에서 '어레미'의 반사형은 다양한 음운론적 변이를 보여준다. '얼메이'는 비모음화에 의한 것이고 '어:리미'는 '에→이'의 변화를 보여준다. '몽둥이'의 반사형 또한 비모음화의 양상을 잘 보여준다. '발채'의 반사형은 '오'와 '우'의 변이관계를 잘 보여준다. (50b)에서 '목테'와 '주대이망' 그리고 '소망'은 사물의 생김새 및 용도에 따라 다른 이름이 붙여졌음을 보여준다. '멱둥구미'의 다양한 반사형은 단어의 어원과 관련하여 시사하는 바가 크다. '송티'나 '송탱이'는 다른 방언에는 나타나지 않고 경기 방언에서만 나타난다. 그러나 '송두리'는 강화말에서만 나타난다. 강화말에 나타나는 '송두리'는 경기 방언에 나타나는 '송대기, 송딩이, 송태이'와 관련이 있는 것은 분명하지만 표준어의 '송두리'

의 어원을 밝혀준다는 점에서 의미가 있다. '송두리'는 사전에 '있는 것의 전부'라는 뜻으로만 풀이되어 있는데 이 단어의 어원이 '먹둥구미'와 관련이 있을 가능성을 시사한다. (50c)의 '구루마'는 일본어에서 유래한 단어가 널리 쓰이고 있음을 보여준다. '숫돌'의 반사형은 모두 '쇳돌'과 관련이 있는데 이 도구가 쇠를 가는 데 사용되기 때문에 유래한 것으로 보인다. 그리고 여기에서도 '외'의 불안한 지위를 확인할 수 있다.

(51a)에서 '구유'의 반사형은 이 단어가 본래 반치음을 가지고 있었기 때문에 나타난 것이다. '구유'뿐만 아니라 '구수'는 전국적으로 나타난다. '바퀴'의 반사형은 '위'의 변화뿐만 아니라 'ㅋ'과 'ㄲ'의 교체도 보여준다. '어레미'의 반사형 '얼레미'와 '얼게미'는 전국적으로 공존하는 양상을 보여준다. '갈퀴'의 반사형은 '위'가 이중모음으로 바뀐 후 활음 w가 떨어져 '갈키'가 되기도 하고 '위'가 '우'로도 변화되어 '갈쿠'가 되기도 함을 보여준다.

(51b)에서 '쇠죽바가지'는 매우 다양한 반사형을 보여주는데 '쉐물박'은 경기 방언에서만 나타나는 독특한 어형이다. '수레'와 '달구지'는 공존하고 있음을 알 수 있고, '먹둥구미'가 '메꾸리'로 나타나는 것은 경기 이남에서 흔히 발견되는 현상이다. '쐐기'의 반사형 '찜'은 다른 방언에서는 발견되지 않는 독특한 어형이다. '발채' 또한 다양한 반사형을 보여준다. (51c)에서 부리망은 일반적인 '망' 또는 '입마개'와 구별되는데 요즘은 잘 쓰지 않아 '부리망'이란 정확한 단어가 사라진 것으로 보인다. '풀무'의 반사형 '푼무'는 영흥도에서만 발견되는데 '분무'와 '풀무'가 혼효된 것으로 보인다.

3) 생활용품

생활용품과 관련된 특징적인 어휘는 다음과 같다.

(52) 원인천

ⓐ 음운론적 변이

광주리 강우리(文), 광주리(月) / 참빗 참빗(文), 챔빗(月), ―을 참빗을
(文), 챔빗을(月), ―에 참빗에(文), 챔빗에(月)

ⓑ 어휘적 변이

풀비 풀비(文), 풀솔(月) / 귀얄 솔:(月) / 시룻번 시룻번(文), 시루밥(月)
/ 물부리 물부리(文), 물주리(月)

(53) 강화

ⓐ 음운론적 변이

따리 뙈:리(喬), 뛰아리 (華), 뛔:리(兩) / 참빗 참빗(喬), 챔빗(華), 참빗
(兩) / 부티 부치|북티 |(兩)

ⓑ 어휘적 변이

함지 함지(喬), 함박(華), 함:지(兩) / 단지 단지(喬), 방:구리(華), 단재
기(兩) / 시룻밑 시루방석(喬), 시루밋(華), 시루밋(兩) / 대통 담:배골통
(喬), 담:뱃골통(華), 골통(兩) / 물부리 담:배빨대(喬), 물부리(華), 빨:
쭈리(兩) / 도롱이 우:장(華), 우장(兩)

ⓒ 기타

광주리 광주리(喬), 채반(華), 싸리바구니|강주리 |(兩) / 풀비 솔:(喬),

풀비(彌), 풀솔(兩) / **잉앗대** 인:앗대(喬), 대롱(兩)

　(54) 연안도서

　　ⓐ 음운론적 변이

　　광주리 광주리(宗), 광주리(積), 광오리(興) / **소쿠리** 소쿠리(宗), 소쿠
　　리(積), 소코리(興) / **따리** 따:리(宗), 또아리(積), 따:리(興)

　　ⓑ 어휘적 변이

　　도롱이 우장(積), 도랭이(興) / **풀비** 풀솔(宗), 솔:(積), 풀비(興) / **물부리**
　　빨대(積), 물부리[물뿌리](興)

(52a)의 ‘강우리’는 활음 ‘w’가 탈락된 형태이고, ‘챔빗’은 움라우트가
반영된 형태이다. (52b)를 보면 ‘비’와 ‘솔’의 구별이 확실하지 않은 경
향이 발견된다. ‘시루밥’은 이제까지의 조사에서는 어느 지역에서도 나
타나지 않았으므로 제보자의 개인방언일 가능성도 있다. ‘물쭈리’는
경기나 강원 등 중부 방언에서 흔히 나타나는 어형이다.

(53a)에서 ‘따리’의 반사형은 이중모음의 다양한 변화를 보여준다. 이
단어는 기원적으로 ‘ᄫ’를 가졌을 것으로 보이는데 ‘ᄫ’의 변화와 축약과
정에서 다양한 변이를 보이고 있는 것이다. ‘챔빗’은 움라우트를 ‘부치’는
구개음화를 보여준다. (53b)에서 ‘방:구리’는 다른 방언에서는 확인이
되지 않는 어형이다. ‘시루방석’은 이 도구가 만들어진 방법과 용도 때문
에 생겨난 것이다. 또한 ‘물부리’의 다양한 반사형은 이 사물의 용도와 관
련해서 다양한 이름이 붙었음을 보여준다. (53c)에서 ‘광주리’와 ‘풀비’
의 반사형 또한 이 사물의 용도에 따라 다양한 어형이 있음을 보여준다.

(54a) '광우리'와 '소쿠리'의 반사형은 모두 '오'와 '우'의 교체를 보여준다. '똬리'는 '또아리'에서 '오'가 활음으로 바뀌면서 나타난 어형이다. 용언의 활용에서는 이러한 활음화가 매우 흔하게 나타나는데 형태소 내부에서도 일부 이러한 예가 확인된다. (54b)의 '우장'은 '도롱이'의 한자어이다. '풀비'의 방언형은 '솔'과 '비'의 구별이 분명하지 않음을 보여준다. 실제로 둘 사이에는 크기나 약간의 기능상 차이가 있을 뿐 재료나 만드는 방법은 큰 차이가 없다. '물부리'의 반사형은 그것의 모양에 초점을 맞춘 명칭과 기능에 초점을 맞춘 명칭이 공존함을 보여준다. '빨대'는 기능에 초점을 맞춘 것이고, '물부리'는 모양에 초점을 맞춘 것이다.

6. 인체

인체와 관련된 어휘는 어느 지역이든 예외가 있을 수 없기 때문에 같은 뜻에 대한 다양한 방언형을 확인하기에 좋은 어휘이다. 인체 관련 어휘는 다시 다음과 같이 세분될 수 있다.

- 얼굴과 머리
- 상체
- 하체
- 질병과 생리

1) 얼굴과 머리

얼굴 및 머리와 관련된 특징적인 어휘는 다음과 같다.

(55) 원인천

    ⓐ 음운론적 변이

검은자위 검운자(文) / **돋보기** 돋베기(文), 돋보기(月) / **콧수염** 콧섬(文), 콧수염(月) / **휘파람** 휘파람(文), 훼파람(月) / **삼키다** 생키다(文), 생킨다(月) / **혀** 혀(文), 셋바닥(月) / **주근깨** 주군깨(文), 주근깨(月)

    ⓑ 어휘적 변이

콧구멍 콧구녁(文), 코꾸녁(月), ―을 콧구녁을(文), 코꾸녕을(月), ―에서 콧구녁에서(文), 코꾸녀게서(月) / **가르마** 가름자(文), 가르마(月)

    ⓒ 기타 / **눈자위** 눈태이(月) / **볼** 볼따구니(文), 볼(月)

(56) 강화

    ⓐ 음운론적 변이

돋보기 돋비기(喬), 돋베기(華), 돋베기(兩) / **수염** 수염(喬), 시엄(華), 쉬염(兩) / **콧구멍** 콧구녁(喬), 콧구녁(華), 콧구멍(兩) / **휘파람** 휘:파람:(喬), 회파람(華), 휏바람(兩) / **삼키다** 상:킨다(喬), 생킨다(華), 삼킨다(兩) / **혀** 혀(喬), 세(華), 세혀|(兩) / **혓바늘** 셋바늘(喬), 셋바늘(華), 셋바눌(兩) / **갸름하다** 걀:막하다(喬), 갸름하다(華), 개름하다(兩)

    ⓑ 어휘적 변이

눈자위 눈자위(喬), 눈자위(華), 눈강:자리눈자위|(兩) / **보조개** 조개볼

(喬), 보지개(華), 보조개(兩)

ⓒ 기타

이마빼기 이마빡(喬), 이마빡(華), 이마빡(兩) / **귀이개** 귀지개(喬), 귀개

(華), 귀:지개:(兩)

(57) 연안도서

ⓐ 음운론적 변이

안경 안경(宗), 안경(積), 앤경(興) / **휘파람** 헤파람(宗), 헤파람(積), 췌

파람(興) / **혓바늘** 혓바늘(宗), 혓바늘[혀빠늘](積), 헷바늘(興) / **턱수염**

턱섬(宗), 턱섬(積), 턱시엄(興) / **갸름하다** 게름하다(宗), 개름허다(積),

갸름하다(興)

ⓑ 어휘적 변이

이마빼기 이마빡 마(宗), 마빡(積), 마빡(興)

ⓒ 기타

구레나룻 구레나루(宗), 구룻날(積), 구렛나룻[구렌나룯](興)

(55a)의 '검운자'는 'ㅁ' 뒤에서 나타나는 원순모음화를 확인할 수 있
는 예이고, '주군깨'는 모음 '우' 뒤에서의 원순모음화를 확인할 수 있는
예이다. '돋배기, 생키다'는 모두 움라우트가 반영된 형태인데 특히 '돋
배기'는 움라우트가 일어난 뒤 '외'의 변화과정과 얽매여 '돋베기'로 나
타났다. '휘파람'이 '췌파람'과 같이 '위'가 '웨'로 나타나는 것은 월미도
제보자의 특징이다. '콧셈'은 '수염'이 '셈'으로 축약된 결과이고 '세'는
'ㅎ'의 구개음화 및 '여 → 에'의 변화와 관련이 있다. (55b)는 '구멍'과

‘구녕’이 공존하고 있음을 보여준다. ‘가름자’는 경기를 비롯한 중부방언에서 흔하게 나타나는 형태이다. (55c)의 ‘눈태이’와 ‘볼따구니’는 비어(卑語)의 예이다.

(56a)에서 ‘돋보기’의 반사형은 움라우트와 ‘외’의 변화 양상을 모두 보여준다. ‘돋보기’가 ‘돋베기’나 ‘돋비기’가 되려면 움라우트를 전제로 해야 한다. 그런데 강화말에서 ‘돋뵈기’는 발견되지 않는다. 이는 ‘외’의 변화가 매우 짧은 시간 안에 이루어졌거나 여러 지역의 방언형이 유입되었음을 시사한다. ‘수염’의 반사형은 하향이중모음의 변화를 잘 보여준다. ‘콧구멍’의 반사형은 ‘구멍’의 반사형과 마찬가지로 기원적으로 ‘굼ㄱ’이었던 것을 화석으로나마 보여준다. ‘생킨다’는 움라우트와 연구개음화를 모두 보여주며. ‘혀’와 관련된 어형은 ‘여 → 에’의 변화 및 ‘ㅎ’의 구개음화 양상을 잘 보여준다. (56b)에서 ‘눈갸자리는’ 강화말에서 특징적으로 나타나는 ‘갸자리’가 복합어에서도 확인됨을 보여준다. ‘조개볼’은 ‘볼＋조개’의 결합 순서를 반대로 보여준다. ‘이마빡’과 ‘귀지개’는 표준어로 등재되어 있는 ‘이마빼기’와 ‘귀이개’의 어원이 무엇일지 잘 보여준다.

(57a)에서 ‘앤경’은 ‘안경’에 움라우트가 적용된 어형이다. ‘휘파람’의 반사형은 매우 특이하다. ‘헤파람’과 ‘훼파람’은 모두 함경 방언에서 발견되는 어형이다. 이 지역 모두에서 이러한 방언형이 나타나는 것이 흥미로우나 그 이유를 밝히기는 어렵다. ‘헷바늘’은 ‘여 → 에’의 교체를 보여주며 ‘수염’의 다양한 변이형은 하양이중모음의 분절 및 변화과정과 밀접한 관련이 있다. ‘갸름하다’의 반사형은 ‘야 → 애’의 변화와 관련이 있다. (57b)의 ‘이마빡’ 또는 ‘마빡’은 대부분 비속어인데 세 지역 모두에서 나타난다. (57c)의 ‘구룻날’은 다른 지역에서는 잘 확인되지 않는 어형이다.

2) 상체

상체와 관련된 특징적인 어휘는 다음과 같다.

(58) 원인천

ⓐ 음운론적 변이

쓸개 씰개(文), 씰개(月) / **콩팥** 콩팟(文), 콩팟(月), −에 콩팟에(文), 콩

팟에(月), −을 콩팟을(文), 콩파슬(月)

ⓑ 어휘적 변이

엄지손가락 엄지손가락(文), 엄지손구락(月) / **집게손가락** 쬠:지손가락

(文), 집게손구락(月) / **가운뎃손가락** 삼지(文), 가운데손구락(月) / **약

손가락** 약손구락(文) / **새끼손가락** 새끼손구락(文), 새끼손구락(月)

(59) 강화

ⓐ 음운론적 변이

콩팥 콩팟(喬), 콩팥(華), 콩팟(兩) / **손톱** 손톱(喬), 손뚭(華), 손뚭(兩)

ⓑ 어휘적 변이

오른손 바른손(喬), 바른손(華), 바른손(兩)

ⓒ 기타

약손가락 약지(喬), 약손가락(華), 넷:째손구락(兩) / **생인손** 생:손(喬),

생인손(華), 생인손(兩)

(60) 연안도서

ⓐ 음운론적 변이

왼손 웬손(宋), 엔손(積), 웬손(興) / **사마귀** 사:마기(宋), 사마귀(積), 사마귀(興) / **손아귀** 손아귀(宋), 손아귀(積), 손아귀(興)

ⓑ 어휘적 변이

목물 목물(宋), 등몍(積), 등물(興)

원인천말에서 상체와 관련된 어휘에서는 특이점이 별로 발견되지 않는다. (58a)에서 '쓸개'가 '씰개'로 나타나는 것은 전설모음화에 의한 것이다. '콩팟'은 '팥'이 '팟'으로 재구조화 된 것과 관련이 있다. (58b)의 '손구락'은 전국적으로 관찰되는 변이형이다.

(59a)에서 '콩팥'은 'ㅌ'의 마찰음화 양상을 보여준다. '손톱'이 '손뚭'으로 나타나는 것은 매우 특이한 예이다. '손톱'의 방언형을 살펴보면 모음의 변이는 많이 나타나나 경음이 나타나는 예는 매우 드물다. 경상 방언에서 '손뚭'이 발견되기는 하나 중부 방언에서는 이러한 예가 없다는 점에서 강화말의 '손뚭'은 매우 특이한 예라 할 수 있다. (59b)의 '오른손'은 모두 '바른손'으로 나타남을 보여준다. '바른손'은 주로 중부지역에서 발견되는데 강화말에 나타난 이러한 양상은 강화말이 중부 방언의 일부라는 사실을 보여준다.

(60a)에서 '왼손'의 반사형은 '외'의 단모음화와 이중모음화와 관련된 다양한 양상을 잘 보여준다. '사마귀'와 '손아귀' 모두 말음절 '귀'를 가지고 있는데 '손아귀'는 지역별 변이가 크지 않은 데 비해 '사마귀'는 지역적 변이가 크다. (60b)의 '목물'의 반사형 '등몍'은 경기 지역에서

흔히 발견되는 어형이다.

3) 하체

하체와 관련된 특징적인 어휘는 다음과 같다.

(61) 원인천

ⓐ 음운론적 변이

정강이 정갱이(文), 정갱이(月) / **무릎팍** 무릅(文), 무릎(月), —을 무릎을
(文), 무릅을(月), —에 무릎에(文), 무릅에서(月)

ⓑ 어휘적 변이

복사뼈 복숭아뼈(文), 복숭아뼈(月) / **굳은살** 못(文), 못(月) / **샅** 사추리
(月), —을 사추리를(月) / **사타구니** 사타구니(文), 사타구니(月)

(62) 강화

ⓐ 음운론적 변이

발바닥 발바닥(喬), 발바당(華), 발바당(兩) / **발톱** 발톱(喬), 발뜹(華),
발뜹(兩) / **회초리** 훼추리(喬), 훼초리(華), 회차리(兩) / **엉덩이** 응:데이
(喬), 응:디(華), 응:덩이(兩) / **궁둥이** 궁데이(喬), 궁둥이(兩) / **가래톳** 가
라투(喬), 가라툿(華), 가라툿(兩)

ⓑ 어휘적 변이

복사뼈 복숭아뼈(喬), 복숭아뼈(華), 복숭아뼈(兩) / **가부좌(跏趺坐)** 가

부좌(喬), 양:반다리 / 적개다리(兩)

ⓒ 기타

발가락 발고락(喬), 발꼬락(華), 발고락(兩) / **고린내** 꼬랑내(喬), 고랑내(華), 고랑내(兩)

(63) 연안도서

ⓐ 음운론적 변이

발톱 발뜹(宗), 발톱(積), 발톱(興) / **회초리** 훼초리(宗), 회초루(積), 훼차리(興) / **무릎** 무릎(宗), 무릅(積), 무릅(興) / **궁둥이** 궁뎅이(宗), 궁둥이(積), 엉덩이(興)

ⓑ 어휘적 변이

고린내 구린내(宗), 꼬랑내(積), 고랑내(興) / **굳은살** 굳은살(宗), 군:살(積), 군살(興)

(61a)의 '정갱이'는 움라우트가 반영된 형태이다. '무릎'은 어간말 'ㅍ'의 재구조화를 잘 보여준다. 이러한 변화는 '짚 → 집'의 변화와 그 맥을 같이 한다. (61b)의 복숭아뼈는 '복숭아'와 '복사'의 대응에 의한 흔한 어형이다. 이밖에 '굳은살'이 모두 '못'으로 나타나고 '삳'은 '사추리'로 나타나는 것도 특이하다.

(62a)의 '바닥'은 매우 중요한 예이다. '바닥'의 반사형 '바당'은 평안 방언과 함북 방언에서만 나타난다. 그런데 강화말에 나타난다는 것은 강화말이 북부 방언의 영향을 많이 받았음을 보여준다. '발톱'의 반사형도 '손톱'의 반사형과 마찬가지로 경음이 포함된 예가 나타난다. '회

초리'의 반사형은 '외'가 포함된 다른 단어와 마찬가지로 '외'의 불안한
지위를 잘 보여준다. 그리고 '엉덩이'와 '궁둥이'의 반사형은 비모음화
의 양상을 잘 보여준다. (62b)의 복숭아뼈는 '복숭아'와 '복사'의 대응에
의한 흔한 어형이다. '가부좌'의 반사형 '양반다리'는 다른 방언에서도
흔히 발견되지만 '적개다리'는 다른 방언에서는 잘 발견되지 않는다.

  (63a)의 '발똡'은 '발톱'과 비교할 때 'ㅌ'과 'ㄸ'의 변이를 보여준다. '회
초리'의 다양한 반사형은 '외'의 변화는 물론 '초리'와 관련된 다양한 변이
를 보여준다. '무릎'이 '무릅'으로 나타나는 것은 평폐쇄음화에 의한 교체
형의 단일화 결과이다. (63b)에서 '구린내'와 '꼬랑내'는 기원이 약간 다
른데 공존하고 있음을 알 수 있다. '굳은살'과 '군살'이 공존하고 있는데
'굳은살'은 그 속성과 관련된 명칭이고 '군살'은 기능과 관련된 명칭이다.

4) 질병과 생리

질병 및 생리와 관련된 특징적인 어휘는 다음과 같다.

  (64) 질병 및 생리와 관련된 특징적인 어휘
    ⓐ 음운론적 변이
      홍역 혼역(文), 혼역(月) / **사팔뜨기** 사팔띠기(文), 사:팔띠기(月) / **난쟁**
      이 난:쟁이(文), 난:쟁이(月) / **언청이** 언챙이(文), 언:챙이(月)
    ⓑ 어휘적 변이
      눈곱 누꿉(文), 눈곱(月) / **다래끼** 눈다락지(文), 다락지(月) / **곱사등이**
      곱수(文), 곱새(月)

(65) 강화

   ⓐ 음운론적 변이

    문둥이 문:데이(喬), 문딩이(華), 문둥이(兩) / **부스럼** 부시럼(喬), 부스

    럼(華), 부스름(兩) / **난쟁이** 난:재이(喬), 난:쟁이(兩) / **언청이** 언:채이

    (喬), 언채이(華), 언:챙이(兩)

   ⓑ 어휘적 변이

    딸꾹질 딸꾹질(喬), 딸꾹질(華), 떨꼭질|피덕질(兩) / **천연두** 마:마(喬),

    천연두(華), 마:마(兩) / **학질** 고:금(喬), 학질(華), 한울리(兩)

   ⓒ 기타

    사례 세:아레(喬), 사례(華), 사:레(兩) / **다래끼** 빈:대(喬), 대래끼(華), 눈

    드락지(兩) / **잠꾸러기** 잠포수(喬), 잠꾸러기(華), 잠꾸러기(兩) / **곱사등**

    이 곱:치(喬), 곱치(華), 곱치(兩)

(66) 연안도서

   ⓐ 음운론적 변이

    감기 감기(宗), 감기(積), 감:기[강:기](興) / **딸꾹질** 따꾹질(宗), 딸꾹질

    (積), 따꾹질(興) / **두드러기** 두드러기(宗), 두드레기(積), 두드러기(興) /

    부스럼 부스럼(宗), 부시럼(積), 부시럼(興) / **잠꼬대** 잠꼬대(宗), 잠꼬대

    [장꼬대](積), 잠꼬대[장꼬대](興)

   ⓑ 어휘적 변이

    말더듬이 반병어리(宗), 반병어리(積), 말더듬이(興)

(64a)의 '혼역'은 중부방언뿐만 아니라 전국적으로 관찰되는 어형이

다. ‘사팔띠기, 난쟁이, 언쳉이’는 모두 움라우트에 의한 것이다. 특히 ‘사팔띠기’는 ‘으’가 움라우트에 의해 ‘이’로 바뀐 사실을 보여준다. (64b) 의 ‘누꿉’은 경상 방언에서도 발견되기는 하지만 경기 방언에서 광범위 하게 나타나는 어형이다. 이밖에 ‘다락지, 곱수, 곱새’ 등도 경기 방언에 서 흔하게 나타나는 어형이다.

(65a)의 ‘문둥이’의 반사형은 움라우트와 이중모음의 변화를 잘 반영 하고 있다. ‘문딩이’는 움라우트 ‘문딍이’를 전제해야 가능하다. 그런데 ‘문데이’는 ‘위’의 변화라고 보기에는 특이하다. ‘부스럼’의 반사형은 ‘ㅅ’ 뒤에서 ‘으’가 ‘이’로 바뀌는 전설모음화 및 ‘어 → 으’의 변화를 보여준다. 그리고 ‘문둥이’, ‘난쟁이’, ‘언청이’는 비모음화를 잘 보여준다. (65b)에 서 ‘피덕질’은 경기 방언에서만 발견되는 어형이다. 그런데 ‘한울리’는 국어의 어느 방언에서도 발견되지 않는 어형이다. ‘곱치’ 또한 다른 방언 에서도 발견되지 않는 어형인데 ‘우 → 이’의 변화를 보여준다.

(66a)에서 ‘감기’와 ‘잠꼬대’의 반사형은 수의적인 연구개음화 양상 을 보여준다. ‘따꾹질’은 ‘딸꾹질’에서 ‘ㄹ’이 탈락된 결과인데 ‘ㄹ’이 왜 탈락되었는지에 대한 원인은 불분명하다. ‘두드러기’의 반사형은 움라 우트가 수의적으로 적용되었음을 보여준다. ‘부스럼’과 비교해 볼 때 ‘부시럼’은 ‘스 → 시’의 전설모음화의 결과이다. (66b)에서는 ‘벙어리’ 계열과 ‘더듬이’ 계열이 공존하고 있음을 보여준다.

7. 육아

육아 관련 어휘는 다시 다음과 같이 세분될 수 있다.

- 출생과 성장
- 놀이

1) 출생과 성장

출생 및 성장과 관련된 특징적인 어휘는 다음과 같다.

(67) 원인천

ⓐ 음운론적 변이

계집아이 기집애(文), 계집애(月) / **야위다** 야웨:다(文), 야웨다(月) / **방귀** 방:귀(文), 방:구(月) / **뀌다** 꿔다(文), 낀:다(月)

ⓑ 어휘적 변이

죄암죄암 쥠:쥠:(文), 쥠:쥠:(月) / **곤지곤지** 곤지곤지(文), 곤지곤지(月) / **따로따로** 따루따루(文), 따루따루(月) / **도리도리** 도리도리(文), 도리도리(月) / **짝짜꿍** 짝짜꿍(文), 짝짜꿍(月) / **부라부라** 부라부라(文), 부라부라(月)

(68) 강화

   ⓐ 음운론적 변이

눕히다 눕혀라(喬), 눕힌다(華), 닌:다:(兩) / **기저귀** 기저구(喬), 기자귀(華), 기저기(兩) / **기지개** 그지개(喬), 기지개(華), 기지개(兩) / **겹쟁이** 겹쟁이(喬), 겹재이(華), 겹쟁이(兩) / **죄암죄암** 쥐엠젬(喬), 죄암죄암(華), 잼:잼(兩)

   ⓑ 어휘적 변이

사내아이 남재(喬), 남자애(華), 사내애기(兩) / **입덧** 입덧(喬), 입덧(華), 입돈(兩) / **야위다** 야웻다(喬), 야웼다(華), 야우지다(兩)

(69) 연안도서

   ⓐ 음운론적 변이

경기(驚氣)하다 경기하다(宗), 경기[경끼](積), 경기허다(興)

   ⓑ 어휘적 변이

아우 타다 아우밨다(宗), 아우탄다(積), 아우 타다(興) / **죄암죄암** 쥄:쥄::(積), 쥄:쥄:: (興) / **곤지곤지** 곤지곤지(宗), 곤지 곤지(積), 곤지곤지(興) / **따로따로** 따루따루(宗), 섬마 섬마(積), 따루따루(興) / **도리도리** 도리도리(宗), 도리 도리(積), 도리도리(興) / **짝짜꿍** 짝짜꿍(宗), 짝짜꿍(積), 짝짜꿍(興) / **부라부라** 부라 부라(積), 부라부라(興)

   ⓒ 기타

눕히다 눕힌다(宗), 누인다(積), 닌:다(興)

(67a)에서 '기집애'는 '계 → 게 → 기'의 변화를 거친 것으로 보인다.

'야위다, 방귀, 뀌다'는 모두 '위'의 변화와 관련이 있다. 기원적으로 '위'를 가졌던 것이 원인천말에서 '웨'로 나타나는 것들이 있는데 '야웨다'도 그 중 하나이다. '방구'는 하향이중모음 '위'에서 활음이 탈락된 형태이고, '끼다'는 '우'가 탈락되고 핵모음이 '이'로 바뀐 예이다. (67b)의 애기 몸짓은 중부 방언의 그것과 거의 일치한다.

(68a)에서 '눕히다'의 반사형은 움라우트와 이중모음의 단모음화 결과를 보여준다. '기저귀'의 반사형이 '우'나 '이'말음으로 남아 있는 것은 강화말에서의 '위'의 변화를 잘 보여준다. '겁쟁이'의 반사형은 움라우트와 비모음화를 잘 보여준다. (68b)에서 '입돈'은 국어의 다른 방언 어디에서도 발견되지 않는 매우 특이한 어형이다. '야우지다' 또한 다른 방언에서는 발견되지 않는다.

(69a)에서 '경기하다'는 한자어 '경기'에서 경음화가 일어날 수도 잇고 그렇지 않을 수도 있음을 보여준다. '아우타다'와 '아우보다'는 다소 다른 의미일 수도 있는데 이 지역에서는 함께 쓰이고 있음을 보여준다. '죄암죄암'부터 '부라부라'까지를 보면 지역적 편차를 보이지 않고 있음을 알 수 있다. 적어도 이런 종류의 말 면에서는 세 지역이 동일한 언어권역에 들어 있었다고 말할 수도 있다. (69c)의 '눕히다'는 서로 다른 사동형을 보여준다. '누이다'는 '뉜다'로 축약되기도 함을 알 수 있다.

2) 놀이

놀이와 관련된 특징적인 어휘는 다음과 같다.

(70) 원인천

   ⓐ 음운론적 변이

   고누 고누(文), 고니(月) / **구슬** 구실(文), 구실(月) / **굴렁쇠** 굴렁세(文),

   굴렁쉐(月)

   ⓑ 어휘적 변이

   호드기 버들피리(文), 버들피리(月) / **숨바꼭질** 숨바꼭질(文), 술래잡기

   (月) / **사금파리** 깸파리(文), 사금파리(月) / **땅뺏기** 땅뺏기(文), 땅재기

   (月) / **목말** 무등(文), 목말(月)

(71) 강화

   ⓐ 음운론적 변이

   사금파리 사금패이(喬), 사금파리(華), 사금팡이(兩) / **구슬** 구슬(喬), 구

   실치기(華), 구슬(兩)

   ⓑ 어휘적 변이

   숨바꼭질 감출래기(喬), 숨바꼭질(華), 숨바꼭질(兩) / **밑싣개** 발판(喬),

   앉을개(華), 발판(兩)

   ⓒ 기타

   고누 곤질이(喬), 곤질이(兩) / **딱지치기** 딱지치기(喬), 딱지치기(華), 양

   애치기(兩) / **그네** 그네(喬), 근네(華), 건너(兩) / **부아** 울화(喬), 부아

   (華), 부아(兩)

(72) 연안도서

   ⓐ 음운론적 변이

바람개비 바랭개비(宗), 바람개비(積), 바람개비(興) / **굴렁쇠** 굴렁세
(宗), 굴렁세(積), 둥굴레(興)

ⓑ 어휘적 변이

호드기 버들피리(積), 풀피리(興) / **사금파리** 사금파리(宗), 새금파리
(積), 깽파리(興)

(70a)에서 '고니'는 다른 방언에서는 확인되지 않는다. 제보자가 정
확히 기억하지 못하고 있기 때문에 나타난 현상으로 보인다. '구실'은
'ㅅ' 뒤에서 '으'가 전설모음으로 바뀐 예이다. '굴렁세'와 '굴렁쉐'는 '외'
의 변화와 관련이 있다. '굴렁세'는 활음 'w'까지 탈락된 형태이다.

(70b)를 보면 '호드기'에 대해 모두 '버들피리'로 나타난다. '버들피
리'는 표준어에는 존재하지만 일반적인 방언조사에서는 잘 나타나지
않는데 원인천말에서 나타나고 있다. 이는 표준어의 영향으로 보인다.
이밖에 '술래잡기, 깽파리, 땅재기' 등의 놀이 이름도 흥미롭다. 그리고
'무등'과 '목말'이 명확하게 구별되지 않는 것도 알 수 있다.

(71a)에서 '사금팡이'와 '사금패이'는 움라우트와 비모음화의 양상을
보여준다. '구실'은 전설모음화의 결과이다. (71b)에서 '감출래기'는 매
우 흥미로운 어형이다. '감출래기'는 강원과 함경방언에서만 발견되는
데 강화말에서도 발견되는 것이다. '앉을개'는 중부 이하에서 주로 발
견되는 어형이다. (71c)에서 '곤질이'는 고누의 일종에서 유래한 것인
데 강화에서는 주로 '곤질고누'를 두기 때문에 나타난 것으로 보인다.
'양애'는 국어의 다른 방언에서 발견되지 않는 매우 특이한 어형이다.
전라 방언에서 '양기'가 발견되기는 하나 그 어원이 분명하지 않다. '그

네'의 반사형은 황해 방언이나 평안 방언의 영향인 것으로 보인다.

(72a)에서 '바랭개비'는 '바람'의 '람'마저 전설모음으로 바뀌고 수의적인 연구개음화가 적용되었음을 보여준다. '굴렁쇠'의 반사형은 '외'의 변화에 대해 잘 보여준다. (72b)의 '버들피리'와 '풀피리'는 근본적으로 재료가 서로 다르기 때문에 나타난 것이다. '사금파리'의 반사형 '깽파리'는 경기 지역에 흔히 나타나는 어형이다.

8. 친족

친족 명칭은 방언 간의 분화를 매우 명확하게 보여준다. 또한 가족 제도를 비롯한 문화에 따라 흥미롭게 나타난다. 친족 관련 어휘는 다시 다음과 같이 세분될 수 있다.

- 가족
- 결혼
- 인척

1) 가족

가족과 관련된 특징적인 어휘는 다음과 같다.

(73) 원인천

　ⓐ 음운론적 변이

　　형(호칭) 형(文), 형님~형~성(川)

　ⓑ 어휘적 변이

　　아비 아범(文), 아범(川) / **아비야(호칭)** 아범(文), 아범(川) / **어미** 어멈
　　(文), 어멈(月) / **어미야(호칭)** 애(文), 애 어멈아(月)

　ⓒ 기타

　　남편(호칭) 서방님(文), 여보(川) / **아우(호칭)** 야(文), 아우(川) / **아우** 아
　　우(文), 동생(川)

(74) 강화

　ⓐ 음운론적 변이

　　어머니 어머니(喬), 어머이(華), 어머니(兩) / **아비** 애
　　비(喬), 애비(華), 애:비(兩)

　ⓑ 어휘적 변이

　　손자 손자(喬), 손주(華), 손자(兩)

　ⓒ 기타

　　할머니 할머니(喬), 할머니(華), 할머니(兩)

(75) 연안도서

　ⓐ 어휘적 변이

　　아비 아범(宗), 애비(積), 아범(興) / **어미** 어멈(宗), 애미(積), 어멈(興)

　ⓑ 기타

아내 아내(宗), 아내(積), 부인(興)

원인천말의 가족 호칭 및 지칭은 표준어와 큰 차이가 없다. (73a)의 ‘성’은 구개음화에 의해 ‘형 → 성’의 변화를 겪은 것이다. (73b)는 결혼한 아들과 며느리에 대한 지칭과 호칭이다. 아이가 있든 없든 ‘아범, 어멈’ 형태가 보통 나타난다. (73c)의 남편 호칭은 과거에 불렀던 호칭이고 지금은 많이 바뀌어 젊은 사람의 경우에는 사람에 따라 다르게 나타난다. ‘아우’에 대해서는 ‘동생’도 같이 쓰이고 이름이나 ‘야’로 대치되는 경우도 있다. 이 또한 중부 방언의 일반적인 것과 유사하다.

(74a)의 ‘어머이’는 강화말에 나타나는 특징적인 어휘이다. ‘어머이’는 강원 방언과 함경 방언에서만 나타나는데 강화말에서도 나타나는 것이다. 그런데 (74c)를 보면 ‘할머이’가 나타나지 않는다. 그러나 자연 발화에서는 ‘할머이’가 나타난다. ‘아비’의 반사형은 움라우트의 결과를 보여준다.

중부 방언에서 가족 관련 어휘는 큰 변이가 나타나지 않는데 이 지역에서도 마찬가지다. (75a)에서 ‘아비’와 ‘어미’의 변이형 ‘아범’과 ‘어멈’은 중부방언에서 널리 나타나는 호칭 및 지칭형이다. ‘애비’‘애미’는 움라우트에 의해 나타난 것으로 전국적으로 발견된다. (75b)의 ‘아내’는 일상에서는 거의 쓰이지 않는다. 표준어에서의 사전적 정의에 따른 질문에 맞게 표준어의 어휘를 답한 것으로 보인다.

2) 결혼

결혼과 관련된 특징적인 어휘는 다음과 같다.

(76) 원인천

ⓐ 음운론적 변이

겹사돈 겹사돈(文), 겹사둔(月)

ⓑ 어휘적 변이

매형 매:부(文), 매:부(月) / **매형(호칭)** 매:부(文), 매:부(月)

ⓒ 기타

아주버니 아주버니(文), 시아주버니(月) / **아주버니(호칭)** 아주버님(文), 아주버니(月) / **도련님** 도련님(文), 서방님(月) / **도련님(호칭)** 도련님(文), 서방님(月)

(77) 강화

ⓐ 음운론적 변이

외손자 외손자(喬), 웨:손주(華), 외:손자(兩) / **장가가다** 장:가 간다(喬), 장:개간다(華), 장:개간다(兩) / **비위** 비우(喬), 비우(華), 비우(兩) / **도련님** 도련님(喬), 되련님(華), 도령님(兩)

ⓑ 기타

서방님 시동생(喬), 서방님(華), 서방님(兩)

(78) 연안도서

ⓐ 음운론적 변이

외손자 웨손자(宗), 에손자(積), 외손자(興) / **겹사돈** 겹사둔(宗), 겹사둔(積), 겹사돈(興) / **비위** 비위(宗), 비우(積), 비위(興) / **아주버니** 아주버니(宗), 아지버님(積), 아주버니(興) / **도련님** 도련님(宗), 도련님(積), 데린님(興)

ⓑ 어휘적 변이

혼인 결혼(宗), 혼인(積), 혼인(興)

결혼 이후의 호칭에서도 표준어와 큰 차이가 없다. (76a)의 '사둔'은 '오→우'의 변화에 의한 것이다. (76b)에서 알 수 있듯이 '매형'에 대해서는 지칭과 호칭 모두 '매부'를 쓴다. '아주버니'에 대해서는 호칭과 지칭이 있기는 다소 어려운 관계여서 호칭을 자주 쓰지는 않는다. 미혼일 때는 '도련님'을 쓰고, 결혼을 했을 때는 '서방님'이라고 하는 것도 중부 방언의 일반적인 경향과 일치한다.

(77a)에서 '외손자'의 반사형은 '외'의 이중모음화 결과를 보여준다. '장개'는 비어두에서 움라우트가 나타나는 특이한 예로 보기도 한다. '비우'는 하향이중모음이었던 '위'가 '우'로 단모음화됐음을 보여준다. '되련님'은 움라우트가 나타난 예인데 'ㄹ'이 개재자음일 경우 움라우트가 잘 일어나지 않는 것을 감안할 때 특이한 예이다.

(78a)에서 '외손자'의 반사형은 '외'의 이중모음화 결과를 보여준다. '겹사둔'은 '오'와 '우'의 변이를 보여주는데 '사둔'은 전국에 걸쳐 고르게 나타난다. '비우'는 '위'의 변화과정에서 활음이 탈락한 것을 보여준

다. '아지버님'은 '우'와 '이'의 변이를 보여주는데 흔한 예는 아니다. 선행하는 자음 'ㅈ' 때문에 '이'로의 변화가 일어난 듯하다. '데련님'은 '도련님'에서 움라우트를 전제로 해야 한다. 즉 '도련님 → 뒈련님 → 데련님'과 같은 과정을 밟은 것으로 봐야 하는데 'ㄹ'이 개재자음일 경우 움라우트가 잘 나타나지 않는다는 점과, '오'의 움라우트가 이 지역에서는 잘 나타나지 않는다는 점을 고려할 때 자체적인 변화라기보다는 다른 방언이 유입된 결과로 볼 수도 있다. 그런데 '데련님'류는 전국적으로 발견되는 것으로 보아 굳이 표준어를 기준으로 움라우트가 일어났다고 볼 이유가 없을 수도 있다. (78b)에서 '결혼'과 '혼인'은 유사한 한자어가 둘 다 쓰이고 있음을 보여준다.

3) 친척

친척과 관련된 특징적인 어휘는 다음과 같다.

(79) 원인천
  ⓐ 음운론적 변이
    삼촌 삼촌(文), 삼춘(月) / **삼촌(호칭)** 삼촌(文), 삼춘(月) / **고종** 고종(文), 고종사춘(月)
  ⓑ 기타
    아주머니 아주머니(文), 당고모(月) / **아주머니(호칭)** 아주머니(文), 아주머니~고모(月)

(80) 강화

  ⓐ 음운론적 변이

삼촌 삼춘(喬), 삼춘(華), 삼춘(兩) / **장인** 자:인(喬), 자:인 :(華), 자:인(兩)

  ⓑ 기타

아저씨 오:춘당숙(喬), 아저씨(華), 아저씨(兩) / **처남댁** 처남에댁(喬), 처남엣댁(華), 처남에댁(兩)

(81) 연안도서

  ⓐ 음운론적 변이

삼촌 삼춘(宗), 삼춘(積), 삼춘(興) / **외할아버지** 웨할아부지(宗), 에하라버지(積), 웨하라버지(興) / **외할머니** 웨할머니(宗), 에할머니(積), 웨할머니(興) / **환갑** 한:갑(宗), 환갑[황갑](積), 한:갑(興)

  ⓑ 어휘적 변이

큰집 큰집(宗), 큰집(積), 큰댁(興) / **조카딸** 조카딸(宗), 조카딸(積), 질녀(興)

  ⓒ 기타

고종 고종(宗), 고종(積), 내종(興) / **이종** 이종(宗), 이종(積), 웨종(興)

결혼 이후의 친척에 관한 호칭도 표준어의 그것과 큰 차이가 없다. (79a)에서 '삼춘, 사춘'이 나타나는 것은 '오→우'의 변화와 관련이 있다. (79b)의 '아주머니'와 '당고모'는 같은 화자이더라도 둘 모두를 쓰기도 한다.

(80a)에서 '삼춘'은 '오→우'의 변화를 보여주는 것인데 국어의 방언

에서 광범위하게 발견된다. '장인'은 매우 특이한 반모음화의 결과를 보여준다. 강화말에서 나타나는 비모음화는 접미사 성격의 '-이'와 '-앙이 / 엉이'가 결합될 때 나타나는데 한자어인 '장인'에서도 나타나는 것이다.

　(81a)에서 '삼춘'은 '오 → 우'의 변화를 보여주는 것인데 국어의 방언에서 광범위하게 발견된다. '외할아버지'와 '외할머니'는 '외'의 변화과정을 잘 보여준다. '한갑'은 '환갑'에서 활음이 탈락한 것인데 전국적으로 고르게 나타난다. 또한 수의적인 연구개음화에 의해 '항갑'으로도 나타난다. (81b)의 '큰댁'은 '집'의 높임말 '댁'이 합성되어 만들어진 말이다. '질녀'는 '조카'의 한자어이다. (81c)에서 '내종'과 '왜종 〈 외종'은 주의를 기울일 필요가 있다. 예전에는 '내종'은 외삼촌의 자녀를 이르는 말이었고, '외종'은 고모의 자녀를 이루는 말이었다. 그러나 현재는 '내종'이 '외종'에 대한 상대적인 말로써 '고종'과 같은 뜻으로 쓰인다. '외종' 또한 외삼촌의 자녀를 뜻하는 것으로 바뀌었다. 이러한 호칭상의 혼란이 반영된 결과이다.

9. 동물

　동물명은 방언에 따라 매우 다양하게 나타난다. 동물 관련 어휘는 다시 다음과 같이 세분될 수 있다.

- 물에 사는 동물
- 곤충과 벌레
- 가축
- 들짐승과 날짐승

1) 물에 사는 동물

물에 사는 동물과 관련된 특징적인 어휘는 다음과 같다.

(82) 원인천

ⓐ 음운론적 변이

물고기 물고기(文), 물궤기 , 어:류, 생선(月) / **헤엄** 혬:(文), 헤엄(月) /

올챙이 올창이(文), 올챙이(月) / **고둥** 고동(文), 고둥(月) / **도미** 도미

(文), 돼미 , 도미(月)

ⓑ 어휘적 변이

지느러미 거리미(文), 지느래미(月) / **창자** 창재기(文), 창재(月) / **새우**

생:이(文), 새우(月) / **새우(민물 대)** 생:이(文), 민물새우(月) / **새우(민물**

소) 생:이(文), 민물새우(月) / **미끼** 이깝(文), 이깝(月)

ⓒ 기타

새우(바다 소) 대:화(文), 대:화, 중화(月)

(83) 강화

    ⓐ 음운론적 변이

    피라미 피래미(喬), 피래미(華), 피라미(兩) / **아가미** 아가미(喬), 아가미(華), 아개미(兩) / **헤엄** 혐:(華), 시엄(兩) / **메기** 미:기(喬), 메:기(華), 메:기(兩) / **우렁이** 우:레이(喬), 우렁이(華), 우렁이(兩) / **갈치** 칼치(喬), 칼치(華), 칼치(兩)

    ⓑ 어휘적 변이

    지느러미 지레미(喬), 거리미(華), 진느래미(兩) / **거머리** 그:머리(喬), 거:머리(華), 고무라지(兩)

    ⓒ 기타

    새우 새우(喬), 생:이(華), 새우(兩) / **뱀장어** 뱀:장어(喬), 붕:장아(華), 뱀:장어(兩)

(84) 연안도서

    ⓐ 음운론적 변이

    지느러미 지느러미(宗), 지느레미(積), 지느레미(興) / **거머리** 거머리(宗), 그:머리(積), 거머리(興) / **고둥** 고동(宗), 고동(積), 고둥(興) / **멸치** 멸치(宗), 며루치(積), 멸치(興) / **조기** 조기(宗), 조기(積), 제기(興)

    ⓑ 어휘적 변이

    아가미 아가미(宗), 아가미(積), 구재미(興)

    ⓒ 기타

    가자미 가재미(宗), 간재미(積), 가재미(興)

(82a)에서 '물궤기, 올창이, 뒈미'는 모두 움라우트와 관련이 있다. '물궤기'는 '고기 → 괴기'의 과정을 거친 후 '외'의 변화에 따라 '궤기'로 실현되고 있는 것이다. '뒈미'도 이와 마찬가지의 과정을 거쳐 나타난 것이다. '올창이'는 표준어에서는 움라우트가 반영된 것을 인정하고 있으나 원인천말에서는 움라우트가 일어나지 않는 형태가 나타난다. '고동'과 '고둥'의 공존은 '오 → 우'의 변화와 관련이 있다. (82b)에서 '거리미'는 이제까지의 방언조사에서 한 번도 나타나지 않은 어형이다. '창새기'는 전국적으로 여러 지역에서 나타나는 어형이며 '창재'는 움라우트와 유사한 변화가 일어난 어형이다. '생이'는 경기나 강원 등 중부지역에서 많이 나타나는 어형이다. '이깝'은 중부 지역에서 집중적으로 나타나기는 하지만 전국적으로 확인된다. (82c)의 '대화, 중화'는 본래 '대하(大蝦), 중하(中蝦)'인데 한자를 잘못 발음해서 나타난 현상이다.

(83a)에서 '피래미, 아개미'는 움라우트의 결과이다. 그리고 '우:레이'는 움라우트와 비모음화의 결과이다. '미:기'는 장모음 '에'가 '이'로 상승한 결과이다. 장모음 '어'의 상승은 강화말에서 많이 발견되는데 '에'의 상승은 그리 많이 발견되지 않는다. '갈치'가 모두 '칼치'로 나타나는 점도 특이하다. (83b)의 '거리미'는 국어의 다른 방언형에서는 발견되지 않는다. '거머리'의 반사형 '고무라지' 또한 다른 방언에서 발견되지 않는다. 이러한 어형은 강화말의 고유한 특징을 보여준다.

(84a)에서 '지느레미'는 '지느러미'에 움라우트가 적용된 결과이다. '고동'과 '고둥'에서는 '오'와 '우'의 교체를 확인할 수 있는데 전국적으로 나타나는 현상이다. '멸우치'는 '멸치'에 모음이 삽입된 결과인데 전국적으로 살펴보면 삽입되는 모음이 매우 다양하다. '제기'는 '조기'의

움라우트형 ‘죄기’를 전제로 해야 한다. ‘죄기’가 다시 ‘줴기’가 되고 여기에서 활음 ‘w’가 탈락되어 ‘제기’가 된 것이다. (84b)의 ‘구재미’는 이 지역에서만 발견되는 어형이다. 한반도의 서쪽 지역에서는 이와 유사한 ‘구새미, 구생이, 구시미, 구주래미’ 등이 발견된다. (84c)의 ‘간재미’는 약간의 혼란이 나타난 결과이다. ‘가자미’와 ‘간재미’는 다른 물고기이다. 간재미의 바른 말은 ‘가오리’인데 서해안 지역에서는 ‘간재미’라고 더 많이 쓴다. 따라서 모양이 비슷한 ‘가자미’와 혼동된 것으로 보인다. 이 지역에서는 간재미가 주로 잡히기 때문에 가자미 대신 간재미라 답한 것으로 보인다.

2) 곤충과 벌레

곤충 및 벌레와 관련된 특징적인 어휘는 다음과 같다.

    (85) 원인천

      ⓐ 음운론적 변이

        쉬파리 쉐파리(文), 쉐:파리(月) / **쉬슬다** 쉬:깔리다(文), 쉐 갈긴다(月) / **여치** 유:치(文), 유:치(月) / **사마귀** 사:마귀(文), 사마기, 오줌싸개(月) / **누에** 뉘:(文), 누에(月) / **송충이** 송챙이(文), 송:충이(月)

      ⓑ 어휘적 변이

        장구벌레 장구벌레(文), 장구벌레〉물장구(月) / **회충(蛔蟲)** 훼충(文), 거위〉훼충(月) / **방개** 물매미(文), 물매미(月)

ⓒ 기타

개똥벌레 개똥벌레(文), 반딧불(月) / **반딧불** 개똥불(文), 반딧불(月) / **그리마** 그리마(文), 돈구루마(月)

(86) 강화

ⓐ 음운론적 변이

여치 여:치(喬), 여:치(華), 유:치(兩) / **사마귀** 사:마귀(喬), 사:마구(華), 사:마귀(兩) / **굼벵이** 굼벵이(喬), 굼:벙이(華), 굼:벙이(兩) / **송충이** 송:충이(喬), 송챙이(華), 송충이(兩)

ⓑ 어휘적 변이

장구벌레 곤두벌레(喬), 장구벌레(華), 장구벌레(兩) / **그리마** 소래기(喬), 그러마(兩) / **방개** 물매미(喬), 물매미(華), 물매미(兩)

ⓒ 기타

쉬슬다 쉬:깔겼다(喬) / **가시** 구데기(喬), 가시(華), 가시(兩) / **개똥벌레** 밴댓불(喬), 개똥벌레(華), 개:똥벌레(兩) / **반딧불** 개:똥벌레(喬), 반딧불(華), 밴뎃불(兩) / **소금쟁이** 소굼쟁이(喬), 물거미(華), 소금장이(兩)

(87) 연안도서

ⓐ 음운론적 변이

메뚜기 메뚜기(宗), 며뚜기(積), 메뚜기(興) / **벼룩** 베룩(宗), 벼룩(積), 벼룩(興) / **귀뚜라미** 기뚜라미(宗), 귀뚜라미(積), 기뚜라미(興) / **번데기** 뻔데기(宗), 뻔데기(積), 번데기(興)

ⓑ 어휘적 변이

가시 가시(宗), 가시(積), 구데기(興) / **사마귀** 사:마귀(宗), 사마기(積),
당:개미(興) / **그리마** 돈벌레(宗), 섬셈이(積), 어시렝이(興) / **회충(蛔蟲)**
헤충(宗), 훼충(積), 거이(興)

(85a)에서 '쉐파리, 쉐'와 '사마기', 그리고 '송쳉이'는 '위'의 변화와
관련된 것이다. '쉐'는 '위'의 변화과정에서 이중모음으로 바뀐 것이고,
'사마기'는 '우'가 탈락되고 활음 'y'가 '이'로 바뀌어 남은 것이다. '송쳉
이'는 움라우트가 일어나 '송칭이'가 되고 이후에 '위'의 변화에 따라
'웨'로 나타난 것이다. '유치'는 경기, 강원, 충청 등 중부 방언에서 광범
위하게 나타난다. '눼:'는 '누에'가 1음절로 축약된 후 보상적 장모음화
에 의해 나타난 것이다.

(85b)의 '장구벌레'와 '거위'는 고형이고 각각 '물장구'와 '훼충'이 신
형이다. '방개'는 모두 '물매미'로 나타나는데 경기 지역에서 흔히 나타
나는 어형이다. (85c)를 보면 '개똥벌레'와 '반딧불'을 따로 구분하지 않
음을 알 수 있다. '돈구루마'는 '그리마'와 일본어 '구루마'와의 음성적
유사성에 이끌려 나타난 것으로 보인다.

(86a)의 '유:치'는 주로 중부 방언에서 발견되는 어형이다. '사마귀'
는 단모음 '위'나 '우' 모두 나타남을 보여준다. '굼벵이, 송충이'의 반사
형은 움라우트를 잘 보여준다. (86b)의 '곤두벌레'는 주로 중부방언에
나타나는 어형이다. '소래기'는 다른 방언에서는 확인되지 않는 특이한
어형이다. '물매미'는 경기 방언 전체에서 확인되는 어형이다. (86c)의
'개똥벌레'와 '반딧불'은 강화말에서 구별이 되지 않음을 보여준다. '물
거미'는 강원 방언에서 '물거무'로 나타나기도 한다.

(87a)의 '며뚜기'와 '베룩'은 '여 → 에'의 변화를 잘 보여준다. '메뚜기' 대신 '며뚜기'가 나타나는 것은 '여 → 에'의 변화에 대한 과도교정형으로서 이러한 어형이 나타난다는 사실 자체가 '여 → 에'의 변화가 활발했음을 말해준다. '귀뚜라미'의 반사형은 '위'의 변화과정을 잘 보여주고 '뻔데기'는 일부 단어에서 나타나는 어두 경음화의 양상을 보여준다.

(87b)에서 '가시'와 '구데기'는 본래 같지만 어휘적으로는 분화가 있는 대상이다. 즉 '가시'는 된장 등의 음식물에 생긴 구더기를 따로 부르는 것인데 영흥도에서는 그것을 구별하지 않고 답을 했다. '사마귀'의 반사형 '당개미'는 다른 지역에서는 발견되지 않는 어형이다. '그리마'의 반사형은 매우 다양하게 나타난다. '돈벌레'와 '섬셈이'는 경기 지역에서 흔히 발견되는 어형이다. 그렇지만 '어시렝이'는 다른 지역에서는 발견되지 않는다. '회충'의 반사형 '거이'는 '회충'의 고유어 '거쉬'의 변화에 의해 나타난 것이다. 경기 지역에서는 주로 '거위'로 많이 나타나는데 영흥도에서는 활음이 탈락되어 '거이'로 나타났다.

3) 가축

가축과 관련된 특징적인 어휘는 다음과 같다.

(88) 원인천
ⓐ 음운론적 변이
고양이 고양이(文), 고양이〈괭:이(月) / **수탉** 수탉(文), 수탉(月), ㅡ이 수

탁이(文), 수탉이, 닭이(川)

ⓑ 어휘적 변이

어리 닥둥구리(文), 채:둥지(川) / 둘치 둘암소(川)

ⓒ 기타

소 모는 소리 '앞으로 가라' 이랴(文), 이랴(川) / 소 모는 소리 '그자리에

서라' 위(文), 위:(川) / 소 모는 소리 '왼쪽으로 돌라' 웨루웨루(文) / 소

모는 소리 '뒤로 물러나라' 물어(文) / **오래오래(돼지)** 오래오래(文), 오래

오래(川)

(89) 강화

ⓐ 음운론적 변이

당나귀 당나귀 (喬) 당나기(華) 당나귀 (兩) / **주둥이** 주데이(喬) 주뎅이

(華) 주덩이(兩)

ⓑ 어휘적 변이

어리 닭의 우리(喬) 어:리(華) / **둥우리** 닭의 둥주리(喬) 알:둥지(華) 둥

주리(兩)

ⓒ 기타

송아지 부르는 소리 머:이머이(華) / **둘치** 둘치(喬) 둘암소(兩)

(90) 연안도서

ⓐ 음운론적 변이

쇠고기 쉐고기(宗), 소고기(積), 쉐고기(興) / **암탉** 암탉(宗), 암탁(積),

암탁(興) / **수탉** 수탉(宗), 수탁(積), 수탁(興)

ⓑ 어휘적 변이

둘치 둘치(積), 부람톳(興)

　원인천말에서 가축과 관련된 어휘는 특이한 양상이 많이 발견되지는 않는다. (88a)를 보면 '괭이'가 고형인데 현재는 '고양이'만 쓰이고 있다. '닭'의 경우에는 '수탁이'에서 알 수 있듯이 '닥'으로 재구조화되기도 한다. (88b)의 '채둥지'와 '둘암소'는 특징적이다. '채둥지'는 다른 지역에서는 나타나지 않고 있으나 '둘암소'는 '둘암컷' 형태로 전국적으로 발견된다. (88c)의 가축 모는 소리는 매우 흥미롭다.

　(89a)에서 '당나기'는 '위'가 '이'로 단모음화되었음을 보여주고 '주둥이'의 반사형은 움라우트와 비모음화의 결과를 보여준다. (89b)를 보면 '어리'와 '우리'가 구별되지 않고 있는데 두 단어가 기원적으로 같은 단어에서 유래했음을 시사한다. (89c)의 '머:이머이'는 강화말에서 특징적으로 나타나는 '어머이'와 관련이 있는 것으로 보인다.

　(90a)에서 '쇠고기'의 반사형은 '외'의 변화과정을 잘 보여준다. '암탁'과 '수탁'은 '닭'이 '닥'으로 재구조화되었음을 보여준다. 이 지역에서도 '닭'보다는 '닥'이 훨씬 더 널리 쓰인다. (90b)에서 '둘치'의 반사형 '부람톳'은 다른 지역에서는 전혀 발견되지 않는 어형이다. 어형 자체도 어원을 알 수 없을 만큼 특이하다.

4) 들짐승과 날짐승

들짐승 및 날짐승과 관련된 특징적인 어휘는 다음과 같다.

(91) 원인천

  ⓐ 음운론적 변이

호랑이 호랑이(文), 호:랭이(月) / **구렁이** 구렁이(文), 구렝이(月) / **다람쥐** 다람지(文), 다람쥐(月) / **기러기** 기러기(文), 기레기(月) / **올가미** 올개미(文), 올가미(月) / **꿩** 꽁(文), 꿩:(月) / **덫** 돗(文), 덧(月), ─을 돗을(文), 덧을(月)

  ⓑ 어휘적 변이

도마뱀 동애뱀(文), 동아뱀(月) / **거꾸로** 까꾸루(文), 가꾸루(月)

(92) 강화

  ⓐ 음운론적 변이

원숭이 원:숭이(喬), 원:셍이(華), 원:숭이(兩) / **거꾸로** 꺼꿀루(喬), 꺼꾸루(華), 꺼꾸로(兩)

  ⓑ 어휘적 변이

살쾡이 살쾡이(喬), 삭(華), 살개미(兩) / **도마뱀** 장자뱀(喬), 동아뱀(華), 동아뱀(兩) / **덫** 덧(喬), 차위(華), 차위(兩) / **올가미** 올:가미(喬), 올무(華), 올:개미(兩)

  ⓒ 기타

고슴도치 고슴도치(喬), 고슴도치(華), 고스므도치(兩) / **살무사** 살무사

(喬), 살망아(華), 살무사(兩) / **장끼** 장꽁(喬), 수퀑이(華), 장:끼(兩) / **까**
투리 까투리(喬), 암퀑이(華), 까투리(兩)

(93) 연안도서

ⓐ 음운론적 변이

살쾡이 살캥이(宗), 살쾡이(積), 살쾡이(興) / **살무사** 살무사(宗), 살모사
(積), 살모사(興) / **생쥐** 생지(宗), 생:지(積), 생:쥐(興) / **박쥐** 박지(宗),
박:지(積), 박:쥐(興) / **거꾸로** 꺼꾸로(宗), 거꾸로(積), 까꾸로(興) / **다람**
쥐 다람지(宗), 다람지(積), 다람쥐(興) / **덫** 덧(宗), 덧(積), 덧(興)

ⓑ 기타

올가미 올가미(宗), 올개미(積), 올빼미(興)

(91a)에서 '호랭이, 구렝이, 기레기, 올개미'는 모두 움라우트와 관련
된 어형이다. '다람지'와 '꽁'은 모두 이중모음을 가졌던 것인데 활음 w
가 탈락되어 나타난 것들이다. '덫'의 경우에는 어간말자음 'ㅊ'이 'ㅅ'
으로 바뀌는 변화를 보이기도 한다. (91b)에서 '동아뱀' 또는 '동애뱀'
은 중부 방언을 중심으로 많이 관찰되는 어형이다. '거꾸로'는 모두 '까
꾸루'로 나타나는 것이 특징적이다.

(92a)에서 '원:셍이'는 움라우트와 관련이 있는데 변화의 양상은 특
이하다. '거꿀루'는 'ㄹ'의 첨가를 보여준다. (92b)의 '차위'는 주로 중부
방언에 나타난다. '올가미'의 반사형은 강화말에 '올가미'형과 '올무'형
이 모두 나타나고 있음을 보여준다. '올개:미'는 움라우트도 보여준다.
(92c)의 '살망아'는 다른 방언에서 확인되지 않는 특이한 어형이다. '꿩'

이 '꽁'으로 나타나는데 '워'가 '오'로 축약된 것을 보여준다.

(93a)에서 '살캥이'는 '살쾡이'에서 활음 w가 탈락된 결과이다. '살무사'의 반사형을 보면 '오'와 '우'의 교체가 나타나는데 전국적으로 흔하게 나타나는 현상이다. '생쥐, 박쥐, 다람쥐' 모두 활음 'w'의 탈락을 보여준다. '덫'은 모두 '덧'으로 나타나는데 마찰음화에 의해 모두 '덧'으로 재구조화됐음을 알 수 있다. (93b)의 '올가미'의 반사형은 매우 특이하다. '올개미'는 '올가미'에 움라우트가 적용된 것으로 설명이 가능하다. 그런데 '올빼미'는 설명이 어렵다. 종종 나타나는 'ㄱ'과 'ㅂ'의 교체로 볼 수도 있으나 그렇게 보려면 '올빼미'가 아닌 '올배미'여야 한다. 'ㄱ'과 'ㅂ'의 교체가 일어난 후 새 이름 '올빼미'에 이끌려 '올빼미'가 되었을 것이라는 추측이 가능하다.

10. 식물

식물명은 동물명과 마찬가지로 방언에 따라 매우 다양하게 나타난다. 식물 관련 어휘는 다시 다음과 같이 세분될 수 있다.

- 꽃과 풀
- 나무
- 과일과 열매

1) 꽃과 풀

꽃 및 풀과 관련된 특징적인 어휘는 다음과 같다.

(94) 꽃이나 풀과 관련된 특징적인 어휘

ⓐ 음운론적 변이

맨드라미 맨드래미(文) / **질경이** 질겡이(文), 질겡이(月)

ⓑ 어휘적 변이

봉선화 봉:선화꽃(文), 봉:숭아(月) / **도깨비바늘** 도깨비바늘(文), 도둑
놈지팽이 / 도깨비바눌(月) / **아주까리** 아주까리(文), 아주까리〈피마자
(月)

(95) 강화

ⓐ 음운론적 변이

쇠비름 세비름(喬), 세:비름(華), 쇠비름(兩) / **억새** 억:새(喬), 윽:새(華),
억새(兩) / **이끼** 이끼(喬), 니끼(華), 이끼(兩)

ⓑ 어휘적 변이

민들레 민둘레(喬), 명:들레(華), 밈:들레(兩) / **맨드라미** 닭의볏(喬), 맨
드라미(華), 맴:드람(兩) / **해바라기** 해바라기(喬), 해가오리(華), 해바
라기(兩) / **질경이** 뱁자리(喬), 질겡이(華), 질겅이(兩) / **고비** 고:비(華),
곱새(兩)

ⓒ 기타

덩굴 덩굴(喬), 넝쿨(華), 넝쿨(兩) / **덤불** 덤불(喬), 북데기(華), 덤불(兩)

(96) 연안도서

   ⓐ 음운론적 변이

맨드라미 맨드라미(宗), 맨드래미(積), 맨드라미(興) / 질경이 질겡이(宗), 질경이(積), 질겡이(興) / 씀바귀 씀바기(宗), 씀바기(積), 씀바기(興)

   ⓑ 어휘적 변이

쇠비름 쉐비듬(宗), 세비듬(積), 쉐비름(興) / 아주까리 피자마(宗), 아주까리(積), 피마자(興) / 덩굴 덩굴(宗), 넝쿨(積), 넝꿀(興)

   ⓒ 기타

삘기 삘기(宗), 삘:기(積), 삐레기(興)

원인천말에서 꽃이나 풀 이름에서는 많은 특징이 발견되지는 않는다. (94a)는 모두 움라우트에 의한 어형이다. (94b)의 '봉선화'와 '봉숭아', 그리고 '도깨비바늘'과 '도둥놈지팽이'는 두 가지 모두 사용된다. '아주까리'는 이전에는 '피마자'였으나 현재는 모두 '아주까리'만 쓴다.

(95a)에서 '세비름'은 '외'가 '웨'를 거쳐 '에'로 단모음화 된 결과를 보여준다. '윽:새'는 장모음 '어'가 '으'로 상승된 결과이다. '니끼'는 중부 방언에 주로 나타나는 어형이다. (95b)의 '민들레'의 반사형은 매우 특이하다. '민들레'의 방언형은 매우 다양한데 '멍:들레'와 '밈:들레'는 유사한 어형이 다른 방언에서 발견되기는 하지만 동일한 어형은 발견되지 않는다. '해가오리'는 북부 방언의 영향을 보여준다. '해가우리'형은 평안 방언과 함경 방언에서 주로 발견되는데 강화말에서 확인되는 것이다. '곱새'는 다른 방언에서는 확인되지 않는다.

(96a)에서 ‘맨드래미’는 움라우트가 적용된 결과이고 ‘질겡이’는 ‘여→에’의 변화를 겪은 것일 수도 있고 움라우트가 적용된 결과일 수도 있다. ‘씀바귀’는 모두 ‘씀바기’로 나타나는데 이 지역에서는 ‘위’에서 활음 ‘w’의 탈락이 매우 활발함을 보여준다. (96b)에서는 ‘쉐비름’과 ‘쉐비듬’이 함께 쓰임을 알 수 있다. ‘쇠비름’뿐만 아니라 ‘비름’도 ‘비듬’과 함께 나타나는 것은 전국적인 현상이다. ‘아주까리’ 또한 ‘피마자’와 함께 나타나는데 ‘피마자’가 ‘피자마’로 음절 도치가 일어난 것도 흥미롭다. ‘덩굴’은 ‘넝쿨’과 ‘넝꿀’ 등의 반사형을 모두 보여준다. ‘넝굴’과 ‘덩굴’은 의미상의 차이는 없다. (96c)에서 ‘뻴기’는 ‘뻬레기’로도 나타나는데 단순히 모음이 삽입된 것인지 본래 ‘뻴’에 속격형이 결합된 ‘뻴의기’인지 검토를 해봐야 함을 시사하는 어형이다.

2) 나무

나무와 관련된 특징적인 어휘는 다음과 같다.

　(97) 원인천
　　ⓐ 음운론적 변이
　　　칡 칡(文), 칙넝쿨, 칙(月), −에 칡넝쿨에(文), 칙넝쿨에(月) / **끝** 끗 / 끚 / 끝(文), 끚,끗,끝(月), −이 끗이지(文), 끚이 | 끗이(月), −을 끚을(文), 끝을(月), −에 끝에(文), 끝에(月)
　　ⓑ 어휘적 변이

그루터기 나무뿌리(文), 나무밑둥(川)

(98) 강화

ⓐ 음운론적 변이

오디 오:두(喬), 오:디(華), 오:디(兩) / **칡** 칙(喬), 칙:(華), 칡(兩) / **삭정이**
삭제이(喬), 삭다리(華), 삭장구(兩) / **나무하다** 낭구헌다(喬), 나무한다
(華), 나무허다(兩)

ⓑ 어휘적 변이

그루터기 그릇(喬), 밑둥(華), 글통(兩)

ⓒ 기타

솔가리 솔가래(喬), 솔가래(華), 솔가래(兩) / **관솔** 관:술(喬), 관:술(華),
관:술(兩) / **그러모으다** 걸머모은다(喬), 긁어모은다(華), 긁어몬:다(兩)

(99) 연안도서

ⓐ 음운론적 변이

관솔 간솔(宗), 관술(積), 관솔배기(興) / **끝** 끚(宗), 끗(積), 끗(興) / **숯** 숫
(宗), 숫(積), 숫(興)

ⓑ 어휘적 변이

솔가리 솔가지(宗), 솔가루(積), 솔잎(興) / **삭정이** 삭장구(宗), 삭쟁이
(積), 삭쟁이(興) / **그루터기** 그루터기(宗), 끄틀(積), 나무 그루(興)

ⓒ 기타

그러모으다 긁어모은다(宗), 긁어모은다[글거모은다](積), 그러모으다
(興)

원인천말에서는 나무와 관련해서도 큰 특징이 발견되지 않는다. (97a)는 모두 어간말자음의 재구조화와 관련이 있다. '칡'의 경우는 어간말자음군을 가지던 것이 'ㄱ'으로 재구조화된 양상을 보여준다. '끝'의 어간말자음은 매우 복잡한 양상으로 나타나는데 현재로서는 'ㅅ, ㅊ, ㅌ' 모두를 말자음으로 인정할 수밖에 없다. (98b)를 보면 '그루터기'는 나타나지 않음을 알 수 있다.

(98a)의 '오두'는 '이'와 '우'의 변이를 보여주는 특이한 예이다. '삭정이'의 반사형은 움라우트와 비모음화를 보여주며 '낭구'는 '나무'의 고형을 잘 보여준다. (98b)의 '글텅'은 다른 방언에서는 확인되지 않는다.

(99a)의 '간술'은 활음 'w'의 탈락을 보여주는 예이다. 이 지역에서는 유난히 활음 'w'의 탈락이 많이 나타난다. 자음 뒤 활음 'w'의 탈락은 주로 동남 방언에서 나타남을 감안하면 특이한 현상이다. '끝'과 '숯'은 마찰음화에 의해 어간말 자음이 모두 'ㅅ'으로 재구조화되었음을 알 수 있다. (99b)에서 '솔가리'는 다양한 반사형을 보여준다. '솔가루'의 '가루'와 '솔가지'의 '가지'가 어떤 연관성이 있는지는 알 수 없다. '솔잎'과 '솔가지'는 다른 것인데 솔잎을 긁어 연료로 사용한 경험 때문에 혼동을 일으킨 것으로 보인다. '삭정이'도 다양한 반사형을 보여준다. '삭쟁이'는 모두 움라우트가 적용된 결과이다. '삭장구'는 경기 방언에서 흔하게 나타나는 어형이다. '그루터기'가 'ㄲ틀'로 나타나는 것은 경기와 충북 충남에 국한되는 특징이다. (99c)에서 '그러모으다'와 '긁어모으다'는 본래 동작이 다른 것이다. 그러나 솔가지 등을 모으기 위한 목적에서 하는 행위이기 때문에 같이 쓰이고 있는 것으로 보인다.

3) 과일과 열매

과일 및 열매와 관련된 특징적인 어휘는 다음과 같다.

(100) 원인천

　ⓐ 음운론적 변이

　　부스러기 부스러기(文), 부시레기, 도:끼밥(月) / 숯 숯(文), 숫, 숱(月),

　　－이 숯이(文), 숫이(月), －을 숯을(文), 수슬(月), －에 숯에(文), 숱에

　　(月) / 싹 싹(文), 싹, 싹시(月) / 참외 참에(文), 챔이(채미)(月)

　ⓑ 어휘적 변이

　　등걸 밑둥(文)

(101) 강화

　ⓐ 음운론적 변이

　　개암 개엄(喬), 깨염(華), 개염(兩) / 머루 머루(喬), 모:루(華), 모:루(兩) /

　　으름 으:름(喬), 느름(華), 으:름(兩) / 참외 차미(喬), 참이(華), 참에(兩) /

　　자두 자두(喬), 자:도(華), 자두(兩)

　ⓑ 어휘적 변이

　　뱀딸기 뱀:딸기(喬), 뱀이줄이(華)

　ⓒ 기타

　　보늬 버:미(喬), 범:(華), 밤:껍질(兩)

(102) 연안도서

    ⓐ 음운론적 변이

    모과 모과(宗), 모과(積), 모:가(興) / **으름** 어름(宗), 으:름(積), 으:름(興)

    ⓑ 어휘적 변이

    홍시 홍시(宗), 홍시(積), 연시(興) / **개암** 개암(宗), 고염(積), 갱:(興) / **마름(菱)** 궹이뿔(興)

    ⓒ 기타

    청미래덩굴 청머루덩굴(宗), 청머래(積)

(100a)의 '부스레기'는 움라우트에 의한 어형이다. '숯'의 다양한 반사형과 '싹시'는 어간말자음의 재구조화와 관련이 있다. 어간말자음 'ㅊ'은 'ㅅ'으로 바뀌는 변화가 일어나는데 그 과정에서 'ㅊ→ㅌ'의 변화도 일어났다. 현재로서는 '숫, 숱' 두 가지를 기저형으로 인정할 수밖에 없다. '참에'는 '참외'에서 '외'의 변화와 관련된 것이다. (100b)의 '등걸'을 보면 '밑둥'과 잘 구별되지 않음을 알 수 있다.

(101a)에서 '개암'의 반사형은 '오'와 '어'의 변화를 보여주며 '머루'의 반사형은 '어'와 '오'에서 나타나는 원순모음화와 비원순모음화의 양상을 보여준다. '느름'은 다른 방언에서는 발견되지 않는다. '자두'의 반사형은 '오'와 '우'의 변화를 보여준다. (101c)의 '버:미'는 경기 방언에서만 발견되는 어형이다.

(102a)에서 '모가'는 이 지역에서 흔히 나타나는 자음 뒤 활음 'w'의 탈락 양상을 보여준다. '으름'은 '어름'으로도 나타나는데 영종도 제보자에게서 종종 나타나는 '으'와 '어'의 교체 예이다. (102b)에서 '홍시'

와 ‘연시’는 각각 색깔과 물성의 차이에 기인해 붙여진 이름이다. ‘개암’과 ‘고욤’은 다른 열매인데 덕적도에서는 ‘개암’이 ‘고염’으로도 쓰이는 것은 특이하다. ‘마름’의 반사형 ‘궹이뿔’은 다른 지역에서는 발견되지 않는다. 마름의 열매 모양 때문에 이러한 이름이 붙여진 것으로 보인다. (102c)의 ‘청미래덩굴’의 방언형은 다른 지역에서는 잘 나타나지 않는데 영종도와 덕적도 두 곳에서 모두 나타났다는 점은 특이하다. 섬 지역의 삶과 청미래덩굴이 직접적인 관련을 맺고 있다고 보기 어렵기 때문에 제보자의 개인적인 어휘력이나 경험의 차이에서 기인하는 듯하다.

11. 자연

자연 관련 어휘는 다시 다음과 같이 세분될 수 있다.

- 산과 들
- 강과 바다
- 시후
- 날씨와 방향

1) 산과 들

산 및 들과 관련된 특징적인 어휘는 다음과 같다.

(103) 원인천

ⓐ 음운론적 변이

기슭 기슬(文), 산기슭, 중턱(月), ―에 기슬에(文), 산기슭에~산기슬에
(月) / **바위** 바위(文), 바우돌(月), ―을 바위를(文), 바우돌을(月), ―에 바
위에(文), 바우돌에(月)

ⓑ **갈림길** 갈림길(文), 갈래길(月)

(104) 강화

ⓐ 음운론적 변이

바위 바위(喬), 바위(華), 바위(兩) / **진흙** 진흑(喬), 진흑(華), 진흑(兩)

ⓑ 어휘적 변이

가파르다 가파르다(喬), 갑지러진다(華)

ⓒ 기타

산꼭대기 산꼭대기(喬), 꼬작대기(華), 산꼭대기(兩) / **묏자리** 못:자리(喬),
산솟자리(華), 산솟자리(兩) / **갈림길** 갈랫길(喬), 샛:길(華), 갈랫길(兩)

(105) 연안도서

ⓐ 음운론적 변이

묘 묘(宗), 묘:(積), 묘(興) / **묏자리** 메자리(宗), 묘:자리(積), 묘자리(興) /

진흙 진흑(泰), 진흑[지늑](積), 진을(興)

원인천말의 산이나 들과 관련된 어휘에서는 특별한 것이 발견되지 않는다. (103a)의 '기슬'은 '기슭'에서 어간말자음 하나가 탈락해서 나타난 어형이다. '바우'는 이중모음 '위'의 변화과정에서 바뀐 것이다. (103b)의 '갈래길'과 '갈림길'은 단어형성법에서 차이가 있기는 하지만 같은 의미로 사용된다.

(104a)에서 '바위'의 반사형은 모두 하향이중모음 'uy'로 나타난다. 이러한 특징은 주로 충남 방언에서 발견되는 것인데 강화말에서도 확인이 된다. '진흑'은 어간말자음군이 'ㄱ'으로 재구조화되었음을 보여준다. (104b)에서 '갑지러진다'는 다른 방언에서는 잘 확인되지 않는 어형이다. 또한 (104c)의 '꼬작대기'도 다른 방언에서는 발견되지 않는다. '갈림길'의 반사형으로 나타나는 '갈랫길'은 '갈림길'과 다른 단어형성법에 의해서 만들어진 것이다. '샛:길'은 '갈림길'과 '지름길'을 혼동해서 나온 것이다.

(105a)에서 '묘'와 '메'의 교체가 확인된다. '묘'가 '메'로, 혹은 '메'가 '묘'로 바뀌는 것은 음운론적으로 설명하기 어려운데 종종 이러한 관계가 나타난다. '진흑'은 '흙'이 '흑'으로 재구조화되어 나타난 결과이다. 그런데 '진을'은 어떤 과정을 거쳐 형성된 것인지 알기 어렵다.

(105a)의 '또랑'은 '도랑'에 어두경음화가 적용된 결과이다. '장긴다'는 '잠기다'에 수의적인 연구개음화가 적용된 결과이고 '잼긴다'는 '잠기다'에 움라우트가 적용된 결과이다. '늪'은 평파열화에 의한 재구조화가 일어나 모두 '늡'으로 나타난다.

2) 강과 바다

방 및 바다와 관련된 특징적인 어휘는 다음과 같다.

(106) 원인천

ⓐ 음운론적 변이

발가숭이 발가생이(文), 벌거숭이(月) / **늪** 늡(文), 진창(月), 에 늡에

(文), 늡은(月)

ⓑ 어휘적 변이

개(펄) 갯벌(文), 갯볼(月) / **봇도랑** 물고(文), 도랑, 수로, 시내(月)

(107) 강화

ⓐ 음운론적 변이

돛 돗(喬), 돗(華), 돛(兩)

ⓑ 어휘적 변이

개골창 개골창(喬), 개울창(兩) / **돛 줄** 돗줄(喬), 용둣줄|아:대줄(華), 돗

줄(兩) / **상앗대** 삿:대(喬), 삿:대(華), 삿대(兩)

(108) 연안도서

ⓐ 음운론적 변이

도랑 도랑(宗), 또랑(積), 또랑(興) / **잠기다** 장긴다(宗), 잼긴다(積), 잠

기다(興) / **늪** 늪(宗), 늡(積), 늡(興)

ⓑ 어휘적 변이

상앗대 상앗대(宗), 삿:대(積), 상앗대(興) / 개펄 갯벌(宗), 갯벌[개뻘]

(積), 펄(興)

(106a)의 '발가생이'는 움라우트와 '위'의 변화에 따른 어형이다. 움
라우트에 의해 '발가숭이 → 발가슁이'가 된 후 '위'의 변화과정에서 '발
가생이'로 나타난 것이다. 그리고 '늡'은 어간말자음 'ㅍ'이 'ㅂ'으로 재
구조화 된 것을 보여준다. (106b)는 '개펄'보다는 '갯벌'형이 많이 쓰임
을 보여준다. 그리고 '봇도랑'이 나타나지 않는 것에서 다른 단어로 대
치하여 쓰고 있음을 알 수 있다.

(107a)의 '돗'은 'ㅊ'의 마찰음화를 보여준다. 이는 '돗 줄'의 반사형에
서도 발견이 된다. (107b)의 '개울창'은 '개울'과 '개골'의 관련성을 보여
준다. '상앗대'는 강화말에서 모두 '삿대'로 나타난다.

(108b)의 '상앗대'는 '삿대'와 함께 나타난다. '개펄'도 '갯벌'과 함께
나타나는데 '벌, 뻘, 펄'의 관계를 살펴볼 필요성을 제기한다. 사전에서
는 '펄'은 '벌'의 거센소리로, '뻘'은 '벌'의 방언형으로 풀이하고 있으나
각각 기원이 다른 것일 수도 있다.

3) 시후

시후와 관련된 특징적인 어휘는 다음과 같다.

(109) 원인천

ⓐ 음운론적 변이

내일 낼:(文), 내일(月) / **사흘날** 사흘날(文), 사혼날(月)

ⓑ 어휘적 변이

그저께 그저께(文), 그제~그저께(月)

ⓒ 기타

이제 인제(文), 인제, 지금(月)

(110) 강화

ⓐ 음운론적 변이

점심 점:슴밥(喬), 점:심(華), 점심(兩) / **오늘** 오눌(喬), 오늘(華), 오늘
(兩) / **지금** 지금(喬), 지끔(華), 지끔(兩)

ⓑ 어휘적 변이

해거름 어스름(喬), 해거름(華)

(111) 연안도서

ⓐ 음운론적 변이

점심 정:심(宗), 점심(積), 점심(興) / **노을** 노을(宗), 노을(積), 너울(興) /
사흘 사흘(宗), 사흘날[사흘랄](積), 사흘(興)

ⓑ 어휘적 변이

한나절 한나절(宗), 한나절(積), 반:나절(興)

(100a)의 '낼'은 '내일'이 축약되고 이에 따른 보상적 장모음화가 일

어났음을 보여준다. '사흘날'은 기원적으로는 '사흘날'인데 합성과정에서 'ㄷ'으로 바뀐 것과 그렇지 않은 것이 공존함을 보여준다. (109b)의 '그제'는 '어제'와 평행한 관계를 유지하기 위한 것으로 보인다. (109c)의 '인제'는 자연발화에서 매우 많이 나타난다.

(110a)의 '점:습밥'은 비어두위치에서의 전설모음화 결과를 보여준다. '오늘'은 '오눌'로도 나타나는데 '바늘, 마늘'과 함께 강화말에서 특징적으로 나타나는 현상이다. '지금'은 '지끔'과 같은 경음화형이 나타나는데 강화말뿐만 아니라 광범휘하게 발견된다. 경음화가 나타날 특별한 환경이 아닌데도 불구하고 나타난다는 점에서 그 이유를 밝힐 필요가 있다.

(111a)에서 '정심'은 'ㅁ'과 'ㅇ'의 교체를 보여주는데 여러 방언에서 확인되는 불규칙한 대응이다. '너울'은 본디 다른 뜻인데 영홍도에서 '노을'의 뜻으로 '너울'을 쓰는 것이 특이하다. '사흘날'은 이전에 형성된 합성어가 화석처럼 남아 있는 어형인데 '사흘날'과 공존한다. '사흘날'은 '사흘'과 '날'을 결합시켜 새로 만든 합성어로서 유음화가 나타나 '사흘랄'이 된다. (111b)는 '한나절'과 '반나절'의 혼동을 보여준다. 본래는 하루의 반이 '한나절'이고 그 반이 '반나절'인데 용법상 구별 없이 하루 낮의 반으로 쓰이는 경우가 많다.

4) 날씨와 방향

날씨 및 방향과 관련된 특징적인 어휘는 다음과 같다.

(112) 원인천

　ⓐ 음운론적 변이

　　볕 볏(文), 볓(月), **－이** 볏이(文), 볓이(月), **－을** 볏을(文), 볓을(月) / **고드름** 고드름(文), 고두룸(月)

　ⓑ 어휘적 변이

　　소나기 소낙비(文), 소내기(月) / **발자국** 발자죽(文), 발자국(月) / **오른쪽** 바른쪽(文), 오른쪽(月)

　ⓒ 기타

　　북풍 북풍(文), 마파람(月) / **남풍** 남풍(文), 하늘바람(月) / **동풍** 동풍(文), 놉새바람(月) / **서풍** 서풍(文)

(113) 강화

　ⓐ 음운론적 변이

　　벼락 벼락(喬), 베락(華), 벼락(兩) / **위** 우이(喬), 우에(華), 위(兩) / **회오리바람** 회오리바람(喬), 훼:리바람(華), 회오리바람(兩)

　ⓑ 어휘적 변이

　　발자국 발자죽(喬), 발자죽(華), 발자국(兩) / **은하수** 은하수(喬), 시냇개울(華), 운하수(兩) / **금성** 개밥도둑(喬), 새벽별(華) / **남풍** 마파람(喬), 남풍(華), 남풍(兩) / **서풍** 서풍(喬), 하네바람(華), 서풍(兩)

　ⓒ 기타

　　는개 안:개비(喬) / **싸락눈** 싸래기눈(喬), 싸락눈(華), 싸락눈(兩)

(114) 연안도서

ⓐ 음운론적 변이

볕 볏(宗), 볏(積), 햇볕(興)

ⓑ 어휘적 변이

양달 양달(宗), 양달(積), 양지(興) / **싸락눈** 싸락눈(宗), 싸라기(積), 싸래기눈(興) / **왼쪽** 웬쪽(宗), 엔쪽(積), 왼쪽(興) / **회오리바람** 훼오리바람(宗), 회오리바람(積), 훼오리바람(興) / **북풍** 북풍(宗), 하네바람(積), 북풍(興) / **남풍** 남풍(宗), 마파람(積), 남풍(興)

ⓒ 기타

햇무리 해 물먹다(宗), 해무리(積) / **달무리** 달 물먹다(宗), 달무리(積), 달무리(興)

(112a)에서 '볏'과 '볓'은 'ㅌ'의 재구조화에 따른 것이다. 'ㅌ'은 'ㅅ'으로 재구조화되는 것이 일반적인데 그 과정에서 'ㅊ'으로 나타나기도 한다. '도두름'은 모음 원순모음 '오'와 양순음 'ㅁ'에 의해 원순모음화가 나타난 것이다. (112b)는 두 가지 어형이 공존하고 있음을 보여준다. 인천이 바다에 인접해 있기 때문에 바람의 방향에 대한 어휘가 풍부할 것으로 기대할 수 있으나 (112c)에서 알 수 있듯이 그리 풍부하게 나타나지는 않는다. 배를 타고 바다에 나가 조업을 하지 않는 한 피상적으로 이해할 수밖에 없기 때문에 나타난 결과이다.

(113a)에서 '베락'은 '여 → 에'의 축약을 보여준다. '여 → 에'의 축약은 국어의 여러 방언에서 광범위하게 확인되는데 강화말에서는 다른 경기 방언과 비교해 볼 때 상대적으로 적게 나타나는 편이다. '위'의 반

사형은 하향이중모음이 유지되는 것과 처격 '에'가 결합된 것을 모두 보여준다. '회오리바람'의 반사형은 '외'의 단모음화와 이중모음화 결과를 잘 보여준다. (113b)에서 '발자죽'은 매우 특이하다. 국어 방언 전체를 살펴볼 때 '발자죽'은 남부방언에서 주로 발견된다. 그런데 경기 방언을 비롯해 중부 방언에서도 나타나지 않는 '발자죽'형이 나타나는 것은 매우 특이한 것이다. '은하수'가 '시냇개울'로 나타나는 것도 매우 특이하다. 은하수의 생김이 '시내'와 유사해 만들어진 것으로 보이는데 '개울'까지 결합된 것이다. '개밥도둑'도 특이한 어형이고 '마파람'과 '하네바람'은 섬 지역의 특성을 잘 보여준다.

(114a)에서 '베락'은 '여 → 에'의 축약을 보여준다. '여 → 에'의 축약은 국어의 여러 방언에서 광범위하게 확인되는데 인천 연안도서말에서는 다른 경기 방언과 비교해 볼 때 상대적으로 적게 나타나는 편이다. '위'의 반사형은 하향이중모음이 유지되는 것과 '처격' '에'가 결합된 것을 모두 보여준다. '회오리바람'의 반사형은 '외'의 단모음화와 이중모음화 결과를 잘 보여준다. (114b)에서 '발자죽'은 매우 특이하다. 국어 방언 전체를 살펴볼 때 '발자죽'은 남부방언에서 주로 발견된다. 그런데 경기 방언을 비롯해 중부 방언에서도 나타나지 않는 '발자죽'형이 나타나는 것은 매우 특이한 것이다. '은하수'가 '시냇개울'로 나타나는 것도 매우 특이하다. 은하수의 생김이 '시내'와 유사해 만들어진 것으로 보이는데 '개울'까지 결합된 것이다. '마파람'과 '하네바람'은 섬 지역의 특성을 잘 보여준다.

제5장

인천말의 문법적 특징

이 장에서는 인천말의 문법적 특징에 대해 서술한다. 어떤 언어의 어휘적 특징은 다양한 방법으로 기술할 수 있다. 또한 특징에 대한 본격적인 기술이 가능하려면 다양한 환경에서 참여관찰을 해야 한다. 그러나 인천말은 직관적으로 보았을 때 표준어 또는 일반적인 중부방언과 상당히 유사하다. 따라서 모든 문법 항목에 대한 체계적 기술보다는 일반적인 기준에 따른 분류를 바탕으로 특징적인 것만을 기술할 수 있다. 본 연구는 국립국어원의 지역어 조사 질문에 의거해 조사가 이루어졌으므로 인천말의 문법적 특징도 이 질문지 체제에 맞춰 기술한다.

지역어 조사 질문지는 문법을 '대명사, 조사, 종결어미, 연결어미, 주체 존대, 시제, 부정, 피동과 사동, 보조용언, 부사, 관용적 표현'의 11개 항목으로 나누었다. 따라서 이 체제에 맞춰 인천말의 어휘를 정리하고 이 중에서 특징적인 것 중심으로 설명한다.[1]

1. 대명사

대명사와 관련된 문법 항목은 다시 다음과 같이 세분될 수 있다.

- 인칭대명사
- 의문대명사
- 그 밖의 의문사
- 지시대명사, 지시부사

1) 인칭대명사

인천말에서 인칭대명사와 관련하여 조사된 결과는 다음과 같다.

(1) 원인천

ⓐ 음운론적 변이

나-도 나두(文), 나두(月) / **너-에게** 너(文), 네게, 니게(月) / **자기** 제

---

1 문법 면에서는 지역에 따른 차이가 크지 않지만 지역별로 특징적인 것을 세분해서 서술한다. 문법적 특징도 각 항목마다 음운론적 변이를 보이는 것, 문법적 변이를 보이는 것, 기타 세 가지로 나누어 기술한다. 음운론적 변이를 보이는 것은 다른 지역과 다른 음운현상이 반영된 것이나 특징적인 음운현상이 반영된 것들을 주로 다룬다. 문법적 변이를 보이는 것은 형태나 통사상에서 다른 현상이 나타나 인천 말의 특징을 보여주는 것들을 다룬다. 기타는 이 두 가지에는 포함되지 않지만 인천말의 문법적 특징을 이해하는 데 꼭 필요한 것들을 추려서 제시한다. 지역별 약어는 어휘 부문과 같다.

(文), 지(月) / **저 / 제-가** 제:가(文), 저 / 제가(月)

　　ⓑ 문법적 변이

　　　나-에게 나에게(文), 내게(月) / **나-와** 나하구(文), 나랑(月) / **저희** 저
　　　에(文), 저히들(月) / **너희** 네:(文), 느:이(月)

　　ⓒ 기타

　　　자네 자네(文), 자네(月) / **당신** 당신(文), 당신(月) / **걔** 걔(文), 걔:(月) /
　　　얘 얘(文), 얘(月) / **쟤** 쟤(文), 쟤:(月) / **당신** 당신(文)

(2) 강화

　　ⓐ 음운론적 변이

　　　저희 저에(喬), 저에(華), 즈이(兩) / **걔** 걔:(喬), 걔:는(兩) / **너희** 너에
　　　(喬), 너희들(兩)

(3) 연안도서

　　ⓐ 음운론적 변이

　　　저희 저희(宗), 저희[저이](積), 저이(興) / **너희** 너이(宗), 너희[너이]
　　　(積), 너이(興)

　　ⓑ 문법적 변이 / **저 / 제-가** 저는(宗), 제가(積), 저(興) / **자기** 자기(宗),
　　　자기(積), 지(興)

　(1a)에서 '두'는 '도'와 수의적으로 나타난다. 어휘형태소에서와 마찬
가지로 문법형태소에서도 '오 → 우'의 변화가 많이 나타나는데 이러한
현상이 반영된 것이다. 그러나 이러한 변화는 필수적인 것이 아니어서

같은 화자에게서도 상황에 따라 '도, 두'가 수의적으로 선택되어 쓰인다. '니게'는 '네'가 변한 것인데 젊은 세대일수록 많이 쓴다. '자기'에 대해 '제, 지'가 나타나는데 '지' 또한 젊은 세대에서 많이 쓰는 대명사이다. (1b)에서 '에게'와 '게'가 같이 나타는데 '에'가 결합된 것과 그렇지 않은 것이 수의적으로 나타난다. 이는 국어의 일반적인 경향과 유사하다. '저에'는 '저희의'가 축약된 형태이다. '너희'에 대해 '느이'가 나타나는 것은 중부 방언에서 흔하게 발견되는 현상이다. (1c)의 '자네'와 '당신'은 매우 드물게 쓰인다. 인천말 화자들은 이 용법에 대해 알고는 있으나 실제 대화에서는 많이 사용하지 않는다. 이는 이 두 대명사가 인천말 고유의 것이라기보다는 외부에서 유입되거나 표준어의 영향을 받은 것일 가능성을 보여준다. '걔, 애, 쟤'는 구어에서 매우 많이 나타난다.

강화말의 인칭대명사에서는 특이한 사항이 별로 나타나지 않는다. (2a)에서 '저희'의 반사형은 'ㅎ'의 탈락 및 모음의 변이를 보여준다. '저에'는 관형격조사 '—의'가 결합된 것인데 이는 '너희'의 반사형인 '너에'에서도 발견된다. '즈이'는 국어의 방언 전체에서 광범위하게 발견된다.

인천 연안도서말의 인칭대명사에서는 특이한 사항이 별로 나타나지 않는다. (3a)에서 '저희'와 '너희'의 반사형은 'ㅎ'이 탈락된 형태로 나타난다. 모음 사이의 'ㅎ'은 탈락되거나 약화되는 일반적인 경향이 반영된 것이다. (3b)에서 '저'와 '제'는 관계는 결합되는 조사와 관련이 있다. 주격조사 '—가'가 결합될 때는 '제'가 나타나는데 이는 국어의 일반적인 현상이다. '자기'의 반사형 '지'는 '자기'의 낮춤말이다.

2) 의문대명사

인천말에서 의문대명사와 관련하여 조사된 결과는 다음과 같다.

(4) 원인천

ⓐ 음운론적 변이

무엇-이 머:이(文), 뭐:가(月) / 무슨 무신(文), 무슨(月)

ⓑ 문법적 변이

무엇-이냐 / 입니까 뭐:냐(文), 뭐:냐(月) / 누구-의 누구(文), 누구(月) /

누구-와 누구허구(文), 누구와(月) / 무엇-을 뭐(文), 뭐:(月) / 무엇-과

무엇과(文), 뭐:와(月)

(5) 강화

ⓐ 음운론적 변이

무엇-이냐 / 입니까 뭡:니까(喬), 머:냐(華), 뭐:냐고(兩)

(6) 연안도서

ⓐ 문법적 변이 / 누구-요 / 누구십니까 누구요(宗), 누구세요(積), 누구시

요(興) / 무엇-이냐 / 입니까 뭐냐(宗), 무엇입니까(積), 뭐냐 / 뭐에요

(興)

(4a)의 '머이'는 '무엇이'의 축약형 '뭣이'가 '뭐이'의 단계를 거쳐 형성
된 것이다. '뭐가'로 나타나는 것도 축약에 따른 것이다. '무신'은 'ㅅ' 뒤

에서 '으→이'의 변화를 거치는 전설모음화에 의해 나타난 것이다.
(4b)를 보면 '무엇'이 '뭐'에 대응되는 것이 많이 나타남을 알 수 있다.

(5a)의 '머:냐'는 '무어'가 '뭐:'로 축약된 후 활음이 탈락된 결과를 보여준다. 이것을 제외한 의문대명사는 큰 특이점이 발견되지 않는다.

연안도서의 의문대명사에서는 특이사항이 발견되지 않는다. 의문대명사는 모두 '무엇'과 '누구'로 나타나고 결합되는 어미는 경어법 등급에 따라 달라진다.

3) 그밖의 의문사

인천말에서 그 밖의 의문사와 관련하여 조사된 결과는 다음과 같다.

(7) 원인천
ⓐ 음운론적 변이
어떻게 어:트게(文), 어트게(月)

(8) 강화
ⓐ 음운론적 변이
어디 어드메(喬), 어:디(華), 어디(兩) / **어떻게** 어뚱게(喬), 어트게(華),
어:트게(兩)

(9) 연안도서

ⓐ 음운론적 변이

왜 웨(宗), 왜(積), 왜(興)

원인천 말에서 그 밖의 의문사에서 특징적인 것은 '어트게' 하나이다. (7a)의 '어 → 으'의 변화를 겪고 'ㅎ'과 'ㄱ'의 축약이 일어나지 않은 것으로 볼 수 있으나 왜 이러한 어형이 나타났는지는 분명하지 않다. 원인천의 말에서 'ㅎ'과 평장애음이 결합되어 유기음이 되는 것은 일반적인 현상인데 왜 유독 이 의문사에서만 유기음화가 적용되지 않았는가는 의문이다. 'ㅎ'과 평장애음이 결합되어도 유기음화가 나타나지 않는 다른 서남방언이나 서북방언의 것을 차용했을 가능성도 있다.

(8a)의 '어드메'는 매우 특징적인 어휘이다. '어드메'형은 평안 방언과 함경 방언 등 주로 북부 방언에서 발견된다. 그런데 이러한 어형이 강화말에서도 확인된다는 것은 강화말이 북한 방언과 밀접한 관련이 있음을 보여준다. '어뜩게'는 '어떻게'의 두 번째 음절에서 '어 → 으'의 변화가 나타난 것인데 비어두에서 모음 상승이 나타났다는 점이 특이하다.

연안도서 말에서는 그 밖의 의문사에서도 특이사항은 발견되지 않는다. '왜'와 '웨'는 두 이중모음 간 구별이 되지 않기 때문에 나타난 것이다.

4) 지시대명사, 지시부사

인천말에서 지시대명사 및 지시부사와 관련하여 조사된 결과는 다음과 같다.

(10) 원인천

 ⓐ 문법적 변이

  이것 이것(文), 이거, 이게(月) / **그것** 그것(文), 그게(月) / **저것** 저것(文),
  저게(月)

(11) 강화

 ⓑ 문법적 변이

  여기 여기(喬), 요기(華), 여기(兩)

(12) 연안도서

 ⓐ 음운론적 변이

  이것 이거(宗), 이거(積), 이거(興) / **그것** 그건(宗), 그거(積), 그거(興) /
  저것 저거(宗), 저건(積), 저거(興)

 (10a)에서 '이게, 그게, 저게'형이 나타나는 것이 특징적이다. '이것
이'에 대응하기는 하나 '이것이'의 축약형이라고 하기 위해서는 'ㅅ'이
탈락되고 '거이'가 '게'로 축약되는 이유를 설명해야 하는데 원인천의
말의 음운현상으로 설명하기는 어렵다. '이것이'가 축약된 것이라기보
다는 이전의 형태가 계승된 것으로 보인다.

 강화말의 지시대명사 및 지시부사에서는 특별한 것이 발견되지 않
는다. '요기'는 강화말뿐만 아니라 국어 방언 전체에서 발견되는 것으
로서 '여기'보다 더 분명한 위치를 지시할 때 사용된다.

 인천 연안도서말의 지시대명사 및 지시부사에서도 별다른 특이사항

이 발견되지 않는다. 다만 '이것, 그것, 저것'에서 모두 'ㅅ'이 탈락한 형태로 나타난다. 그러나 'ㅅ'이 탈락한 것과 유지된 것 사이에 차이는 없다.

2. 조사

조사와 관련된 문법 항목은 다시 다음과 같이 세분될 수 있다.

- 격조사
- 보조사

1) 격조사

인천말에서 격조사와 관련하여 조사된 결과는 다음과 같다.

(13) 원인천

ⓐ 음운론적 변이

보다 보담(文), 동생보다(川) / **으로** 집으로(文), 찹쌀루(川) / **으로** 방으로(文), 집우루(川) / **으로** 밖으로(文), 새끼루(川)

ⓑ 문법적 변이

에게 / 게 선생님에게(文), 한테(月) / **보고 / 더러** 선생님더러(文), 누구더러(月) / **보고 / 더러** 선생님보고(文) / **와 / 과** 친구와(文), 수박이랑 참에(月) / **처럼** 처럼(文), 뒈지같이(月) / **이랑** 밥허구 술하구(文), 술서껀 고기서껀(月)

(14) 강화

ⓐ 음운론적 변이

-으로(찹쌀로) 누룩으루(喬), 찹쌀로(華), 찹쌀로(兩) / **-으로(짚으로)** 집으루(喬), 곡식으루(華), 집으로(兩) / **-으로(새끼로)** 새끼루(喬), 새끼루(華), 새끼로(兩) / **-으로(어디로)** 어디루(喬), 어디로(兩) / **-보다(형보다)** 형보덤(喬), 형보다(華), 형보다(兩) / **-처럼(돼지처럼)** 돼:지처럼(喬), 돼:지겉이(華), 돼:지처럼(兩) / **-커녕(만 원은커녕)** 만:원커냥(喬), 커녕(華), 커녕(兩)

ⓑ 문법적 변이

-와 / 과(수박과 참외) 자:두허구(喬), 나하구(華), 수박과 참에(兩) / **-와 / 과(나와)** 나하구(喬), 나하고(兩)

(15) 연안도서

ⓐ 문법적 변이

-보고 / 더러(누구더러) 더러(宗), 에게(積), 선생님더러(興) / **-보고 / 더러(누구보고)** 한테(宗), 한테(積), 선생님보고(興) / **-와 / 과(수박과 참외)** 수박과(宗), 수박과(積), 수박하고(興) / **-와 / 과(나와)** 나하고(宗),

나하고(積), 나랑(興) / ─처럼(돼지처럼) 같이(宗), 처럼(積), 처럼(興)

(13a)의 '보담'은 'ㅁ'이 음절말에 첨가된 형태이다. '으로'가 '으루'로도 나타나는 것은 '오→우'의 변화와 관련이 있다. (13b)에서 '한테'가 나타나는데 구어에서는 '에게'보다 '한테'가 많이 쓰이며 '더러'와 '보고'는 수의적으로 교체되어 쓰인다. '와'는 문어에서 주로 쓰이고 구어에서는 '랑 / 이랑'이 많이 쓰인다. 또한 '랑 / 이랑'과 함께 '하고'도 구어에서 많이 쓰인다. 그리고 요즘에는 잘 쓰이지 않지만 '서껀'도 예전에는 많이 쓰였다.

(14a)에서 '─으로'가 '─으루'로 나타나는 것은 조사에서의 '오→우'의 변화를 보여주는 것인데 국어의 방언 전체에서 널리 발견되는 현상이다. '─보다'의 반사형 '─보덤'은 중부방언 전체에서 널리 나타나는 것이다. (14b)에서는 '─허구' 또는 '─하고'가 널리 사용되고 있음을 확인할 수 있다.

(15a)를 보면 '─보고, ─더러, ─한테'가 통용됨을 알 수 있는데 이는 다른 지역에서도 유사하게 나타나는 결과이다. '─와 / 과'와 '─하고' 또한 통용되며, '─처럼'과 '─같이'도 통용된다. 이러한 사용 양상은 중부방언에서 공통적으로 나타난다.

2) 보조사

인천말에서 보조사와 관련하여 조사된 결과는 다음과 같다.

(16) 원인천

　　ⓐ 음운론적 변이

　　도 키두(文), 아들두(月) / **이라도** 이라두(文), 부자도(月)

(17) 강화

　　ⓐ 음운론적 변이

　　– 도(키도, 얼굴도) 키두(喬), 먹어두(華), 땅두(兩) / **– 부터(오늘부터)** 오늘부터(喬), 오늘부팀(華), 부터(兩) / **– 이라도(부자라도)** 부 : 자라두(喬), 부:자라두(華), 부:자라도(兩)

(18) 연안도서

　　ⓐ 음운론적 변이

　　– 도(키도, 얼굴도) 키두(宗), 키도(積), 키도(興)

원인천의 말에서 특징적인 보조사는 별로 나타나지 않는다. (16a)의 ‘두’형 보조사는 ‘오→우’의 변화에 의한 것이다. 원인천의 말에서는 ‘도’형과 ‘두’형이 수의적인 교체를 보이며 쓰인다.

강화말에서도 특징적인 보조사는 별로 나타나지 않는다. (17a)의 ‘두’형 보조사는 ‘오→우’의 변화에 의한 것이다. 강화말에서는 ‘도’형과 ‘두’형이 수의적인 교체를 보이며 쓰인다. 또한 ‘– 부팀’은 ‘– 보딤’과 유사하게 ‘ㅁ’이 첨가된 것을 확인할 수 있다.

인천 연안도서말에서도 특징적인 보조사는 나타나지 않는다. (18a)의 ‘– 두’는 ‘오’의 고모음화에 의한 것이다.

3. 종결어미

인천말에서 종결어미와 관련하여 조사된 결과는 다음과 같다.

(19) 원인천

    ⓐ 음운론적 변이

      -아라 앉어라(文), 앉어라(月)

    ⓑ 문법적 변이

      -오 와요(文), 와요(月) / -니 오냐(文), 오니(月) / -으마 갚으마(文), 갚울께(月) / **-음세** 갚음세(文), 갚울께(月)

    ⓒ 기타

      -**으오** 앉으세요(文), 앉어요(月) / **-으십시오** 앉으세요(文), 앉으세요(月) / -소 작:으시네요(文), 작:네요(月) / -오 먹네요(文), 먹네요(月) / **-습니다** 먹네요(文), 먹네요(月) / -네요 먹네요(文) / **-으십니다** 작:으시네요(文), 작:어요(月) / **-으세요** 작:으세요(文), 작:어요(月) / -이오 뭡니까(文), 뭣:이에요(月) / **-입니까** 뭡니까(文), 뭣:입니까(月) / **-인가요** 뭔가요(文), 뭣:입니까(月)

(20) 강화

    ⓐ 음운론적 변이

      -아라(앉아라) 앉아라(喬), 앉아라(兩)

    ⓑ 기타

－으오(앉으시오) 앉아요(喬), 앉으시게(兩) / －으십시오(앉으십시오) 앉
으세요(喬), 앉으십시오(兩) / －세요(앉으세요) 앉으세요(喬), 앉으세요
(兩) / －습니까(옵니까) (비가) 나립니까(喬) / 길에서 우연히 만나서, 어디
가는지를 물을 때(가시오) 가십니까(喬), 가시나(兩) / 길에서 우연히 만나
서, 어디 가는지를 물을 때(가십니까) 가십니까(喬), 가십니까(兩) / 길에
서 우연히 만나서, 어디 가는지를 물을 때(가세요) 가십니까(喬), 가세요(兩)

(21) 연안도서

ⓐ 음운론적 변이

－아라(앉아라) 앉어라(宗), 앉어라(積), 앉어라(興) / 옷이 작다고 말할 때
(작소) 작어요(宗), 작:아요(積), 작소(興)

ⓑ 문법적 변이

－으오(앉으시오) 앉으시죠(宗), 앉으세요(積), 앉으시요(興) / －으십시
오(앉으십시오) 앉으시죠(宗), 앉으세요(積), 앉으십시요(興) / －세요
(앉으세요) 앉으시죠(宗), 앉으세요(積), 앉으세요(興) / －으오(가오) 가
시지요(宗), 가요(積) / －십시다(가십시다) 가시지요(宗), 가세요(積),
가십시다(興) / －니(오니) 오냐(宗), 오니(積), 오니(興) / －오(먹소) 먹
네요(宗), 먹네요(積), 먹소(興)

(19a)는 부사형어미가 표준어의 '아' 대신 '어'로 선택되는 예이다.
(19b)를 보면 '하오체'의 '오'는 잘 나타나지 않음을 알 수 있다. 그리고
의문형 종결어미 '니'는 '냐'로 나타나는 일이 더 많다. '으마, 음세'도 잘
나타나지 않아 '을게'가 주로 쓰인다. (19c)는 높임의 등급이 단순화되

었음을 보여준다. 종결어미는 높임의 등급과 관련하여 매우 다양하게 나타날 수 있다. 원인천말의 높임 등급은 표준어의 그것과 대체적으로 일치된다. 따라서 격식체나 문어에서는 '해라, 하게, 하오, 합쇼' 네 등급으로 구별되지만 구어에서는 '해, 해요' 두 가지 등급으로 주로 실현된다. 자신과 등급이 같거나 낮은 사람에게는 '해'를 쓰고, 높은 사람에게는 '해요'를 쓴다.

(20a)는 부사형어미가 표준어의 '-아' 대신 '-어'로 선택될 것이 예상되는 예인데 '-아'로 나타난다. 그러나 자연발화에서는 '아'말음 어간 뒤에서도 '-어'가 선택되는 예가 많다. (20b)는 강화말의 특징이 잘 드러날 수 있는 항목인데 조사 결과에는 전혀 나타나지 않았다. 강화 토박이들에게 강화말의 특징을 물으면 '-시겨', '-시꺄'와 같은 어미를 예로 든다. 그러나 이러한 진술과는 별개로 실제 조사에서는 이러한 어미에 대한 응답을 하지 않는다. 그리고 이에 대해 더 자세히 질문을 하면 지금은 거의 사용을 하지 않는다고 말한다. 이는 강화말의 현실과 대체적으로 일치되는 것으로 보인다. 이러한 어미의 사용양상을 관찰하기 위해 강화말의 자연발화를 관찰한 결과 극히 일부의 대화에서만 확인할 수 있었다. 이는 이러한 어미가 강화말에서 실제 쓰였지만 점차 사라지고 있음을 보여준다.

인천 연안도서말의 종결어미는 표준어의 그것과 대부분 일치된다. 높임법의 사용양상도 표준어와 거의 차이가 없다. (21a)는 부사형어미가 '-어'로 나타남을 보여준다. 표준어에서는 '앉-, 작-'과 같은 '아' 말음 어간 뒤에는 '-아'가 나타나는데 이 지역에서는 '-어'로 나타난다. 이는 중부방언 전체에 걸쳐 널리 나타나는 특징이다. (21b)의 종결어미에 나타나는 높임법 체계의 주된 특징은 '해요체'와 '해체'가 두루 쓰인다는 것이다. 즉 높여야 할 대상에게는 '해요체'를 주로 쓰고 그러지 않아도 될 대상에게는 '해체'를 두루 쓴다. 이는 현대국어 전체에서 나타나는 변화양상과도 일치된다. 이에 따라 이전에 쓰이던 '하오체'와 '합쇼체'는 특별히 격식을 차려야 하는 상황이 아닐 때에는 잘 안 나타나기도 한다.

4. 연결어미

인천말에서 연결어미와 관련하여 조사된 결과는 다음과 같다.

(22) 원인천
　　ⓐ 음운론적 변이
　　　－고 / －고서 먹구(文), 싣구(月) / －으면서 먹으문서(文), 먹으먼서(月)
　　　/ －더라도 보드라두(文), 써두(月) / －도록 죽도록(文), 빠지두룩(月)
　　ⓑ 문법적 변이
　　　－관데 일인데(文), 일:루(月) / －거든 만나거든(文), 만나면(月) / －으려
　　　고 먹으려고(文), 먹을라구(月)

(23) 강화

  ⓐ 음운론적 변이

    - 고 / - 고서(먹고서) 먹구(喬), 먹고(華) / - 으면서(보면서) 보면서(喬), 먹으민서(華) / - 더라도 먹드라두(喬), 쓰드래도(華) / - 으려고 노나먹을려구(喬), 핼려구(華) / - 도록 부서지드락(喬), 새두룩(華) / - 을수록 익을수룩(喬), 익을수록(華)

(24) 연안도서

  ⓐ 음운론적 변이

    - 어 / - 어서 주워서(宗), 바뻐서(積), 바빠서(興) / - 관데 일이게(宗), 관데(積), 무슨일이건데(興) / - 으려고 먹을라고(宗), 먹으려고(積), 먹을라고(興)

  ⓑ 문법적 변이

    - 거든 만나거든(宗), 만나면(積), 만나거든(興)

(22a)는 문법형태소에서의 '오 → 우' 변화를 잘 보여준다. '구, 더라두, 두록'은 모두 이 변화에 의한 것이다. '으면서'도 '으문서, 으면서' 등으로 나타난다. 활음 'y'가 탈락되거나 양순모음에 동화되어 나타난 형태이다. (22b)를 보이면 '관데'는 잘 안 쓰임을 알 수 있다. 그리고 '거든' 대신 '면'만 쓰기도 하고 '으려고'가 '을라구'로 대체되기도 한다.

(23a) 또한 문법형태소에서의 '오 → 우' 변화를 잘 보여준다. '-구, -더라, -두, -두록'은 모두 이 변화에 의한 것이다. '-으면서'의 반사형은 이중모음의 변이를 보여준다. '보면서'에서는 활음 탈락을 확인

할 수 있고, '먹으민서'에서는 '여 → 이'의 변화를 확인할 수 있다. 강화 말에서 연결어미 '-면'은 모두 '-만'으로 나타나는데 (23)에서는 그러한 결과를 확인할 수 없다. 이 또한 항목조사의 한계이다. 종결어미 '-시겨, -시꺄'와는 달리 '-만'은 현재에도 광범위하게 사용됨을 자연 발화를 통해 확인할 수 있다.

(24a)에서는 부사형어미로 '-아'가 나타날 자리에 '-어'가 나타나는 것을 확인할 수 있다. '-관대'는 '-건데'로 나타나기도 하며 '-기에'로도 대치될 수 있음을 보여준다. '-으려고'의 반사형은 '-을라고'도 나타나는데 이는 중부방언에서 일반적으로 나타나는 양상이다.

5. 시제

인천말에서 시제와 관련하여 조사된 결과는 다음과 같다.

(25) 원인천

　ⓐ 음운론적 변이

　　-더- 막드라(文) / -더- 먹드라(文)

(26) 강화

　ⓐ 음운론적 변이

– 았 / 었 – (먹었니 / 잡수셨습니까) 먹엇나(喬), 먹었냐(華) / – 았었(왔었
다) 왓엇어(喬), 갔드랬다(華) / – 겠 – (않겠다) 마시겟다(喬), 않는다
(華) / – 겠 – (오겠다) 오겟다(喬), 오갔다(華)

ⓑ 문법적 변이

관형형(큰) 큰(喬), 큰(華) / 관형형(만난) 만난(喬), 만난(華)

(27) 연안도서

ⓐ 음운론적 변이 / – 겠 – (오겠다) 오갔다(宗), 오겠네(積), 오겠다(興)

(25a)는 선어말어미 '더'가 '드'로 실현되는 양상을 보여준다. 이 또한 '어 → 으'의 예로서 문법 형태소에서 중모음 형태소가 고모음으로 상승되는 예가 많음을 알 수 있다.

(26a)의 시제 선어말어미에서는 강화말의 특징적인 예를 확인할 수 있다. '– 았 / 었 –'과 '– 겠 –'은 교동에서 '– 앗 / 엇'과 '– 겟 –' 또는 '– 갓 –'으로 나타난다. 어간말에서 'ㅆ'이 나타나지 않는 것은 평안 방언의 중요한 특징 중 하나인데 교동에도 이러한 양상이 나타나는 것이다. 그러나 교동을 제외한 다른 지역에서는 어간말에서 'ㅆ'을 확인할 수 있다. (20b)의 관형형어미도 논의가 필요하다. (20b)에서는 특징적인 것이 나타나지 않지만 자연발화에서는 '– 는 / ㄴ –'과 관련해 특징적인 것이 나타난다. 교동의 자연발화를 보면 '그래서 인제 그 사람은 살안 거야.'와 같은 예가 나타나는데 항목조사에서는 표준어와 같은 어미만 나타난다.

시제 선어말어미 면에서는 '– 겠 –'의 변이형이 특징적이다. (27a)를

보면 '-갔-'으로 나타나는데 이는 인천 및 강화도에서 두루 나타나는 특징이다. 인천과 강화도의 중간에 있는 영종도에서는 '-갔-'이 나타나지만 상대적으로 거리가 먼 덕적도와 영흥도에서는 '-겠-'으로 나타나는 것이 특징적이다. 다른 시제 선어말어미는 표준어와 다르지 않다.

6. 피동과 사동

피사동과 관련된 문법 항목은 다시 다음과 같이 세분될 수 있다.

- 사동
- 피동

1) 사동

인천말에서 사동과 관련하여 조사된 결과는 다음과 같다.

(28) 원인천

ⓐ 음운론적 변이

보이다 보이다(文), 베:다, 벼:주다(月) / **벗기다** 베끼다(文), 벳기다(月)

/ 썩히다 썩히다(文), 쎅히다(川)

ⓑ 문법적 변이

신기다 신기다(文), 싱키다(川) / **돋우다** 돋구다(文), 돋우다(川)

(29) 강화

ⓐ 음운론적 변이

벗기다 벳긴다(喬), 벳긴다(華), 벗긴다(兩) / **썩히다** 쎅힌다(喬), 썩힌다

(華), 썩힌다(兩)

ⓑ 문법적 변이

신기다 신킨다(喬), 신긴다(華), 신:긴다(兩) / **늘리다** 늘쿤다(喬), 늘린

다(華), 늘린다(兩)

(30) 연안도서

ⓐ 음운론적 변이

보이다 보인다(宗), 보인다(積), 벤:다(興) / **벗기다** 벗긴다(宗), 벗긴다

(積), 베낀다(興)

ⓑ 문법적 변이

신기다 신긴다(宗), 신킨다(積), 신킨다(興) / **숨기다** 숨긴다(宗), 숨킨다

(積), 숨킨다(興)

(28a)는 움라우트와 이중모음의 변화과정을 보여준다. '벳기다, 쎅히
다'는 사동접사가 결합된 후 움라우트 환경이 조성되어 움라우트가 일어
난 예이다. '베다'는 '보이다'가 축약된 후 '외'의 변화에 따라 나타난 것인

데 장모음 '에:'가 '이:'로 상승되는 경향에 따라 '벼 주다'로까지 나타나는 것이다. (28b)는 특이한 사동접사의 실현을 보여준다. '신키다'의 경우 '기' 대신 '키'가 결합되었고, '돋우다'의 경우 '구'가 결합되기도 한다.

(29a)는 움라우트와 이중모음의 변화과정을 보여준다. '벳기다, 쎅히다'는 사동접사가 결합된 후 움라우트 환경이 조성되어 움라우트가 일어난 예이다. (29b)는 특이한 사동접사의 실현을 보여준다. '신키다'의 경우 '기' 대신 '키'가 결합되었고, '늘쿤다'의 경우 '쿠'가 결합되었다. 이러한 양상은 경기 방언에서 널리 나타나는 예이다.

(30a)에서 '보이다'의 반사형 '뷄다'는 축약과 이중모음화의 과정을 보여준다. '보이-'가 '뵈-'로 축약된 후 다시 이중모음화에 의헤 '뷔-'로 바뀐 변화가 나타난 것이다. '베끼다'는 '벗기다'에 움라우트가 적용되어 나타난 것이다. (30b)에서는 사동접사 '-키'를 확인할 수 있다. '신다'와 '숨기다'에는 사동접사로 '-기'가 결합되는 것이 아니라 '-키'가 결합된다. 이러한 양상은 경기 방언에서 널리 나타난다.

2) 피동

인천말에서 피동과 관련하여 조사된 결과는 다음과 같다.

(31) 원인천
    ⓐ 음운론적 변이
    잡히다 잽히다(文), 잽히다(月) / **깎이다 깩이다**(文), 깩이다(月) / **끼이다**

찌:다(文), 끼다, 꼈:다(川)

ⓑ 문법적 변이

떼이다 띠:다(文), 띠:다, 띴:다(川)

(32) 강화

ⓐ 음운론적 변이

잡히다 잽혓다(喬), 잽힌다(華), 잡힌다(兩) / **바뀌다** 바:껏다(喬), 바긴다(華), 바긴다(兩)

ⓑ 문법적 변이

떼이다 띠엿다(喬), 뗀:다(華), 떼인다(兩)

(33) 연안도서

ⓐ 음운론적 변이 / **잡히다** 잡힌다(宗), 잡힌다(積), 잽힌다(興) / **깎이다** 깩인다(宗), 깩인다(積), 깎였다(興) / **끼이다** 긴다(宗), 긴:다(積), 끼었다(興) / **떼이다** 떼인다(宗), 띤:다(積), 떼었다(興) / **바뀌다** 바긴다(宗), 바뀐다(積), 바긴다(興) / **끊기다** 끊긴다(宗), 끊킨다(積), 끊긴다(興)

(31a)의 '잽히다, 깩이다'는 모두 움라우트에 의한 것이다. 그리고 '찌다'는 'ㄱ' 구개음화에 의한 것이다. (31b)의 '띠다'는 어근 '떼다' 상태에서 이미 '에→이'의 상승을 경험한 후 피동접사 '이'가 결합되어 나타난 것이다.

(32a)의 '잽히다'는 모두 움라우트에 의한 것이다. 그리고 '바끼다'는 '위'의 단모음화 결과이다. (32b)의 '띠다'는 어근 '떼다' 상태에서 이미

'에 → 이'의 상승을 경험한 후 피동접사 '이'가 결합되어 나타난 것이다.

(33a)의 '잡히다, 깍이다'에서는 움라우트가 적용된 사실을 알 수 있다. '끼이다'의 경우 '끼:다'로 나타나기도 한다. '떼이다'의 반사형 '띠:다'는 '떼다'가 고모음화되어 나타난 것이다. '바꾸다'의 피동형 '바뀌다'는 '위'의 변화에 따라 '이'로 나타나기도 한다. '끊기다'에서는 수의적인 연구개음화를 확인할 수 있다.

7. 부사

인천말에서 부사와 관련하여 조사된 결과는 다음과 같다.

(34) 원인천

ⓐ 음운론적 변이

너무 너머(文), 너무(月) / **모조리** 모조리(文), 모주리(月) / **하마터면** 하마트면(文), 하마터면(月) / **공연히** 괜:히(文), 공연히(月)

ⓑ 어휘적 변이

빨리 빨리(文), 빨리, 일찍(月) / **얼른** 얼른(文), 얼른, 빨리(月) / **기어코** 기어코(文), 굳이, 기어코(月) / **가끔** 가:끔(文), 가:끔, 드문드문(月) / **나중에** 나:중에(文), 나:중에, 이따(月) / **몽땅** 몽땅(文), 몽땅, 송두리째있다(月) / **혼자** 혼자(文), 혼자, 웨따루(月) / **항상** 항상(文), 늘:(月) / **똑똑**

히 똑똑이(文), 똑똑이, 자세히(川) / **걸핏하면** 걸핏하문(文), 걸핏하면, 툭하면(月) / **매우** 매우(文), 엄청, 무척, 아주(川) / **이따금** 이따금(文), 이따금, 드물게, 가:끔(月)

(35) 강화

ⓐ 음운론적 변이

너무 너무(喬), 너머(華), 너무(兩) / **조금** 쪼끔(喬), 쪼끔(華), 쪼끔(兩) / **얼른** 얼릉(喬), 얼른(華), 얼른(兩) / **나중에** 나:중에(喬), 냐:중에(華), 야:중에(兩) / **모조리** 모주리(喬), 모조리(華), 모조리(兩) / **저절로** 저절로(喬), 저절루(華), 저절로(兩) / **하마터면** 하마터면(喬), 하마트민(華), 하마트면(兩) / **걸핏하면** 걸핏허먼(喬), 걸핏허만(華), 걸핏하면(兩)

(36) 연안도서

ⓐ 음운론적 변이

자주 자주(宗), 재주(積), 자주(興) / **똑똑히** 똑똑히(宗), 똑똑히(積), 똑똑이(興) / **겨우** 겨으(宗), 겨우(積), 겨우(興) / **하마터면** 하마터면(宗), 함바터라면(積), 하마트면(興)

ⓑ 문법적 변이

얼른 빨리(宗), 얼른(積), 얼른(興) / **혼자** 혼자(宗), 혼자(積), 홀로(興)

(34a)에 나타나는 변화는 음운론적인 변화를 겪은 것들이다. '너머'의 경우 양순자음 'ㅁ'의 영향으로 비원순모음화에 의해 형성된 것으로 보인다. '모조리'는 '오 → 우'의 변화를 거친 것이며 '하마트면'은 '어 →

으’의 변화를 거친 것이다. ‘괜히’는 ‘공연히’와 관련이 있는 축약형으로 보인다. (34b)는 다양한 부사의 실현 양상을 보여준다. 이는 문법적이라기보다는 어휘적인 변이 양상이다. 비슷한 의미를 가진 부사일 경우에는 상황에 맞게 선택적으로 쓰일 수 있음을 보여준다.

(35a)의 ‘너무’에서는 ‘어’와 ‘우’의 교체를 확인할 수 있다. ‘쪼끔’에서는 경음화를 확인할 수 있는데 이는 ‘지끔’에 나타나는 경음화 양상과 유사하다. ‘야중’은 강화말뿐만 아니라 중부 방언에서 널리 나타나는데 ‘나’와 ‘야’의 교체 이유는 분명하지 않다. ‘하마터면’과 ‘걸핏하면’의 반사형에서는 연결어미 ‘−면’과 관련된 변화의 양상을 확인할 수 있다. 연결어미를 조사하는 항목에서는 ‘−만’이 나타나지 않았지만 부사에서는 ‘−면’에서 유래한 ‘−만’의 존재를 확인할 수 있다. 또한 그 변이형 ‘−민’도 확인할 수 있다.

(36a)에서 ‘자주’의 반사형 ‘재주’는 ‘아 → 애’와 같이 움라우트와 유사한 양상이 나타나는데 매우 산발적이다. ‘똑똑히’에서는 유기음화가 나타나기도 하고 ‘ㅎ’이 탈락되기도 한다. 이 환경에서 ‘ㅎ’이 탈락되는 것은 전라 방언이나 평안 방언에서 주로 나타나는 현상이다. 영흥도에서는 ‘ㅎ’이 탈락되는 양상이 보이는데 이와 유사한 모든 환경에서 이러한 양상이 나타나는 것은 아니다. ‘하마터면’의 반사형 ‘함바터라면’은 특이한 어형을 보여준다. (36b)에서 ‘얼른’과 ‘빨리’는 같이 쓰이고 있음을 알 수 있다. ‘혼자’의 반사형에서도 ‘혼자’와 ‘홀로’가 같이 쓰이고 있음을 알 수 있다.

제6장

결론

이상에서 인천을 원인천, 강화, 연안도서로 나누어 각각의 말을 음운, 어휘, 문법 면에서 살펴보았다. 세 지역이 인천에 속할 뿐만 아니라 방언구획상 중부방언에 속하기 때문에 차이점보다는 공통점이 많이 발견된다. 그럼에도 불구하고 각 지역, 그리고 각 지역의 하위 지역 간에 의미 있는 차이도 발견된다. 이상의 서술을 바탕으로 세 지역의 언어적 특징을 정리하면 다음과 같다.

1. 원인천말

원인천말 조사는 인천의 전형적인 토박이 셋을 선정해서 이루어졌다. 세 제보자를 통해 나타난 특징을 살펴보면 전반적으로는 큰 차이가 없다. 그런데 부분적으로 몇 가지 차이가 나타난다. 가장 큰 차이는 음운체계상의 차이이다. 모음체계에서 세 화자가 서로 다른데 이는 도시 방언의 특색을 드러내는 것으로 보인다. 즉 전통적인 지역에서 제한된 영역에서 살던 제보자는 이전의 모음체계를 잘 유지하는 데 비해 사회적인 활동이 많거나 다른 방언 화자와 접촉이 많은 제보자는 모음체계의 변화를 심하게 입고 있다. 인천이 대도시이고 대도시에서는 다양한 사회생활이 이루어질 수 있으며, 이 과정에서 다른 방언을 접할 가능성이 큰 점을 감안하면 이러한 변화는 당연하다고 할 수 있다.

원인천말 화자의 음운현상을 살펴보면 마치 인천이 음운현상의 집합소인 듯한 느낌을 준다. 국어에서 나타나는 대부분의 음운현상이 세 제보자에게서 확인이 되고 있다. 국어의 음운론적 제약에 의해 필수적으로 나타나는 음운현상은 전국적으로 차이를 보이지 않는 것은 당연하지만 수의적인 규칙까지 거의 모두 나타나는 것은 특징적이라 할 수 있다. 그리고 제보자에 따라서, 나아가 한 제보자라도 상황에 따라서 음운규칙을 수의적으로 적용하는 것도 특징이라고 할 수 있다.

이러한 현상은 두 가지 이유로 해석할 수 있다. 하나는 인천의 도시적 특성으로 인해 다른 방언과 접촉이 많아 다양한 음운규칙을 수용한 것일 수도 있다. 이럴 경우에는 필수적이지는 않더라도 경우에 따라 여러 음운규칙을 적용할 수 있는 것이다. 다른 하나는 음운규칙을 수용한 것이라기보다는 음운규칙이 적용된 어형만을 수용한 것일 수도 있다. 이 경우에는 규칙이 모든 제보자에게 엄격하게 지켜져야 할 이유도 없고 같은 화자라도 상황에 따라 얼마든지 수의적으로 적용할 수 있게 되는 것이다.

어휘를 보았을 때도 음운론적으로나 의미론적으로 매우 다양한 어휘가 나타난다. 동질적이고 고립된 지역이라면 어휘의 일정한 경향성이나 빈칸이 많이 나올 수 있는데 원인천말에서는 이러한 경향이 별로 발견되지 않는다. 그리하여 조사 대상이 된 거의 대부분의 어휘항목에 대해 확인할 수 있었다.

어휘에서 나타나는 이러한 현상 역시 도시적인 특성에서 기인하는 것으로 보인다. 도시 생활의 특성상 직접 경험은 많지 않지만 다양한 사회활동과 다양한 사람과의 접촉을 통해 간접 경험을 많이 할 수 있다. 또한 교통, 통신 등이 상대적으로 발달해 있어 다른 방언을 접할 기회도 많고 교육 수준도 높을 수 있다. 그 결과 도시 화자들의 어휘량이 증가할 수 있게 되는 것이다. 이번 조사의 제보자가 전반적으로 교육 수준도 높고 사회활동 경험도 많기 때문일 수도 있지만 이 역시 도시의 특성이기도 하다.

문법 부문에서는 표준어와 대동소이한 것이 특징이 아닌 특징이라 할 수 있다. 표준어는 서울말을 기준으로 만들어졌는데 인천과 서울은 지리적으로 가깝고 문화적으로도 공통성이 많다. 따라서 표준어가 기반을 두고 있는 서울말과 인천말이 큰 차이가 없기 때문에 문법 면에서 큰 차이가 발견되지 않을 수밖에 없다. 또한 제보자의 교육 수준과 사회 수준이 높은 것도 원인일 수가 있다. 교육수준이 높을수록 표준어를 접하게 될 기회가 많아지고 자연스럽게 표준어의 문법 요소를 자신의 발화에도 그대로 사용하게 되기 때문이다.

2. 강화말

　강화말 조사는 강화말을 가장 잘 보여줄 세 지역에서 여섯 명의 토박이 화자를 선정해서 이루어졌다. 세 지역에서 나타난 특징을 살펴보면 거시적으로는 비슷하지만 세밀하게 관찰해 보면 몇 가지 차이가 나타나기도 한다. 원인천은 대도시적 성격이 매우 강해 그 원인천말 고유의 특징을 찾기 어려웠지만 강화말에서는 고유한 특징이 많이 나났다.

　강화말은 중부 방언의 일부, 나아가 경기 방언의 일부로 보는 데는 큰 무리가 없다. 음운, 어휘, 문법 전 부문에 걸쳐 살펴볼 때 강화말은 강화가 속한 중부 및 경기 방언의 일반적인 특징을 보이고 있다. 그러나 경기도의 서북단에 위치해 있는 섬이라는 지리적 특징을 고려해 강화말을 보다 세밀하게 관찰해 보면 경기의 다른 방언과는 달리 외래적인 요소가 많이 나타나고 있음을 알 수 있다. 위치상으로는 황해도와 인접해 있어 황해도를 통해 북부방언의 요소가 유입될 소지가 많다. 또한 섬 지역의 특성상 거리상으로는 멀더라도 뱃길을 통한 접촉이 잦은 지역의 언어가 영향을 미쳤을 가능성이 크다. 이러한 요인으로 강화말에서는 북부 방언의 요소와 충청 서해안 방언, 멀리 서남 방언에서 나타나는 요소가 발견된다.

　따라서 강화말은 경기 방언의 한 하위방언이기는 하지만 경기의 다른 방언에 비해 외래적인 요소가 훨씬 더 많이 나타나는 방언으로 결론을 지을 수 있다. 그러나 강화말이 방언 경계에서 흔히 나타나는 전이지대적 특징을 보인다고 보기는 어렵다. 전이지대에서는 인접한 방언의 특징이 광범위하고도 체계적으로 나타나는데 강화말에서는 그러한 특징이 나타나지 않기 때문이다. 비록 강화말에 음운, 어휘, 문법의 전 분야에 걸쳐 외래적인 요소가 유입되어 있기는 했지만 산발적인 양상을 보이고 있다.

강화말은 강화 전 지역에 걸쳐 동일한 음운체계와 음운현상을 공유하고 있다고 볼 수 있으나 외래적인 요소의 유입에 의해 약간의 차이가 나타난다. 자음체계에서는 강화말이 중부 방언 전체와 일치된 양상을 보이는데 어간말자음에서는 매우 특이한 양상이 나타난다. 선어말어미 '-았/었-, -겠-'등은 중부 방언 전체에서 모두 'ㅆ'을 말음으로 가지고 있다. 그러나 강화말 중 교동말에서는 유독 어간말에서 'ㅆ'이 나타나지 않는다. 어간말에 'ㅆ'이 나타나지 않는 것은 평안 방언의 특징인데 이러한 양상이 황해도를 거쳐 강화말에까지 영향을 미치고 있는 것으로 보인다. 그러나 그 영향이 강화 본도에까지는 미치지 않아 강화 본도에서는 어간말에 'ㅆ'이 나타난다.

강화말은 10개의 단모음을 모두 가지고 있으며 지역에 따라서도 큰 편차를 보이지는 않는다. 국어의 여러 방언에서 모음의 차이는 심한 편인데 가장 문제가 되는 것이 '에'와 '애'의 구별, 그리고 '위'와 '외'의 단모음 여부이다. 강화말에서 '에'와 '애'는 완전한 대립을 이루고 있고 지역이나 화자에 따라서도 거의 차이를 보이지 않는다. 그리고 '위'와 '외' 또한 단모음으로 나타나고 있다. 그러나 '위'와 '외'의 실현 양상은 매우 복잡한 편이다.

조사된 지역의 화자 모두가 '위'를 단모음으로 발음할 수 있지만 단어에 따라서는 이중모음 ‘wi’나 ‘uy’로 발음하기도 한다. 또한 wi에서 활음이 탈락해 ‘이’로도 나타난다. ‘위’가 이중모음 ‘wi’로 나타나는 것이나 ‘이’로 ‘위’의 변화과정에서 일반적으로 나타나는 것이고 경기 방언에서도 흔히 관찰되는 것이다. 그러나 하향이중모음 ‘uy’로 나타나는 것은 충청 서해안의 특징인데 강화말에서 이러한 특징이 나타나는 것이다. 이에 대한 해석은 강화말에서 독자적으로 일어난 ‘위’의 변화 양상으로 보는 것과 외래적인 요소의 유입으로 보는 것 두 가지가 가능하다. ‘외’ 또한 조사된 모든 지역의 화자가 단모음으로 발음할 수 있다. 그러나 이중모음 ‘웨’로 실현되거나 활음이 탈락되어 ‘에’로 나타나는 경우도 많다. 이것은 경기 방언 전체에 걸쳐 나타나는 특징이기도 하다. ‘외’의 이러한 실현양상 또한 ‘위’와 마찬가지로 두 가지 해석이 가능하다.

‘위’와 ‘외’가 복잡한 변화과정을 보이고 있는 것은 사실이지만 특정 지역에서 이처럼 혼란된 양상을 보이는 경우는 드물다. 따라서 강화말에서 ‘위’와 ‘외’의 실현에서 이처럼 혼재된 양상이 나타나는 것은 독자적인 변화의 결과라기보다는 외래적인 요소의 유입 때문일 가능성이 크다. 특히 ‘위’가 하향이중모음으로 실현되는 것은 충청 서해안의 특징이고 충청 서해안이 뱃길로는 강화와 통하기 쉽다는 점에서 이러한 추론이 가능하다. 더욱이 ‘오-(來)’의 활용형이 ‘오느서, 오나서’ 등으로 나타나는 것은 충청 서해안의 전형적인 특징인데 이것이 강화말에서 나타나는 것은 이러한 추론을 뒷받침해 준다.

음운현상은 경기 및 중부 방언 전반과 대체적으로 일치하지만 비모음화가 매우 활발히 나타난다는 것은 주목할 필요가 있다. 강화말에서

‘ㅇ’이 모음 사이에 놓일 때 약화되는 동시에 주변의 모음을 비모음으로 바꾸거나 이후에 비음성이 아예 탈락되는 양상이 나타난다. 이러한 비모음화는 경기 방언의 다른 지역에서는 잘 발견되지 않는다. 따라서 강화말에서 나타나는 비모음화는 강화말의 고유한 특성으로 보거나 다른 지역의 양상이 강화말에만 영향을 미쳤다고 설명할 수 있다. ‘ㅇ’의 비모음화 양상이 북부 방언에서 활발하게 나타난다는 점을 고려하면 강화말에 나타나는 비모음화는 북부 방언의 영향을 받았을 가능성이 크다.

강화말의 어휘는 대체로 경기 방언의 그것과 일치되지만 일부는 강화말에서만 발견되거나 다른 방언의 것이 산발적으로 나타나는 특징을 보인다.

강화말에서만 발견되는 어휘는 강화가 경기 서북부에 위치한 섬이라는 특성 때문에 나타나는 것으로 볼 수 있다. 강화가 육지와 매우 가깝고 크기도 큰 섬이지만 도서 지역의 언어의 특성도 함께 가지고 있는 것이다. 강화말에서만 나타나는 고유한 어휘적 특성은 인근의 다른 섬과 비교 대조를 통해서 더욱 분명히 확인될 수 있을 것이다.

강화말에서 산발적으로 발견되는 다른 방언의 어휘는 강화의 지리적 특성을 반영한 것으로 보인다. 강화가 경기의 일부이지만 황해도를 비롯한 북부 지역과 가까운 편이다. 더욱이 뱃길로는 북부 지역과의 소통이 더 활발했다는 점을 고려하면 북부 방언의 요소가 산발적이나마 유입될 수 있는 것이다. 또한 뱃길로 서해의 해안이나 도서와 소통이 활발할 수 있다는 점에서 서해의 다른 지역 방언이 유입되기도 쉽다. 따라서 강화말에 나타나는 어휘적 특성은 강화의 독특한 지리적 위치에 기인한 것으로 설명할 수 있다.

강화말은 문법적인 면에서는 별 특징을 보여주지 못한다. 강화말의 전형적인 특성으로 일컬어지던 '-겨, -꺄, -시겨, -시꺄' 등은 지금은 거의 나타나지 않는다. 토박이들끼리의 자연발화나 관용표현에 화석처럼 나타나기는 하지만 일상적인 대화에서조차 잘 나타나지 않는 것이다. 강화말의 주요 특징으로 일컬어지던 것이 오늘날에는 거의 나타나지 않는 것은 강화말이 속해 있는 경기 방언 또는 표준어의 영향으로 설명될 수 있다.

강화가 비록 경기의 서북쪽에 위치한 섬이기는 하지만 육지와 매우 가깝다. 따라서 강화 토박이들은 경기의 다른 지역과 자유로이 내왕할 수 있다. 더욱이 표준어의 근간이 된 서울과 매우 가깝다. 따라서 강화 토박이들은 표준어의 영향을 받을 가능성이 매우 크다. 경기 방언의 한 하위 방언이자, 서울과 매우 가까운 위치의 강화에서 고유한 문법 형태소를 쓰는 것에 대한 부담 때문에 고유의 문법 형태소를 표준어의 그것으로 대치한 것으로 보인다.

3. 인천 연안도서의 말

인천 연안도서의 말은 영종도, 덕적도, 영흥도 세 섬을 선정하여 살펴보았다. 인천 연안도서는 섬이라는 특성 때문에 원인천의 말과도 다르고 강화말과도 다르다. 또한 비교적 넓은 지역에 독립된 섬으로 산

재해 있기 때문에 각각의 섬 사이에 차이점도 많이 발견된다. 이 세 섬은 인천과 상대적으로 가깝고, 행정구역상으로도 인천에 속해 있지만 동일한 방언권이라고 말하기는 쉽지 않다. 전반적으로 보면 인천 연안도서의 말, 원인천말, 강화말은 상당히 유사하다. 이는 이 세 지역이 모두 중부방언권에 속해 있기 때문에 나타난 결과이다. 대방언 구획상 중부방언에 속하고, 더 작게는 모두 경기방언에 속하기 때문에 이러한 유사성이 나타나는 것은 당연하다.

그러나 도서지역이라는 특성 때문에 원인천말과 구별되는 점도 발견된다. 섬 지역의 말이 육지의 말과 구별되는 근본적인 이유는 생활상의 차이에서 찾을 수 있다. 즉, 육지에서는 농업을 주로 한다면 섬 지역에서는 어업을 주로하기 때문에 언어 면에서도 차이가 있을 수 있다. 그런데 오늘날처럼 교통, 통신 등이 발달하고, 방송이 막대한 영향을 미치는 상황에서는 이러한 생활상의 차이로 인한 언어적 차이를 기대하기 어렵다. 실제로 이번 조사에서도 생활상의 차이로 인한 결정적인 차이는 발견되지 않았다.

이와 달리 지리적인 면에서는 원인천말과의 차이점을 살펴볼 수 있다. 세 섬은 인천을 바다에서 감싸고 있지만 영종도는 상대적으로 북쪽에 있고, 영흥도와 덕적도는 남쪽에 있다. 또한 덕적도는 일찍부터 배들의 왕래가 많았고, 한국전쟁 이후로는 황해도 주민이 대거 이주했다.

이런 이유로 인접한 다른 지역의 말이 쉽게 영향을 미칠 수 있다. 실제로 영종도 같은 경우에는 북쪽 방언의 영향이라고 볼 수 있는 요소들이 나타나고, 덕적도와 영흥도에서는 남쪽 방언의 영향이라고 볼 수 있는 요소들이 나타난다. 결론적으로 원인천말과 인천 연안도서말은 같은 언어적 기반을 가지고 있지만 외래적 요소의 유입 여부에 따라 부분적인 차이를 보인다고 할 수 있다.

세 지역에 모두에서 19개의 자음이 확인되는데 이는 국어 전체에서 발견되는 양상이다. 모음은 '이, 에, 애, 으, 어, 아, 우, 오'와 같은 8개의 단순모음이 확인된다. 젊은 세대들 사이에서 잘 구별이 되지 않는 '에'와 '애'도 이 세 지역에서는 완전히 변별이 된다. 이들 여덟 개의 모음은 특별한 분포의 제약 없이 나타난다.

'위'와 '외'는 모두 이중모음으로 나타난다. 이러한 양상은 원인천말과 일치되지만 강화말과는 다르다. 강화도와 인천 연안도서가 모두 행정구역상 인천에 속해 있기는 하지만 인천 연안도서는 본래의 인천지역과 모음체계가 유사하고 강화만 다르다는 것을 이 예를 통해서 확인할 수 있다. 그러나 덕적도에서는 드물지만 '위'와 '외'의 일부가 단모음으로 실현되는 예가 나타난다. 나아가 본래 '위, 외'를 가졌던 것이 각각 이중모음 'wi, we'로 나타날 뿐만 아니라 자음 뒤에서 'w'가 탈락되는 예도 많이 나타난다.

인천 연안도서말에서 음장은 변별적 기능을 한다. 활음과 이중모음 면에서는 특별한 것이 발견되지 않는다. 활음으로는 'y, w'가 있고 이것이 단순모음과 결합해 이중모음을 이룬다. 이중모음은 분포상의 제약이 있는데 이는 중부방언의 그것과 대체로 일치된다. 음운현상은 국어 전체, 또는 중부방언의 그것과 유사하게 나타난다.

인천 연안도서의 말에서 가장 두드러진 특징은 어휘 면에서 관찰된다. 각각의 섬들이 역사적, 지리적 배경이 다르기 때문에 이러한 차이가 나타날 가능성이 큰 것이다. 따라서 인천 연안도서말의 어휘적 특징은 분야별로 세세하게 비교해 볼 필요가 있다.

경작과 관련된 어휘에서는 여러 가지 특징적인 어형이 발견된다. 파종을 위해 보관하는 벼의 씨는 '볍씨'가 더 널리 나타나는데 이 지역에서는 두 군데에서 '벼씨'로 나타난다. 화석형보다는 신형을 선호하는 경향을 확인할 수 있다. '써레'의 '써'는 장모음이기 때문에 '쓰'로 고모음화되는 경우가 많다. 그런데 영종도에서는 '씨:레'까지 나타나고 있다. 이는 '써'가 '씨'로 고모음화된 후에 다시 전설모음화에 의해 '으'가 '이로 바뀐 결과이다. 고모음화에 이은 전설모음화까지 적용되었다는 점에서 특이하다. '흙덩어리'는 모두 '흑덩어리'로 나타나는데 이는 '흙'이 '흑'으로 재구조화되었음을 보여준다. '호무'는 기원적으로 '호믜'였던 것에서 '이'가 탈락된 뒤 원순모음화되어 나타난 결과이다. 중부지역에서는 잘 나타나지 않는데 덕적도에서 확인되는 점이 특이하다. '당그래'는 충청 이남지역에서 주로 발견되는 어형이다. 상대적으로 남쪽에 위치한 덕적도와 영흥도에서 이러한 어형이 나타나는 것으로 보아 이 지역이 남부 방언의 영향을 간접적으로 받고 있음을 보여준다.

타작과 관련된 어휘 중 '흉년'은 'ㅎ'구개음화에 의해 '숭년'으로 나타난다. '머슴'이 '머섬'으로 나타나는 것은 특이하다. '머섬'은 전국에 걸쳐 간헐적으로 나타난다. '훑이기'는 '벼훑이'보다 쓰임새가 더 넓은 도구인데 '훑이'를 벼를 훑는 데뿐만 아니라 다른 곡식에도 썼음을 보여준다. '까끄라기'의 반사형 '꺼럭' 또한 충청방언에서만 나타나는데 세 섬에서 모두 이런 어형이 나타나는 점은 특이하다. '쩡애' 또한 매우 특이한 어형이다. 이와 유사한 '정이, 중애, 증애' 등은 북부 방언에서만 나타난다. 그런데 영흥도에서도 이러한 어형이 발견되는 것은 바닷길을 통해 이러한 말이 전파되었을 가능성을 보여준다.

　곡물과 관련된 어휘를 살펴보면 '볍씨'와 마찬가지로 '메쌀'이 나타나는데 이는 화석형이 아닌 신형을 쓰고 있음을 보여준다. '차조'의 반사형 또한 '찰조'로 나타나는데 이 또한 신형을 쓰고 있음을 보여준다. '메밀, 메물, 모밀' 등이 모두 나타나는데 '메밀'과 '모밀'은 서로 계통이 다른 단어로 보인다. '메밀'은 말 그대로 '메진 밀'이란 뜻이다. 하지만 '모밀'은 낱알의 사방에 모가 나 있어서 이러한 '모밀'이란 단어가 형성된 것으로 보인다. '귀리'의 반사형 '겨리'는 다른 방언에서는 확인되지 않는 어형이다. 전남 방언에서 '기어리'가 나타나기는 하나 이것이 '겨리'와 관련이 있는지는 확인하기 어렵다.

　채소 관련 어휘 중 '시래구'는 다른 방언에서는 잘 발견되지 않는 어형이다. 충청 이남에서는 '시라구'로 많이 나타나는데 '시래구'는 '시레기'와 '시라구'의 혼효형이다. 이 방언이 남부방언의 영향을 입으면서 이러한 혼효형이 나타난 것으로 보인다. '오이속백이'는 '소'를 '속'으로 대치해서 나타난 결과이다. '소'와 '속'이 밀접한 관련이 있기 때문에 이러한 대치가 나타난 것으로 보인다. 부추의 반사형 '쭐'은 충북에서만 나타나는 어형이다. 경기 방언에서는 주로 '졸'로 나타난다.

　주식과 부식 관련 어휘인 '숭늉'이 '훙힘'으로 나타나는 것은 매우 특이한 예이다. '훙'은 'ㅎ'구개음화와 관련된 과도교정으로 설명할 수 있으나 '힘'은 설명이 어렵다. 중부 방언에서는 '갱죽'은 거의 나타나지 않고 주로 넣는 재료인 시래기를 강조한 '시래기죽'으로 많이 나타난다. '식해'는 주로 동해안 지역의 음식으로 알려져 있고 실제로도 중부 내륙에서는 이러한 음식도 없고 이름도 없다. 그러나 황해도 연안에서도 식해를 만들어 먹는다. 이 지역이 섬 지역임을 감안하면 황해도식 식해에 대한 정보가 있기 때문에 이러한 결과가 나타난 것으로 보인다.

반찬과 별식 관련 어휘 중 '김장'의 반사형 '긴장'은 경상 방언에서나 확인되는 어형이다. 충남 방언과 북부방언에서는 '진장'이 확인되는데 영흥도에서 '긴장'이 나타나는 것이 특이하다. '갈래떡'은 경기 방언에 나타나는 특징적인 어형이다. 영종도와 덕적도 모두에서 '갈래떡'이 확인된다는 것은 이 지역이 경기 방언의 영향 하에 있는 지역임을 말해준다. '새알심'의 방언형은 이 지역의 다양한 언어적 특성을 보여준다. '경단'은 '새알심'과는 다르나 만드는 방법이 유사해서 그대로 사용되는 것으로 보인다. '동글레'는 다른 지역에서는 확인되지 않는 어형이다. 평북에 '도구랭이'가 있어 다소 유사하다. '새알시미'는 중부 이남에서 가장 흔하게 나타나는 어형이다.

부엌 용품과 관련된 어휘 중 '숫'과 '솥'이 공존하는 것은 'ㅌ'말음 어간의 재구조화 양상과 관련이 있다. 기원적으로는 'ㅌ'이었지만 마찰음화에 의해 'ㅅ'으로 바뀐 변화가 많이 확인되는데 이 지역에서도 그 양상을 확인할 수 있다. '부지깽이'의 반사형 '부주깨이'는 황해도를 포함한 중부 이남에서 흔히 확인되는 어형이다. '헹구다'에 대해 '헹기다'가 두 군데에서 나타나는데 이는 경기, 전남 등에서뿐만 아니라 평북에서도 확인되는 어형이다.

방이나 가구와 관련된 어휘 중 '흠'의 반사형 '험'은 주로 전남 방언에서 확인되는 어형인데 영종도에서도 나타나는 것이 특이하다. '구멍'의 반사형은 매우 다양한데 영종도에서는 '구넝'이 나타난다. 경기 지역에서는 '구녕, 구넉, 구녁' 등이 주로 나타난다. '문턱'은 주로 강원도를 제외한 중부지역에서는 잘 나타나지 않는데 영종도와 덕적도에서 모두 나타났다는 점이 흥미롭다. '돌짜개'는 다른 지역에서는 확인되지 않는다. 경기지역에서는 주로 '돌쪼구, 돌쩌귀, 돌쭈기' 등으로 나타난다.

건물과 마당 관련 어휘에서도 특징적인 것들이 발견된다. '대들보'의 반사형 '대질보'는 다른 지역에서는 발견되지 않는 어형이다. '용마름'의 반사형 '곱쎄'는 평안 방언에서만 발견되는 어형인데 덕적도에서도 나타난다는 점이 특이하다. '낙숫물'의 반사형 '국구수락'도 다른 지역에서는 확인되지 않는다. 충남 방언에서 '국그시렁물' 정도가 이와 유사하다. '뒤꼍'은 '두란'과 '뒷두란'으로 나타난다. '뒷두란'의 '두란' 또한 보통 '뒤란'으로 나타나는데 활음이 탈락되어 나타난다. '뒷두란'은 '뒤꼍'과 '뒤란'이 혼효되어 나타난 것으로 보인다.

'두레박'의 반사형 '드레박'은 경기 지역에서 많이 확인되지만 '디레박'은 평안도에서만 주로 확인된다. '데레박'은 다른 지역에서는 나타나지 않는다. '두름'의 반사형 '드릅'은 다른 지역에서는 발견되지 않는다. 경북 방언에서 '두룹'이 확인되는데 이와 비교가 가능하다. '저고리'는 '조고리'로 나타나는데 이는 '어 → 오'의 변화를 보여주는 것이다. 이러한 변화는 중부 방언에서도 산발적으로 발견되기는 하지만 평안방언에서 집중적으로 나타나는 것이다. 평안방언에서는 '어'와 '오'의 합류가 일어나 거의 변별되지 않는데 인천 연안도서말에서도 이러한 현상이 나타나고 있는 것이다. '의복'이 '으복'으로 나타나는 것은 '의 → 으'의 변화를 보여준다. 이러한 변화는 중부방언에서는 잘 나타나지 않는다. '무명'의 반사형 '미명'은 충청 이남에서만 주로 발견되는 어형인데 덕적도가 상대적으로 충청도와 가깝기 때문에 이러한 어형이 나타난 것으로 보인다. ‘가위’와 ‘가세’ 모두가 이 지역에 나타나고 있다. ‘고리’와 ‘광주리’는 본래 구별이 있는데 덕적도에서는 구별하지 않고 씀을 보여준다.

농경용품 중 ‘구유’의 반사형 ‘구수’는 이 단어가 본래 반치음을 가지고 있었기 때문에 나타난 것이다. ‘쇠죽바가지’는 매우 다양한 반사형을 보여주는데 ‘쉐물박’은 경기 방언에서만 나타나는 독특한 어형이다. ‘먹둥구미’가 ‘메꾸리’로 나타나는 것은 경기 이남에서 흔히 발견되는 현상이다. ‘쐐기’의 반사형 ‘찜’은 다른 방언에서는 발견되지 않는 독특한 어형이다. ‘발채’ 또한 ‘바스걸이, 발지개’ 등 다양한 반사형을 보여준다. ‘광우리’의 반사형 ‘광오리’와 ‘소쿠리’의 반사형 ‘소코리’는 모두 ‘오’와 ‘우’의 교체를 보여준다. ‘물부리’의 반사형은 ‘빨대’와 ‘물부리’로 나타나는데 ‘빨대’는 기능에 초점을 맞춘 것이고, ‘물부리’는 모양에 초점을 맞춘 것이다.

인체 관련 어휘 중 ‘휘파람’의 반사형 ‘헤파람’과 ‘훼파람’은 모두 함경 방언에서 발견되는 어형이다. 이 지역 모두에서 이러한 방언형이 나타나는 것이 흥미로우나 그 이유를 밝히기는 어렵다. ‘구레나룻’은 ‘구룻날’로 나타나는데 이는 다른 지역에서는 잘 확인되지 않는 어형이다. ‘발뜹’은 ‘발톱’과 비교할 때 ‘ㅌ’과 ‘ㄸ’의 변이를 보여준다. 이는 그리 흔한 현상은 아니다.

결혼 관련 어휘 중 ‘겹사둔’은 ‘오’와 ‘우’의 변이를 보여주는데 ‘사둔’은 전국에 걸쳐 고르게 나타난다. ‘비우’는 ‘위’의 변화과정에서 활음이 탈락한 것을 보여준다. ‘아지버님’은 ‘우’와 ‘이’의 변이를 보여주는데 흔한 예는 아니다. 선행하는 자음 ‘ㅈ’ 때문에 ‘이’로의 변화가 일어난 듯하다. ‘데련님’은 ‘도련님’에서 움라우트를 전제로 해야 한다. 즉 ‘도련님 → 뒈련님 → 데련님'과 같은 과정을 밟은 것으로 봐야 하는데 'ㄹ'이 개재자음일 경우 움라우트가 잘 나타나지 않는다는 점과, '오'의 움라우트가 이 지역에서는 잘 나타나지 않는다는 점을 고려할 때 자체적인 변화라기보다는 다른 방언이 유입된 결과로 볼 수도 있다. 그런데 '데련님'류는 전국적으로 발견되는 것으로 보아 굳이 표준어를 기준으로 움라우트가 일어났다고 볼 이유가 없을 수도 있다.

동물과 관련된 어휘에서도 특징적인 것들이 발견된다. '조기'의 반사형 '제기'는 '조기'의 움라우트형 '죄기'를 전제로 해야 한다. '죄기'가 다시 '줴기'가 되고 여기에서 활음 'w'가 탈락되어 '제기'가 된 것이다. '아가미'의 반사형 '구재미'는 이 지역에서만 발견되는 어형이다. 한반도의 서쪽 지역에서는 이와 유사한 '구새미, 구생이, 구시미, 구주래미' 등이 발견된다. '가오리'를 '간재미'라고 하는 데서도 약간의 혼란이 나타난다. '가자미'와 '간재미'는 다른 물고기이다. 간재미의 바른 말은 '가오리'인데 서해안 지역에서는 '간재미'라고 더 많이 쓴다. 따라서 모양이 비슷한 '가자미'와 혼동된 것으로 보인다.

'며뚜기'와 '베룩'은 '여 → 에'의 변화를 잘 보여준다. '메뚜기' 대신 '며뚜기'가 나타나는 것은 '여 → 에'의 변화에 대한 과도교정형으로서 이러한 어형이 나타난다는 사실 자체가 '여 → 에'의 변화가 활발했음을 말해준다. '그리마'의 반사형 '돈벌레'와 '섬셈이'는 경기 지역에서 흔히 발견되는 어형이다. 그렇지만 '어시렝이'는 다른 지역에서는 발견되지 않는다. '회충'의 반사형 '거이'는 '회충'의 고유어 '거위'의 변화에 의해 나타난 것이다. 경기 지역에서는 주로 '거위'로 많이 나타나는데 영흥도에서는 활음이 탈락되어 '거이'로 나타났다. '둘치'의 반사형 '부람톳'은 다른 지역에서는 전혀 발견되지 않는 어형이다. 어형 자체도 어원을 알 수 없을 만큼 특이하다.

식물과 관련된 어휘에서도 흥미로운 것들이 많이 나타난다. '쇠비름'은 '쉐비름'과 '쉐비듬'이 함께 쓰인다. '쇠비름'뿐만 아니라 '비름'도 '비듬'과 함께 나타나는 것은 전국적인 현상이다. '아주까리' 또한 '피마자'와 함께 나타나는데 '피마자'가 '피자마'로 음절 도치가 일어난 것도 흥미롭다. '삘기'는 '삐레기'로도 나타나는데 단순히 모음이 삽입된 것인지 본래 '삘'에 속격형이 결합된 '삘의기'인지 검토를 해봐야 함을 시사하는 어형이다. '간솔'은 '관솔'에서 활음 'w'의 탈락을 보여주는 예이다. 이 지역에서는 유난히 활음 'w'의 탈락이 많이 나타난다. 자음 뒤 활음 'w'의 탈락은 주로 동남 방언에서 나타남을 감안하면 특이한 현상이다. '솔가리'는 다양한 '솔가루, 솔가지' 등으로 나타난다. '솔가루'의 '가루'와 '솔가지'의 '가지'가 어떤 연관성이 있는지는 알 수 없다. '그루터기'가 '끄틀'로 나타나는 것은 경기와 충북 충남에 국한되는 특징이다.

'모과'가 '모가'로 나타나는 것은 이 지역에서 흔히 나타나는 자음 뒤 활음 'w'의 탈락 양상을 보여준다. '으름'은 '어름'으로도 나타나는데 영종도 제보자에게서 종종 나타나는 '으'와 '어'의 교체 예이다. '개암'과 '고욤'은 다른 열매인데 덕적도에서는 '개암'이 '고염'으로도 쓰이는 것은 특이하다. '마름'의 반사형 '궹이뿔'은 다른 지역에서는 발견되지 않는다. 마름의 열매 모양 때문에 이러한 이름이 붙여진 것으로 보인다. '청미래덩굴'의 방언형은 다른 지역에서는 잘 나타나지 않는데 영종도와 덕적도 두 곳에서 모두 나타났다는 점은 특이하다.

자연과 관련된 어휘에서는 '묘'와 '메'의 교체가 확인된다. '묘'가 '메'

로, 혹은 ‘메’가 ‘묘’로 바뀌는 것은 음운론적으로 설명하기 어려운데 종
종 이러한 관계가 나타난다. ‘진흑’은 ‘흙’이 ‘흑’으로 재구조화되어 나
타난 결과이다. 그런데 ‘진을’은 어떤 과정을 거쳐 형성된 것인지 알기
어렵다. ‘개펄’은 ‘갯벌’과 함께 나타나는데 ‘벌, 뻘, 펄’의 관계를 살펴볼
필요성을 제기한다. 사전에서는 ‘펄’은 ‘벌’의 거센소리로, ‘뻘’은 ‘벌’의
방언형으로 풀이하고 있으나 각각 기원이 다른 것일 수도 있다. ‘너울’
은 본디 다른 뜻인데 영흥도에서 ‘노을’의 뜻으로 ‘너울’을 쓰는 것이 특
이하다. ‘사흘날’은 이전에 형성된 합성어가 화석처럼 남아 있는 어형
인데 ‘사흘날’과 공존한다. ‘사흘날’은 ‘사흘’과 ‘날’을 결합시켜 새로 만
든 합성어로서 유음화가 나타나 ‘사흘랄’이 된다. ‘한나절’과 ‘반나절’의
혼동이 나타난다. 본래는 하루의 반이 ‘한나절’이고 그 반이 ‘반나절’인
데 용법상 구별 없이 하루 낮의 반으로 쓰이는 경우가 많다.

　‘발자국’의 반사형 ‘발자죽’은 남부방언에서 주로 발견된다. 그런데
경기 방언을 비롯해 중부 방언에서도 나타나지 않는 ‘발자죽’형이 나타
나는 것은 매우 특이한 것이다. ‘은하수’가 ‘시냇개울’로 나타나는 것도
매우 특이하다. 은하수의 생김이 ‘시내’와 유사해 만들어진 것으로 보
이는데 ‘개울’까지 결합된 것이다. ‘마파람’과 ‘하네바람’은 섬 지역의
특성을 잘 보여준다.

　인천 연안도서말은 문법적인 면에서 두드러진 특징은 발견되지 않
는다. 이 지역 또한 중부방언권에 속하기 때문에 전반적으로는 중부방
언의 특징을 공유하고 있다. 그러나 지역적으로 미세한 차이가 나타나
기도 하고 독특한 문법적인 특징이 나타나기도 한다.

　인천 연안도서말의 인칭대명사에서는 특이한 사항이 별로 나타나

지 않는다. '저희'와 '너희'의 반사형은 'ㅎ'이 탈락된 형태로 나타난다. 모음 사이의 'ㅎ'은 탈락되거나 약화되는 일반적인 경향이 반영된 것이다. '자기'의 반사형 '지'는 '자기'의 낮춤말이다. 의문대명사를 비롯한 그 밖의 의문사에서도 특이한 사항은 발견되지 않는다.

인천 연안도서말의 종결어미는 표준어의 그것과 대부분 일치된다. 높임법의 사용양상도 표준어와 거의 차이가 없다. 부사형어미가 '-아'가 나타날 환경에서도 '-어'로 나타난다. 표준어에서는 '앉-, 작-'과 같은 '아'말음 어간 뒤에는 '-아'가 나타나는데 이 지역에서는 '-어'로 나타난다. 이는 중부방언 전체에 걸쳐 널리 나타나는 특징이다. 종결어미에 나타나는 높임법 체계의 주된 특징은 '해요체'와 '해체'가 두루 쓰인다는 것이다. 즉 높여야 할 대상에게는 '해요체'를 주로 쓰고 그러지 않아도 될 대상에게는 '해체'를 두루 쓴다. 이는 현대국어 전체에서 나타나는 변화양상과도 일치된다. 이에 따라 이전에 쓰이던 '하오체'와 '합쇼체'는 특별히 격식을 차려야 하는 상황이 아닐 때에는 잘 안 나타나기도 한다.

연결어미 '-관대'는 '-건데'로 나타나기도 하며 '-기에'로도 대치될 수 있음을 보여준다. '-으려고'의 반사형은 '-을라고'도 나타나는데 이는 중부방언에서 일반적으로 나타나는 양상이다. 시제 선어말어미 '-겠-'은 '-갔-'으로 나타나는데 이는 인천 및 강화도에서 두루 나타나는 특징이다. 인천과 강화도의 중간에 있는 영종도에서는 '-갔-'이 나타나지만 상대적으로 거리가 먼 덕적도와 영흥도에서는 '-겠-'으로 나타나는 것이 특징적이다. 다른 시제 선어말어미는 표준어와 다르지 않다. 이 지역의 피동형에서는 특이사항이 발견되지 않는다.

다만 '잡히다, 깎이다'에서는 움라우트가 적용된 사실을 알 수 있다. '끼이다'의 경우 완전순행동화에 의해 '끼:다'로 낱나기도 한다. '떼이다'의 반사형 '띠:다'는 '떼다'가 고모음화된 후 역시 완전순행동화가 일어나 나타난 것이다.

　부사는 몇 가지 특징적인 양상이 발견된다. '자주'의 반사형 '재주'는 '아→애'와 같이 움라우트와 유사한 양상이 나타나는데 매우 산발적이다. '똑똑히'에서는 유기음화가 나타나기도 하고 'ㅎ'이 탈락되기도 한다. 이 환경에서 'ㅎ'이 탈락되는 것은 전라 방언이나 평안 방언에서 주로 나타나는 현상이다. 영흥도에서는 'ㅎ'이 탈락되는 양상이 보이는데 이와 유사한 모든 환경에서 이러한 양상이 나타나는 것은 아니다. '하마터면'의 반사형 '함바터라면'은 특이한 어형을 보여준다.

　행정구역상 인천은 크고 넓다. 원인천은 거대도시이고 주변의 산재된 섬은 지리적으로도 멀리 떨어져 있고 역사적으로도 다른 길을 걸어왔다. 이런 이유로 행정구역상 인천에 속해 있는 지역의 말이 동일한 말일 것이라는 기대는 근본적으로 어렵다. 그러나 행정구역상 인천에 속한 모든 지역은 방언구획상 중부방언에 속한다. 따라서 이러한 공통성을 공유한 채 지역별로 조금씩 다른 언어적 특징을 보이고 있는 것이 오늘날의 인천말이다.

　원인천말은 '다양한 요소의 혼재된' 및 '특징이 없는 특징을 가진' 언어로 종합할 수 있다. 대도시인 인천이기 때문에 원인천말의 형성에도 도시적 특성이 나타날 수밖에 없고 그 결과 다양한 요소가 원인천말에 섞이게 된 것이다. 또한 중부 방언의 한 하위 방언이고 표준어가 기반을 두고 있는 서울말과도 매우 유사하기 때문에 얼핏 보기에 특징이

전혀 없는 언어로 보일 수도 있다. 그러나 특정 지역의 언어는 그 자체만으로도 완벽한 체계의 언어이다. 그 언어가 보이는 다른 방언과의 차이와 상관없이 그 지역의 언어는 독자적인 가치를 가지는 것이다. 원인천말이 서울말 또는 표준어와 크게 다르지 않다고 해서 가치가 없는 것이 아니라 별반 다를 것이 없는 그 언어 자체가 원인천말인 것이다. 다른 방언과의 대조를 통해 차이를 밝히는 것보다 선행되어야 할 것은 특정 지역의 언어에 대한 자료를 종합적으로 정리하고 이를 체계적으로 분석하는 것이다.

강화말은 인천의 다른 지역의 말에 비해 공통성 또는 동일성을 가장 많이 가지고 있는 말이다. 강화도와 교동도 및 인근의 섬이 비교적 가까운 거리에 있고 역사적으로도 연관관계가 깊기 때문이다. 그러나 강화에 속해 있더라도 교동의 말은 강화말과는 다른 특징을 많이 보인다. 교동이 비록 섬이기는 하지만 강화 본도보다는 육지와 많은 교류를 해 왔기 때문에 그 과정에서 수용한 황해도말의 특징이 많이 드러나고 있다.

인천 연안도서는 지역도 넓고 각 섬의 지리적, 역사적 배경이 다르기 때문에 언어상 많은 차이가 발견된다. 섬 지역이라는 특성상 외지의 영향을 많이 받기도 하고 연속선상에서 방언의 차이가 나타나는 육·지와 달리 먼 지역 방언의 도약도 종종 발견된다. 인천 연안도서가 비록 하나의 행정구역으로 묶여 있지만 언어적으로는 다양성이 꽤나 많이 발견된다. 여기에 원해도서까지 포함된다면 언어적으로는 훨씬 더 다양한 모습이 관찰될 것으로 기대된다. 인천 원해도서 방언에 대한 조사와 연구를 바탕으로 한 인천말의 종합적 연구는 후일을 기약한다.

참고문헌

자료집

국립국어원, 『서울 토박이말 자료집』 1, 국립국어원, 1997.

_________, 『서울 토박이말 자료집』 2, 국립국어원, 1998.

_________, 『서울 토박이말 자료집』 3, 국립국어원, 2000.

_________, 『서울 토박이말 자료집』 4, 국립국어원, 2001.

_________, 「지역어 조사 질문지」, 국립국어원, 2006.

한국정신문화연구원, 『한국방언자료집』 1~9, 1987~1995.

한국정신문화연구원, 「한국방언조사질문지 1~4」, 한국정신문화연구원, 1980.

논저

강남대 국어국문학과, 「제3차 학술 답사 보고서(경기도 강화 지역)」, 『강남어문』 7, 강남대, 1992.

강윤호, 「제주도 방언에 있어서의 공통어계 어휘의 음운체계와 그 환경에 대하여」, 『논총』 1, 이화
여대, 1960.

_____, 「국어 방언의 공시 음운 구조 기술과 그 분포」, 『동방학지』 5, 연세대, 1961.

_____, 「강화도 지역어의 pitch level에 관한 보고」, 『논총』 3, 이화여대, 1962.

고동호, 「국어 마찰음의 통시적 연구-제주도 방언 자료를 중심으로」, 서울대 박사논문, 1995.

고려대 국어학회 방언조사단, 「제5차 방언조사보고-경기도 옹진군 백령도」, 『나랏말씀』 6, 고려
대 국어국문학과, 1988.

곽충구, 「'뻬-[貫]'의 통시적 변화와 방언분화」, 『국어학』 14, 1985.

_____, 「함경북도 육진방언의 음운론」, 서울대 박사논문, 1991.

_____, 「함북 길주 지역어 성조의 상승조에 대하여」, 『국어학의 새로운 인식과 전개』(김완진 선생
회갑기념논총), 민음사, 1991.

_____, 『함북 육진방언의 음운론』, 태학사, 1994.

_____, 「어의분화에 따른 단어의 형태분화와 음운변화」, 『국어사와 차자표기』(소곡 남풍현 선생
회갑기념논총), 1995

_____, 「구개음화 규칙의 발생과 그 확산」, 『진단학보』 92, 진단학회, 237~268쪽, 2002.

______, 현대국어의 모음체계와 그 변화의 방향, 『국어학』 41, 국어학회, 2004.

곽충구·이병근 편, 『방언』(국어학강좌 6), 태학사, 1998.

기세관, 「전남방언의 음운론적 연구」, 전남대 석사논문, 1981.

______, 「중부방언과 전남방언의 모음대응에 대한 통시적 고찰」, 1985

______, 「구개음화의 공시태와 통시태」, 『정병홍 선생 화갑기념논문집』, 학문사, 1987.

김계곤, 「경기도 방언 채집―연천군 미사면 방언」, 『기전문화연구』 10, 인천교대, 1979.

______, 「경기도 관할의 서해 도서 방언―덕적도 소야리와 대부도 방언의 비교」, 『한국방언학』 1, 한국방언학회, 1980.

______, 「경기도 방언 채집―강화도 화도면 방언」, 『기전문화연구』 11, 인천교대, 1980.

______, 「경기도 방언 채집―김포군 대곶면 방언」, 『기전문화연구』 15, 인천교대, 1986.

______, 「경기도 방언 채집―인천직할시 중구 운서동, 운남동, 운복동, 중산동(前 옹진군 영종면) 지역 방언)」, 『기전문화연구』 20, 인천교대, 1991.

______, 「경기도 방언 채집―인천직할시 소래 지역 방언」, 『기전문화연구』 21, 인천교대, 1992.

김병욱, 「경인지역 지명어의 대응관계 연구」, 『국어교육』 116, 한국어교육학회, 2005.

김성규·정승철, 『소리와 발음』, 한국방송통신대 출판부, 2005.

김영만·김영만, 「경남방언의 성조 연구」, 『국어국문학』 31, 국어국문학회, 1966.

김영배, 「평안방언의 자음에 대하여」, 『국어국문학』 76, 국어국문학회, 1977.

김영송, 「경남방언의 음운」, 『국어국문학』 4, 부산대, 1963.

김옥화, 방언, 『방언학사전』, 태학사, 2001.

김윤우, 「마니산의 독음에 관한 고찰」, 『기전문화연구』 20, 인천교대, 1991.

김윤학, 「강화도 화도면의 땅이름 연구」, 『기전문화연구』 11, 인천교대, 1980.

김주원, 「18세기 경상도 방언의 음운현상―몇몇 불서(佛書)를 중심으로」, 『인문연구』 6, 영남대, 1984.

김차균, 「창원방언과 대구방언 성조의 비교 분석」, 『논문집』 20-2, 충남대, 1993.

박창원, 「고성지역어의 모음사에 대하여」, 『국어연구』 54, 서울대 국어연구회, 1984.

배주채, 『국어 음운론개설』, 신구문화사, 1996.

______, 『고흥방언 음운론』, 태학사, 1998.

백두현, 「금릉지역어의 음운론적 연구」, 『문학과 언어 연구』 11, 경북대, 1983.

서울대 국어국문학과, 「경기 강화 지역어」(학술답사보고서), 『관악어문연구』 16, 서울대 국어국문학과, 1991.

서울대 문리대 학술조사단 어학반, 「연평도 중심의 서해도서 방언조사」, 『문리대학보』 6-2, 1958.

소강춘, 「남원지역어의 음운론적 연구」, 전북대 석사논문, 1983.

송찬화, 「백령도 지역어의 음운론적 고찰」, 충북대 석사논문, 1991.

송현호, 「서울 지역어의 조사」, 성균관대 석사논문, 1997.

유필재, 「서울지역서의 음운론적 연구」, 서울대 박사논문, 2001.

이강로, 「인천시 남구지역 땅이름의 조사 연구―남촌·선학·연수·청학·동훈·문학·관교동」, 『기전문화연구』 5, 인천교대, 1974.

______, 「인천시 남동 출장소 관내 땅이름 조사 연구」, 『기전문화연구』 4, 인천교대, 1974.

______, 「인천의 옛이름 買召忽에 대한 어원적 고찰」, 『기전문화연구』 6, 인천교대, 1975.

______, 「1910년대 인천 지방의 땅이름 연구-덧나기 변동을 중심으로」, 『한글』, 한글학, 1998회

이금화, 「평양지역어의 음운론적 연구」, 서울대 박사논문, 2007.

이기갑, 「전남방언의 매인 이름씨-그 공시태와 통시태」, 『언어학』 6, 한국언어학회, 1983.

이기문, 「어두 자음군의 생성 및 발달에 대하여」, 『진단학보』 17, 진단학회, 1955.

______, 「중세국어 음운론의 제문제」, 『진단학보』 32, 진단학회, 1969.

______, 『국어사개설』(개정판), 탑출판사, 1972.

______, 「제주도 방언의 'ᄋ'에 관련된 몇 문제」, 『국어국문학논총』(이숭녕 선생 고희기념), 탑출
    판사, 1977.

이동림, 「강화도의 지명」, 『강화도학술조사 보고서』 1, 동국대, 1977.

이동일, 「경기도 옹진군 영종면의 땅이름 연구」, 건국대 석사논문, 1986.

이명규, 「경기도방언의 일고찰-주로 언어외적 면에 입각하여」, 『한국학논집』, 한양대 한국학연
    구소, 1983.

이병근, 「황간지역어의 음운」, 『논문집-인문사회과학편』 1, 서울대 교양과정부, 1969.

______, 「Phonological & Morphophonological Studies in a Kyonggi Subdialect」, 『국어연
    구』 20, 서울대 국어연구회, 1970.

______, 「동해안방언의 이중모음에 대하여」, 『진단학보』 36, 진단학회(이기문 · 이익섭 · 이병근
    편(1977)과 이병근 · 곽충구 편(1998)에 재수록), 1973.

______, 「'새갱이'(土蝦)의 통시음운론」, 『어학』 3, 전북대, 1976.

______, 「방언」, 『국어국문학 연구입문』, 우석, 1998.

______, 「방언과 방언학」, 『방언학사전』, 태학사, 2001.

이병근 · 이승재, 「방언학」, 『국어학 연구사』, 학연사, 1986.

이병근 · 정승철, 「경기 · 충청지역의 방언분화」, 『국어국문학』 102, 국어국문학회, 1989.

이숭녕, 「제주도 방언과 그 의의」, 『국어 음운론연구』 제1집('·'음고), 을유문화사, 1954.

______, 「순음고」, 『논문집』 1, 서울대, 재수록 『이숭녕국어학선집』 2, 민음사, 1988, 1954.

______, 「현대 서울말의 accent 연구-특히 condition phonetique와 accent의 관계를 주로 하
    여」, 『논문집』 9, 서울대, 1959.

이승재, 「구례 지역어의 음운체계」, 『국어연구』 45, 서울대, 1980.

______, 「재구와 방언분화-어중 'ㅅ'류 단어를 중심으로」, 『국어학』 12. 국어학회, 1983.

______, 「방언 음운론」, 『방언학의 자료와 이론』, 지식산업사, 1990.

이익섭, 「강릉방언의 형태음소론적 고찰」, 『진단학보』 33, 진단학회, 1972.

______, 『방언학』, 민음사, 1984.

______, 『국어학개설』, 학연사, 1986.

이진호, 「일제 시대의 국어 음운론 연구」, 『한국어학』 40, 한국어학회, 2008.

이창덕, 「옛 부평 지방의 방언 연구」, 『기전문화연구』 24, 인천교대, 1996.

이홍구, 「강화도 양도면의 땅이름 연구」, 『문집』 6, 건국대, 1983.

이희환, 『인천아, 너는 엇더한 도시?―근대도시 인천의 역사・문화・공간』, 역락, 2008.

인천교대, 「제11회 학술조사보고서―경기도 강화군 화도면」, 『새보람』 10, 인천교대, 1981.

전광현, 「남원지역어 어말 ~U형 어휘에 대한 통시음운론적 고찰―이중모음의 사적 변화와 관련
하여」, 『국어학』 4, 국어학회, 1976.

정미경, 「경기도 강화군 내가면의 땅이름」, 『새보람』 13, 인천교대, 1983.

정승철, 「제주도방언의 모음체계와 그에 관련된 음운현상」, 『국어연구』 84, 서울대 국어연구회,
1988.

______, 「제주도방언의 통시음운론」, 서울대 박사논문, 1993.

______, 「한국 방언학사」, 『방언학사전』, 태학사, 2001.

______, 「지역방언론―음운」, 『방언학』 1, 한국방언학회, 2005.

정연찬, 「경상도방언의 성조에 대한 몇 가지 문제점」, 『이숭녕 박사 송수기념논총』, 을유문화사,
1968.

정영주, 「경기도 옹진군 영종도 방언의 음운현상―영종도의 낱말을 중심으로」, 거레어문학회,
1985.

정인호, 「원평북 방언과 전남 방언의 음운론적 대조 연구」, 서울대 박사논문, 2004.

채옥자, 「중국 연변지역 한국어의 음운체계와 음운현상」, 서울대 박사논문, 2002.

천만성, 「강화도 말에 나타난 언어현상」, 『연세국문학』 2, 연세대, 1969.

최명옥, 「경남 삼천포 방언의 음운론적 연구」, 『국어연구』 32, 서울대 국어연구회, 1974.

______, 「서남 경남방언의 부사화 접사 '―아'의 음운현상」, 『국어학』 4, 국어학회, 1976.

______, 「ㅸ, ㅿ와 동남방언」, 『어학연구』 14-2, 서울대 어학연구소, 1978.

______, 『월성지역어의 음운론』, 영남대 출판부, 1982.

______, 「변칙동사의 음운현상에 대하여―p-,s-,t-변칙동사를 중심으로」, 『국어학』 14, 국어학
회, 1985.

______, 「19세기 후기 서북방언의 음운론」, 『인문연구』 7-4, 영남대, 1985.

______, 「국어 움라우트의 연구사적 검토」, 『진단학보』 65, 진단학회, 1989.

______, 「방언」, 『국어연구 어디까지 왔나』, 동아출판사, 1990.

______, 「경상남북도 간의 방언분화 연구」, 『애산학보』 13, 애산학회, 1992.

______, 『국어 음운론』, 태학사, 2004.

최범훈, 「강화도의 언어―방언을 중심으로」, 『강화도 학술답사보고서』 1, 동국대, 1987.

최영순, 「11회 학술조사보고기―경기도 강화도 화도면」, 『새보람』 10, 인천교대, 1981.

최임식, 「19세기 후기 서북방언의 모음체계」, 계명대 석사논문, 1984.

최전승, 「국어 i-umlaut 현상의 통시적 고찰」, 『국어문학』 19, 전북대, 1978.

______, 『19세기 후기 전라방언의 음운현상과 그 역사성』, 한신문화사, 1986.

______, 「국어 방언사 연구의 가능성과 그 한계―Ross King의 「한국어 방언에 관한 러시아 자료

연구」(1991)를 중심으로」, 『어문연구』 25, 어문연구회, 1994.

______, 「전라방언의 통시적 연구 성과와 그 전망」, 『인문과학』 10, 경북대, 1994.

최현섭, 「김포군 대곶면의 금기어」, 『기전문화연구』 15, 인천교대, 1986.

한성우, 「의주방언의 음운론적 연구」, 서울대 박사논문, 2003.

______, 「인천 토박이말 연구」, 인천학연구원, 2009.

______, 「강화 토박이말 연구」, 인천학연구원, 2011.

______, 「인천 연안도서 토박이말 연구」, 인천학연구원, 2014.

한영균, 「국어음운사에 대한 지리언어학적 연구」, 『국어연구』 55, 서울대 국어연구회, 1985.

허웅, 「경상도 방언의 성조」, 『외솔 최현배 선생 환갑기념논문집』, 사상계사, 1954.

현평효, 「제주도방언의 음운」, 『교육제주』 17, 1971.(『제주도방언연구—논고편』, 이우출판사, 1985에서 재수록)

小倉進平, 「南部朝鮮の方言」, 『朝鮮史學會』, 京城, 1924.

河野六郎, 「朝鮮方言學試攷—'鋏'語攷」, 東京 : 東都書籍[『河野六郎 著作集』再收錄], 1945.